如何读懂孩子的行为

理解并解决孩子各种行为问题的方法

[英] 安吉拉·克利福德－波斯顿◎著

王俊兰◎译

When Harry Hit Sally:
Understanding Your Child's Behaviour

北京联合出版公司

图书在版编目（CIP）数据

如何读懂孩子的行为／（英）克利福德-波斯顿著；王俊兰译．—北京：北京联合出版公司，2013.5（2018.11重印）

ISBN 978-7-5502-1451-4

Ⅰ．①如…　Ⅱ．①克…②王…　Ⅲ．①儿童教育—家庭教育　Ⅳ．①G78

中国版本图书馆CIP数据核字（2013）第060754号

如何读懂孩子的行为

作　　者：［英］安吉拉·克利福德-波斯顿
译　　者：王俊兰
选题策划：北京天略图书有限公司
责任编辑：崔保华
特约编辑：王小彬
责任校对：杨　娟

北京联合出版公司出版
（北京市西城区德外大街83号楼9层　100088）
北京彩虹伟业印刷有限公司印刷　　新华书店经销
字数230千字　787毫米×1092毫米　1/16　20印张
2013年5月第1版　2018年11月第3次印刷
ISBN 978-7-5502-1451-4
定价：32.00**元**

引言

“孩子们知道的东西总是比他们能用语言表达出来的多：这是他们不同于我们成年人的地方，成年人一般说的比知道的多得多。”

——J. 吕塞朗[①]

亲爱的读者，当你打开这本书时，我很清楚你对我——本书作者——的期望。这本书是应各种期望而生的：父母对孩子的期望，父母们对我的期望，孩子们对父母的期望，以及我对父母们的期望。是什么促使你读这本书的？是因为你有一个令人烦恼的孩子，而有针对性地选择了这本书吗？还是在逛书店时无意中发现了它？是由一个朋友或专家推荐，因为他们认为这本书能使你恢复信心，或者能以一种有益的方式让你了解事实？又或者是别人随手一放，被你在寂寥时捡起？你对本书有何期待？怎样才能

① Jacques Lusseyran，1924～1971，法国作家和政治活动家，8 岁时在学校的一次事故中双目失明，17 岁时组织了一支抵抗武装抗击入侵法国的德军，后被捕，被关入布痕瓦尔德集中营。二战后，他到美国教授法国文学并开始写作。1971 年在车祸中丧生。——译者注

使你感觉自己受益匪浅？

这本书可能与其他写给父母的书不同，因为它的着眼点不在于控制孩子的行为，而更多地在于怎样理解孩子的行为——孩子行为的“原因”。我的意图不在于提供“正确的方法”，或提供解决儿童行为问题的速效方案。我希望的是营造一种氛围，以便我们能共同思考孩子的行为。当孩子遇到问题时，他们的表达方式十分有限。如果他们还不会说话，或者无法清楚地说出问题之所在，他们就很可能用行为作为与成年人沟通的一种方式。问题在于，孩子选择的行为常常无法准确地反映他们的困扰，而成年人则会将孩子的行为理解为不可理喻的、不合适的。比如，一个 4 岁的孩子因为家里有了一个新宝宝而感到伤心和生气，当他认为重获父母疼爱的方法就是打这个新宝宝时，就会被大人误解。一个恶性循环就形成了。

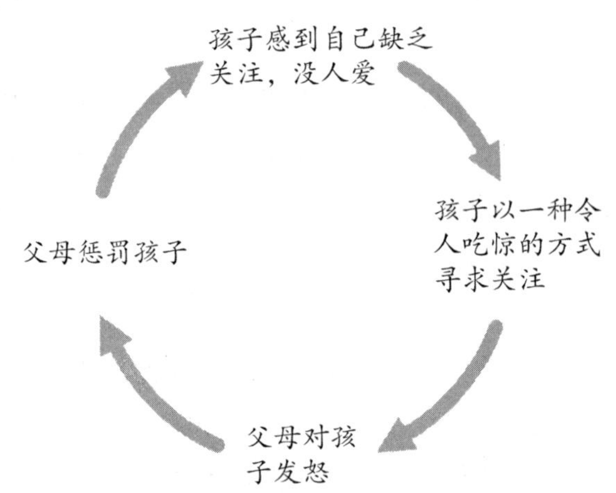

一旦父母理解了孩子行为的原因，他们就能够以一种使孩子感觉自己得到倾听和理解的方式，对孩子的行为作出回应——结果，孩子重复不当行为或令人讨厌行为的压力就会减小。父母就能够自如地对孩子进行有效的限制和管教。因而，恶性循环就能被打破。

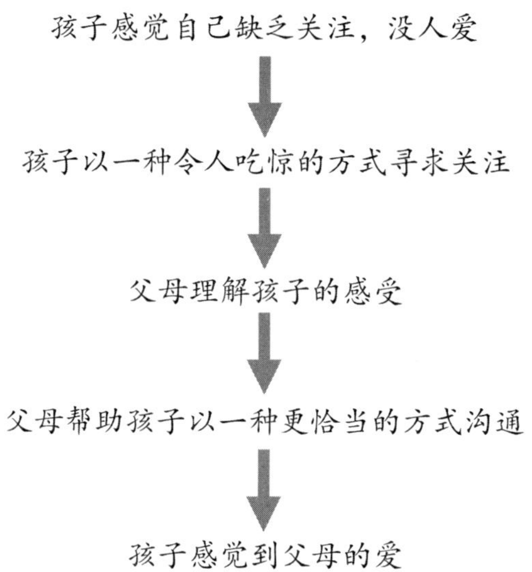

比如，一位对自己 3 岁儿子的攻击行为和寻求过度关注行为忧心如焚的年轻母亲来找我。她说，有时候，儿子会在爆发攻击行为之后，目不转睛地盯着她，几乎就是在等着看他的行为会对妈妈有什么样的影响。她 5 岁的女儿患有脑瘫，比同龄孩子需要更多的关照。但这位母亲感觉自己给予两个孩子的时间和关爱是相同的。

当我问她“詹姆斯怎么知道他的行为确实对你产生了影响”时，她显得很吃惊。

她想了一会儿，脸上出现了如释重负的快乐表情：“嗯，这就对了，就是那种感觉……他就是在对我施加影响！”

詹姆斯的词汇量还有限，他无法把自己对姐姐占据了妈妈太多心思的焦虑说出来。他能看到姐姐对母亲的影响。

大多数父母都拼命想做到最好，当他们尽管竭尽全力但事情还是“出错”时，就会感到不知所措、困惑、伤心。将孩子的行为仅仅用“好或坏”、“得当或不当”来划分，并因而将它仅仅当做是需要控制的某种东西，就是将孩子的行为二维化了，忽视了孩子的内心世界。父母和孩子就被置于了直角的两个边上，会渐行渐远。通过加入第三维——把孩子的行为看做是一种沟通方式——我希望，当显而易见的道理变得模糊不清时，或当父母们无人相助时，本书能让你对孩子的行为有更多的理解。第1章中提供了更多的此类信息。

出色的父母本能

唐纳德·温尼科特，是上世纪五六十年代著名的儿科医生和儿童心理分析学家，他认为，成年人有“出色的父母本能”。这是让人多么困惑的一个说法啊！我们所说的本能，往往是我们从自己的父母那里学来的某些喜好、做法和事情的一种综合。养育孩子是一件复杂的事情，有点像一个实验。本书并非要为怎样养育孩子制订一个计划，而是要提出可供父母们尝试各种可能奏效的方法的建议。如果有时间和空间进行思考，大多数父母都会与告诉他们应该怎样做的“出色的本能”保持一致，也就是说，能对孩子的行为作出即时的反应。但是，当父母的“出色本能”与一个孩子的需求不匹配时，问题就出现了。父母便可能感到绝望、不知所措，感到自己没有为人父母的“出色本能”，还会强烈感觉到“书都没有用”！

所以，唐纳德·温尼科特促使我们思考：“父母的出色本能是什么，它从何而来？”

知道的和不知道的

“你25岁了，你认为自己了解生活的全部，但是，我的上帝，这件事可不一样。”

（一个10天大的宝宝的父亲）

一个人如何以及从哪里学习做父母呢？“出色的父母本能”来自哪里？我们以为自己会自动知道如何做父母。我们的文化中有许多关于什么是“对孩子好”的神话；而且，与其他神话一样，这些养育神话有一定的现实基础。孩子们确实需要充足的睡眠，但这并不意味着所有的孩子都需要同等的睡眠！养育神话也许会强化一种观念：养育孩子是一项可以被教会的技能，就像为了工作而进行培训或学习某个运动规则一样。大多数人对“什么是对孩子好”有着自己的看法。父母们从自己的父母、朋友、专业人士那里得到的养育建议（不管需要不需要），也许会强化“正确的养育方式只有一种”的观念。

杰克，11岁，非常粗野，被他那烦恼不已的父母带来找我，因为他们很难让他上床睡觉。他们用尽了各种办法跟他协商就寝时间，但杰克总是大发牢骚。根据儿童所需要的休息和睡眠时间，他们固执地认为，杰克必须在固定的时间上床睡觉。

也许孩子们知道自己需要多少休息和睡眠，要求定时就寝可能更多地是出于父母的需要，而不是孩子的需要！这也许是规定固定的就寝时间的真正原因。但是，在杰克的例子中，这样做却适得其反。他的父母后来同意采用新的作息规定，允许杰克按照自己的意愿想几点就几点睡——尽管晚上 8：30 以后他不能待在父母的房间里——条件是，他得在早上 7：30 下楼吃早饭。他们坚定地向他指出，如果他早上 7：30 没能下来吃早饭，那么当天晚上就必须按父母规定的时间上床睡觉。

头三天晚上，杰克熬夜到很晚，直到坚持不住时才去睡觉，但是，他总能想办法在第二天早上 7：30 下楼吃早饭。最终，他自己形成了固定的就寝时间，并且与父母规定的就寝时间差不多。杰克的父母通过将自己从“文化神话”的束缚中解放出来，消除了与杰克在一个方面的争执。他们能不受约束地以更有创意的方式思考如何处理杰克青春期早期的其他难题了。

或许，“出色的养育本能”与了解多少有关儿童的知识关系不大，更多的与某个难以定义的“其他因素”有关。所以，你期待从这本书里得到什么呢？是得到有关儿童的更多知识，还是对自己作为父母的更多信心？或者是其他？

我们从哪里学习做父母

孩子在家里成长的过程中，他们也在学习如何成为一个成年人，如何获得成年人的技能，如何成为一个男人，如何成为一个女人。我们都很熟悉小孩子如何努力模仿自己的父母，为的是能像父母一样。我记得一个 3 岁的孩子努力“帮助”父亲清理室外的下水道。当回到厨房里的母亲身边时，他显得很担心、很激动。

“爸爸把下水道清理好了吗？”

“没有，”小男孩回答说，“还堵着。真该死！”

一位母亲发现自己4岁的儿子坐在父亲的洗手间里，膝盖上放着一份倒置的报纸。他目光坚定地盯着她说：“你就不能让我安静会儿吗？”

所以，孩子们在家里也在学习如何做父母。我们学会了从自己的父母那里学习，而且，在这个过程中还学会了许多别的东西。父母的所作所为经过我们多年的吸收，最终会变成我们的一种本能的行为方式。

大多数人都渴望以不同于自己父母的方式行事，结果却惊讶地发现自己做事的方式与父母的方式一样。这对父母们来说是很痛苦的，尤其是那些非常渴望以不同方式行事的父母，当他们发现自己在犯父母犯过的相同或相似的错误时，更是如此。孩子们也许会为父母们刻意要“做正确的事”的尝试感到羞辱，无论这种尝试是事先计划好的或只是口头上说说，是尝试在起居室的地板上有创意地玩耍，还是急切地参加各项学校活动。我们期望的是，自己能成为像我们的父母那样的好父母，期望比我们的父母做得更好，但是，我们也会犯一样的错误。

如果你是个单亲父母

过去，人们很强调孩子要跟父母双亲一起生活。现在，我们开始考虑单亲家庭的优势和不足。家庭结构正在发生变化：有单亲家庭、收养家庭、同性父母家庭、老年父母家庭等。（在写这本书的时候，我在想这本书会对哪一类父母有益，并希望自己找到了适合各种父母的理念。）可以说，在这个家庭结构多变的时代，养育书籍比以往任何时候都更重要，也更难写。现在，有那么多类型的家庭。有那么多的人组成了那么多不同形式、种族、文化的家庭，并努力想让它成功。而且，这些家庭中有那么多都取得了相对的成功，真是令人欣慰。在第 9 章，我会详细讨论一些单亲养育的话题和优势。

避重就轻的选择

在给引言作结尾时，我碰巧看到了一个关于打孩子的利弊的电视节目片段。观众的讨论被一个赞成打孩子的父亲主导着，他极力说“孩子们会很过分”，打往往是“他们唯一能理解的语言”。他将其他方式的管教都看成是“避重就轻的选择”，而且孩子会“把你变成仆人”。这位父亲将“打”称为一种“语言”的有趣之处在于，他将成年人的行为解释成了一种沟通。另一方面，孩子们的行为则被简单地分成“好”与“坏”，而且必须受到相应的控制。

什么是养育中“避重就轻的选择”呢？当然不是把孩子的行为理解为一种沟通。在整个童年期，孩子们都需要明确而严格的界限，以使他们有安全感，并形成一种自我意识，以作为一个独特个体与其他人区分开来。好的界限是坚定而灵活的。界限有助于我们保持安全，有助于我们避免以可能会给自己造成悲伤和悔恨的方式行事。有时候，界限是可以被跨越的。作为一个成年人，如果你很清楚自己的界限以及如何遵守这些界限，那么，你就会发现给自己的孩子设立界限也很容易。当然，孩子们会“触犯这些界限”——他们就是这样才准确地知道界限到底在哪里的。打孩子会向孩子表明界限之所在，也就是说能让孩子知道可以走多远，但是，这对于培养互相尊重不会有效果。以我的经验来看，打孩子只会使孩子愤怒——并且，这种愤怒最终会以这种或那种方式发泄出来。我们将在第 4 章详细讨论打孩子的问题。

将孩子的行为看做一种沟通，并尽量作出恰当的回应，不是“避重就轻的选择”。你是在向孩子表明，你正在努力理解他们的感受，以及你能帮助他们找到一种更好的方式表达自己。通过以适当的方式表达自己的感受，孩子们就不仅会尊重他人，而且还更有可能使自己的需要得到满足！对于身为父母的你来说，这是一项艰难的工作。这与界限取决于父母当时心情的“避重就轻的选择”有很大的不同。在疲惫、紧张、生气、不舒服甚至只是感到纵容孩子的时候，许多父母都承认他们会“让步”而不是坚持界限。作为家庭生活中的一个孤立事件，这应该不会造成什么问题，但如果作为孩子的一种生活方式，则会令他们非常困惑。一个没有安全的界限可以遵从的孩子，很可能会感到不安和混乱。

“从现在起把期待放到一边……”

怀孕的夫妇被称为“期待者”，并不是巧合。父母们在许多方面都是期待者。在第 1 章，我想讨论这些期待，就从宝宝不如所期待的那样开始说起。在后面几章，我会讨论孩子们小时候常见的具体问题，如同胞竞争、学校里的困难、撒谎和偷东西、恃强凌弱，如何将孩子的这些行为理解为一种沟通，以及父母们应该何时开始把这些行为看做是需要寻求专业帮助的“不正常”行为。在最后两章，我们会考虑离婚对孩子的影响，以及外出工作的母亲面临的一些常见和特殊问题。

安吉拉·克利福德-波斯顿

目　录

第 2 章 最早的抗拒

孩子为什么不吃、不睡

吃饭和睡觉,是人类生活的基本组成部分……所以,当孩子利用吃饭和睡觉来表达他们最深切的焦虑和不安时,我们不应该感到吃惊……我们将讨论童年时期一些常见的进食和睡眠困难,以及何时应该寻求专业帮助……

生更多的孩子,在当时看来可能是个好主意……但是,当孩子们激烈地争吵和打架时,你可能会感到沮丧和惊愕……同胞竞争,首先是孩子怨恨你们——父母——生了另一个孩子……

孩子需要管教，就像他们需要自由和选择一样……孩子是否听话，在很大程度取决于大人理解孩子行为的方式……

第5章　尿床、随地大便、恐惧和说脏话

令人担忧的行为

尿床、随地大便、恐惧和说脏话,是童年时期的一些常见极端行为……这通常表明,孩子有一些无法用言语表达的担忧和困惑……

第6章　当孩子似乎在变坏时

撒谎、偷东西、欺负人和交坏朋友

撒谎、偷东西、欺负人和交坏朋友……都是孩子向父母沟通他们的烦恼和焦虑的一种方式……

第 7 章　父母和老师

理解孩子在幼儿园和学校里的问题

上幼儿园和上学,是孩子与外界的第一次主要接触……在从一个世界迈入另一个世界时,大多数孩子都会因幼儿园或学校与家里的差异,体验到各种冲突……

第 8 章 相信善良

离婚的影响

无论对孩子还是大人,离婚都会引起许多问题……对父母来说,最具有挑战性、最常被提起的问题是:“怎样才能帮助孩子妥善处理?怎样才能不让离婚破坏一切?”

第 9 章 关于永远赢不了

写给职业父母的话

外出工作的母亲们也许会觉得，自己既不是一个称职的母亲，又不能完全胜任自己的工作……这主要是由于她们想做一个“超级母亲”……但是，没有哪个孩子需要超级母亲或完美的母亲，他们只需要一个“足够好”的母亲……

第 1 章

美好的期望

孩子会怎样改变我们的生活

“孩子们背负各种期待而生，父母和孩子终其一生都既在试图将自己从对方的期待中解脱出来，又在努力满足对方的想象。”

——本书作者

你的父母不是你自己选择的。你只能接受自己与生俱来的东西，并尽自己最大的努力。然而，你虽然没有选择自己的父母，但这也许并不能阻止你在成长过程中对他们怀有各种各样的期待。当这些期待被满足时，他们就是世界上最好的父母；而当这些期待没被满足时，你就会生气、难过，感觉自己最倒霉，遇上了最不体谅、最不包容的父母。

同时，你的父母也会经常表达他们对你的欣喜和失望。你将很快学会如何取悦他们以及如何激怒他们。尽管你对他们的期待可能显得很合理，但你或许会发现他们对你的期待，好听点说是不合理的，难听点说，就是控制和压迫。

周密的计划

“没有人告诉你……没有人提醒你事情会是什么样子。我们确实讨论过，并制订了计划……和解决办法。我们说，我们必须为夫妻二人单独相处留出时间，我们必须分担各种事情，但是没有人指导你……作好情感上的准备。在产前培训课中，一切都是实用的，像换尿片之类的琐事……没有人指导你为承受打击和应对各种感受作好准备。”

（一个新妈妈）

任何人都很难指导他人为有了孩子之后的真正现实作好完全的准备。以前的人们也许根本不作准备，而只是生下孩子并逐渐适应，像他们的父母那样做而已。如今，许多夫妻会考虑并规划有了孩子之后的生活。然而，他们往往会下意识地期待宝宝会与他们的计划一致。在你计划着要适应自己宝宝的时候，你也许在无意识中假定着宝宝也要适应你。

那么，你为什么想承担起这份养育职责呢？当你承担起这份每天 24 小时、每周 7 天、终生任职，而且似乎没有报酬的工作时，你的期待是什么呢？

想一想：

- 你为什么想要孩子？

- 你的配偶想要孩子的理由与你的一样吗？
- 你的父母在多大程度上想让你有孩子？
- 当然，你也许有生儿育女的天生冲动，但是，除了这个公认的生物属性之外，在决定要孩子时，你考虑或没有考虑到的其他关切和原因有哪些？

社会的期待

“我们无法想象没有孩子”

家人对你们得有个孩子的期待在多大程度上影响了你们？即便在这个晚婚晚育、丈夫做家务、夫妻共同分担养育事务的时代，人们似乎也有一种普遍的期待，那就是夫妻得有孩子。那些选择不要孩子的夫妻，说得好听一点，可能会被认为有些冷漠，说得难听一点就是自私、不正常。尽管这种现象在逐渐减少，但是，人们仍然认为，一个没有孩子的女人会为此而悲痛或悲哀。

延续血脉

“我的父母认为（我儿子）会跟我完全一样。我父亲甚至说：‘会有另一个小乔治满地跑。’”

（一个新爸爸）

“我的父母总是念叨这件事……让我们觉得很愧疚……他们

说我们应该生孩子。”

（一个6岁孩子的父母）

一个4岁的孩子，在听说一个亲戚解除婚约时，大声说：“可是你会绝后的！你必须结婚。你必须生宝宝，不然你会绝后的。”

有时候，一些家庭会理所当然地认为家族血脉必须得到延续，否则……！这种假设也许是基于一些现实的原因，比如，也许有个家族企业希望能由下一代继续经营。而有些时候，原因就不是这么显而易见了，也许与人们那种由来已久地普遍害怕“绝后”有关？如果我们有孩子“续后”的话，我们生命的终结，其实是我们父母生命的终结，就不再那么痛苦了？

为了父母高兴

祖父母或外祖父母想要孙辈的压力，有时会使夫妻们觉得，只有延续了血脉，才能成为称职的或令人满意的儿子或女儿。有时候，父母施加的压力是很明显的，比如：“我想在自己还能享受天伦之乐时有个孙子。你们两个人打算什么时候要孩子？”

更复杂的是，那些满怀希望的祖父母或外祖父母们会说：“哦，不要为了我们而生孩子，我们已经有自己的孩子了，不要为了让我们抱上孙子而要孩子。”这是一个容易把人搞糊涂的信息。实际上，祖父母或外祖父母这样的话可以被听成是在对自己的孩子说：“我们已经做了，而你们还没做，这意味着什么呢？”在说“不要为了我们而要孩子”这句话时，他们实际上是在对这对夫妻说，他们不仅想要孙子，而且因为没有孙子而感觉缺了点什么。他们颇有技巧地允许这对夫妻不要孩子，而暗含的意思则是他们应该生孩子！

创造的满足感

许多夫妻能够抵制住来自长辈的压力。但是，到了某个时候，很多夫妻会感到渴望共同创造点什么，创造一些属于他们两人的好东西，这就是创造的满足感。

总的来说，一个健康的孩子似乎能够证明其父母的生殖能力，生活完美幸福。一个茁壮成长的健康宝宝，也许会被看做是一对夫妻富有创造力且幸福的外在象征——就好像是一个写着“这里一切都好”的霓虹灯广告牌。而且，我们必须记住，我们养育孩子的能力是向自己父母发送的一个信息。这个信息也许是向父母印证“看你把我养育得多好”，或者甚至是“你们当初就应该像我们这样”。我们会在稍后对此作进一步介绍。

> 生育不只是生个宝宝而已。当父母把一个孩子带到这个世界上时，他们也是在复制他们自己。这一事实也许会使有些父母欣喜若狂——也会使另一些父母感觉受到了威胁。在感觉到压力时，有些父母会觉得孩子继承了“我们两个人最差的方面”。

不只是期待着有一个宝宝

即便是计划外怀孕或意外怀孕，许多父母在想到自己的血脉得以延续时也会感到骄傲和高兴。在怀孕期间，父母们也许会憧憬着并且会没完没了地谈论他们对即将到来的这个孩子的期待——一个会实现他们的希望和梦想的完美宝宝。

母亲也许会说："我想要一个女孩，把她打扮得漂漂亮亮的"——这样一个愿望几乎没有考虑到这个期待中的小女孩也许会是个只肯穿牛仔裤和运动衫的假小子。有对年轻夫妇计划回到位于约克郡的祖父母家生产，以备万一生个男孩，好让他在乡间打板球，他们几乎没考虑到也许会生出个喜欢芭蕾舞的男孩。

当然，在怀孕期间，你对孩子只能是想象，因此是"不真实"的期待。当你第一眼见到自己的宝宝时，你会禁不住对原来的一些想法作出修正；最明显的例子是，你期待有一个女孩，而结果是一个男孩。然而，在潜意识层面，你的许多希翼和期望很可能依然存在。

在某个时刻，所有的父母都不得不放弃想象中的完美宝宝，而向生出来的真实宝宝妥协：这是一个有自己的愿望、动机和追求的独立个体。

在与其他专业人士谈论一个正遇到麻烦的孩子时，当听到他们说"他（或她）父母的期待太不现实了"这种话时，我总是感到惊讶。我只能回答："当然。"

欣喜和幻灭

一个接连几周都睡不好觉的年轻妈妈极为悲伤地说："在产前培训课上，他们用的是个玩具娃娃，洗澡或换衣服时他们让它躺下，它的眼睛就闭上了……我以为宝宝也会那样。"

想一想：

- 作为父母，你们两人各自最主要的三个期待是什么？
- 你们两个人的期待是相同的还是不同的？
- 宝宝出生后，你们的期待发生了怎样的改变？

杰克夫妇谈到了他们对孩子出生后头几个月里很多事情的期待，但没有想到会感觉到失望：“精疲力尽，肯定会的，但不是失望。”孩子出生后，除了无比的喜悦之外，有些父母可能会有一种模模糊糊的失望感。这也许会是明显的失望，比如想要男孩，却生了个女孩；也许是一种无意识的失望——一种自己也不十分确定的感受。因为他们意识到没有人能拥有自己向往的那个孩子。或许，人们在小时候就幻想着自己的孩子会是什么样。当然，无论父母们多么爱自己的孩子，他们都不得不处理自己理想中的孩子与现实中的孩子之间的不一致。

得与失

在怀孕期间，你们的许多想法很可能都集中在有了孩子之后会发生什么事情，以及会得到什么上，而很少注意可能会失去什么。有趣的是，当父母们被问到这个问题时，大多数似乎都给出了同样的回答：妻子会失去自由，丈夫会失去妻子。

一个新宝宝可能会给夫妻关系造成极大的影响。著名儿科医生唐纳德·温尼科特所说的你的“首要关注对象”，很可能是宝宝，而不是夫妻彼此。夫妻双方可能会因为自己不再是对方关注的重心而感到失落。在怀孕期间，你们可能被告知并真心打算要在孩子出生后努力为两人独处留出时间。然而，正如一位母亲所说的那样：“我们想独处，我们想抽出时间在一起，但是，没有人指导我为宝宝出生后的强烈感受作好准备……哪怕只是离开她几小时都是难以想象的。”

也许，根本没有办法解决这个难题，而只能接受。重要的是，你们要经常将自己对这种影响的感受告诉对方。

想一想：

- 拥有宝宝的同时，你们失去了什么？
- 你认为孩子会怎样改变你们夫妻之间的关系？
- 你认为孩子会怎样改变你的家庭以及其他社会关系？

养育的首要任务

童年是一个冲突不断的时期。在孩子成长的过程中，他们想要成为的那种男人或女人，与父母想要他们成为的那种男人或女人之间，会不可避免地产生冲突，并且这种冲突在有些家庭中会比其他家庭更多。当你开始少考虑自己的梦想和期待，而更多地考虑自己面前的这个非常真实的孩子时，你就开始跨越养育的头几个阶段之一了。这种最初的冲突可以被视为童年各阶段潜在冲突的预演。在孩子想要成为什么样的人和你希望他们如何行为举止之间，可能始终会有冲突。

> 也许，父母们不是通过解决孩子童年时的问题而渡过养育这一关的，而更多地是通过容忍冲突。

从某种程度上说，养育是一种需要信念的行为。成长是孩子的责任；他们要学习走路、说话、阅读、书写以及融入社会。父母要做的是，相信这一切都会如期发生，尽管其速度可能与邻家男孩或某个小两岁的表妹不一样。

你不必揠苗助长，而只需为孩子的茁壮成长和前行提供“足够好的条件”。要做到这一点，关键也许在于你能够思考孩子的行为可能在传递什么信息，并且最重要的是，在向谁传递信息。

想一想：

- 你的父母给予你的三个最重要的东西是什么？
- 它们与你想要给自己孩子的三个最重要的东西有什么不同？

突破“专家”的包围

你是否注意到，在有了孩子之后，你好像立即就被“养育专家”包围了？祖父母、养育书籍、电视节目以及诸如家访护士和医生之类的专业人士，似乎对你的孩子最了解。其他新手妈妈也在尽自己的一份力。尽管这样的朋友有时也许会给你极大的支持，但她们也往往会没完没了地在交谈中表现出“优越”感。比如：

你说：“我女儿上周使我们三个晚上都没睡好觉。”

她回答：“三个晚上？你真幸运。我们已经有十天没有睡好觉了！”

为什么在孩子出生后的头几个月中这些“专家”会给父母们造成压力呢？部分答案在于，所有的父母都自然地想要“把事情做对”。而且，这肯定与另一个期待也有关，父母们期待有一个“正确的”养育方法，并且期待有适用于所有时期所有孩子的童年问题的简单答案。

想一想：

- 一旦父母们能把自己孩子的行为视为一种沟通，他们就不那么需要“专家”了。

- 或许，作为父母的一项关键能力，就是要容忍别人都比你更了解如何养育孩子，并承认自己作为父母有很多困惑。
- 感觉到自己的无知，也许是理解自己的孩子所必不可少的，因为了解孩子是需要时间的。

我的体会是，在养育孩子时觉得茫然，会使父母们感到无助，并觉得自己没有“出色的父母本能”。在这种时刻，接受我的航海课程教练给我的建议是非常有益的。我记得他在盛怒之下对我说：“如果你不知道该做什么，就把舵放在中间，并且好好想一想。”

> 曾有父母们对我说：“要是我们事事都做对了，要是我们是很棒的父母，我们就不会来找你了。”感觉自己做错了，可能正表明你和孩子之间是一种生机勃勃、不断成长和发展的关系，而不是教科书式的、二维的“孩子这样做，父母那样做”的态度。如果你和你的孩子都不怕给对方带来惊讶的话，那么，你们之间的关系就是有活力的、正在发展的。

当然，正是在“茫然”的时候，父母才最需要彼此支持，而单亲父母则需要周围人的支持。这段努力应付“专家”建议的时期，也许会因为另一个梦想——宝宝会使夫妻更亲密——的破灭，而变得更复杂。

“宝宝会使夫妻更亲密吗”

在怀孕期间，你很可能会期待这个即将到来的孩子会使你们夫妻更亲密，会使你们的家庭牢牢地结合在一起。作为一个单亲父母，你也许曾希望有个孩子会加强你们当时家庭的纽带。当然，从长远来看，这有希望变成现实，但是，养育孩子也会凸显父母之间的分歧。

在养育孩子的过程中，你在某种程度上不得不再次体验自己的孩提时代。在养育孩子的过程中，记忆会犹如洪水般涌回你的脑海，比如，在第一次给孩子买自行车时，你很难不想起自己得到或没有得到第一辆自行车时的情形，而这会引起你或愉快或痛苦的记忆。

> 当你们共同组建一个家庭时，你们会带着各自的家庭生活经历。你们的过去可能有许多共同点，但同样也会有许多不同之处。

比如，6 岁的霍华德和他 4 岁的妹妹吉玛，把他们的父母弄得团团转，这令父母很苦恼，所以来找我。在我们第一次见面时，他们的父母就列举了在管教孩子方面的一连串灾难：没办法让他们上床，更不用说让他们睡觉了；没办法让他们坐在餐桌前吃完一顿饭；并且，他们无法阻止霍华德伤害妹妹，也无法阻止她咬他。我问他们是什么使这两个孩子如此难以管教，他们都指责对方“太软弱”，为了图清静而向孩子让步。

这对夫妻的父母都很专断，他们两个人都渴望对自己的孩子不那么严厉；在这一点上双方达成了一致。然而，两人各自的童年却有着根本的不同。这位父亲的父亲比其母亲更温和，管教孩子的事情大部分是由他的母亲来做的，所以，这位父亲在有意或无意之中便期待着由妻子承担“严格管教孩子”的大部分工作。另一方面，这位母亲的妈妈是那种“等你父亲回家再说”的人，所以，她便期待着由丈夫来管教孩子。他们两人都没有意识到自己的期待，而只是想当然地认为事情原本就该这样，所以也从来没有讨论过这个问题。

正如我在前面说过的那样，我们主要是从自己的父母那里学习做父母的，并且，在成长过程中，我们还从兄弟姐妹、其他人的父母、老师等人身上学到了很多。尽管这些经验很可能有一些共同之处，但也可能有很大的不同。在你的童年时代，你可能有很多时候觉得自己的父母做得对，你就会想对自己的孩子也那么做。而且，虽然你可能发誓在一些事情的做法上要与自己的父母不同，但是，就像大多数人一样，你会发现自己的方式与父母的方式一样。以与父母同样的方式来做事的天然本能是如此强烈，以至于我们几乎不可能忽视这一点。

保罗，9岁，因为难以对付的不良行为而由父母带来找我。在我跟他的父母交谈期间，我发现，他父亲的父亲特别看重礼貌和得当的社会行为。这位父亲急切地向我保证，除了给孩子设立合理的标准之外，他从来没有在礼貌和社会行为方面对保罗施加过压力，而只在保罗严重违反规矩时才予以纠正。在一次家庭咨询中，当我问保罗觉得父亲最欣赏他哪些方面时，他回答说：

> 养育一个孩子，会使你们意识到双方养育观念的不同；而且，两人之间的这种潜在冲突必须得到解决。你们能在多大程度上解决冲突，将决定你们有多大能力解决因孩子而引起的争吵，以及孩子进入外面的世界后你们可能与专业人士发生的争论。

“我在学校里表现好的时候。”

“还有别的吗？”

沉默。保罗摇了摇头。他的父亲惊讶地意识到，他实行的正是自己父亲的养育方式，只不过是在不同的方面而已。保罗的感受跟他父亲小时候的感受是一样的：只有他在某些方面取得成功时，父亲才会爱他、接受他。

统一战线

有些父母认为，双方必须始终一致并消除分歧。应该说，拥有父母双亲的好处在于你能得到两种观点。那些觉得自己和配偶必须看法一致的父母，会使孩子们感到正确的做事方式只有一种。

吉米，10岁，与母亲和继父一起生活，他定期去探望住在美国的父亲。母亲和继父对吉米很开明、很宽松，他们相信他在这个世界上最终会找到自己的路，并且相信逼他专心学业或在任何其他方面强迫他取得成功都是不合适的。另一方面，他的父亲则很着急，他认为吉米应该在学业上尽可能做到最好，并且上大学，最后也许加入他的公司。

随着吉米开始进入青春期，他发现越来越难以应付这两种截然相反的观点。他的父母不能尊重彼此的生活方式，使得情况变得更加糟糕。吉米的父亲不断指责他的母亲对吉米不够严厉，比如，没有严格要求吉米完成家庭作业；而他的母亲则指责父亲对吉米施加了太大的压力。

当吉米的父母在帮助下将他们的不同生活方式作为具有同样价值的方式来看待，而不是一种“非此即彼”的选择时，吉米就很容易解决这种冲突了。

> 父母双方有不同的观点，并不意味着你们一个人是对的，另一个人是错的，也不意味着你们一个是好人，另一个是坏人，而只意味着你们的观点不同而已。

> 对于孩子们来说，重要的是夫妻双方表现冲突和分歧的方式，而不是双方的看法是否有冲突。说类似于“我想让你做，但你爸爸不让……”之类的话，也许并不是最有益的方式。

将分歧告诉孩子的一个有益的方式，也许是这样的："妈妈和我在这一点上意见不一致，但是我们讨论过了，对于目前这件事，我们会按照妈妈的方式去做。这并不意味着我们总要按照妈妈的方式做，而是说这一次我们决定这样做。"

作为一家人意味着什么

有多少家庭，就必然会有多少种家人相处之道。

"每个人都不得不做别人想让他做的事情……这真不公平。没有人能做自己想做的事。"

（一个7岁的孩子）

"太舒服了——我是说就像看《星际迷航》一样。我爸爸在地板垫上让了点地方。"

（一个6岁的孩子）

"给孩子我不曾拥有的东西"

当然，你希望自己的孩子拥有你喜欢的东西以及你不曾拥有的东西，比如机遇、财产、度假。但是，当你的孩子似乎不像你小时候那样很珍视这些东西时，你就很难办了。

对于父母们来说，如果他们极其渴望孩子实现他们的人生，家庭生活就可能会令人非常失望。我在此指的是，父母想让孩子们从事或参与自己小时候渴望但却没能实现的某种职业、休闲活动等等。这种愿望可能会以控制欲极强的观念表达出来，比如孩子应该成为什么样的人，应该过怎样的生活，甚至包括孩子未来应从事何种职业。

我想起了自己和一对很沮丧的夫妻的谈话，他们11岁的女儿没能考取他们选定的那所学校。她将要在一个学习氛围远不如父母期望的那样浓厚的环境中开始自己的学业。他们一直希望自己的女儿最终能接管家族企业，但她学业成绩欠佳使这种可能性变得越来越小。

母亲："如果不进家族企业的话，她可以做秘书或者别的工作，没必要当一名理发师。"

我："也许她想当一名理发师。"

母亲："她没必要……"

我："她也许想……"

母亲："哦，天哪！"

这里的问题在于，人们并不总是知道自己想要什么。许多父母直到有了孩子之后，才意识到自己曾经有一种想要但未能实现的生活。比如，你的儿子拼命想要参军，而你死活不想让他入伍，在这种处境中你会怎样呢？在思考自己为什么不想让他入伍时，你也许会意识到自己一直想参军；或者你从来没想过要参军，因为你讨厌自己的父亲是军人，等等。休闲活动有时会成为沮丧的另一个原因。比如，你的孩子也许不像你那样喜欢打网球，而宁愿花很长时间玩电脑游戏或玩滑板。

你们家能够容忍这种差异以及各种各样的差异吗？你们信奉"相同才能亲密"的理念吗？人们可能会有一种幻觉，认为如果家里的每个人都喜欢做同样的事情，而不是自由地按照自己的好恶各行其是，家人之间会更亲密。

> 你对自己的家庭会是什么样子的期待，会受到你小时候的家庭生活经历的影响。你可能会有两个层面的期待：一个是有意识的或经过思考的层面，是你打算要造就的那种家庭；另一个是无意识的或没思考过的，那就是你的父母采取的方式。

从某种意义上说，这是1950年代媒体展现的家庭画面的遗留。这种画面所描绘的母亲和父亲扮演着截然不同的角色，孩子们模仿着与自己同性别的父亲或母亲，并且大家都在一起做事。在某种程度上，这也许是事实，在每个人的房间里都有自己的电视这种事情出现之前，或许家人有更多的时间待在一起。但是，这种画面造成的遗留问题是，人们认为那些家庭成员各自独立行事的家庭是有问题的。如果一个家庭的各个成员有不同的兴趣，但对别人的追求给予积极的帮助，那么，他们的关系也会一样亲密。

要比父母做得更好

“救命！我说话越来越像我爸爸了”，这是许多人都害怕的事情。当你发现自己在养育孩子的过程中犯了自己父母犯过的相同或相似的错误时，你可能会最痛苦。如果你非常渴望成为一个不同于自己父母的父母，这会令你尤其不安。也许你要孩子的部分原因是要向你的父母显示如何正确地养育孩子，只不过你没有意识到而已。

如果你小时候在与父母的关系中体验到的是爱和温暖，那么，你就会本能地把这一点传递给自己的孩子。如果你与自己父母的关系不太愉快，而且缺乏建设性，那么，你或许就必须认真想一想自己的养育方法。

> 生活中的一个真理是，我们在情感上只能把我们从自己父母那里继承来的东西传给我们的孩子。

比如，你的父母如何对待你的大发脾气？如果你的父母采取的方式是，一旦出现这种行为，就让你离开房间，并且让你一个人呆着，直到你“冷静下来”或“能讲道理”，那么，你就很难本能地以其他方式对孩子大发脾气的行为作出回应，而又不让孩子感到你的方式是刻意的。当你按照“理论”来养育孩子时，孩子会很快察觉出来，而且可能会为你试图“做正确的事”而感到羞辱。

“我接女儿时迟到了。我很慌张。我一直在想她可能会认为我不会来了。她会为最后一个被接走而发脾气。她会感到很孤独……当我到的时候，她挺好的，正坐在椅子上看书。她跟我不一样。”

（一个妈妈谈论自己上幼儿园的女儿）

遵从你的本能

一位父亲对我说：“我不知道怎样做父亲……不知道怎样做一个10岁孩子的父亲……我父亲在我10岁时已经离开了。父亲与10岁的儿子在一起时都做什么事呢？”当出现这种情况时，你也许

> 你很难将自己小时候错过的美好经历给予孩子，而又不勾起你失去这些经历所带来的痛苦。你也许不愿意回忆那种痛苦，或者不愿意去想它，或许会尽量忘掉它。但是，你很难在屏蔽一种想法时不在无意中屏蔽其他想法。

会发现无法遵从自己的本能，无法“自然而然”地去做。当我问这位父亲与自己 10 岁的儿子在一起时都喜欢做什么时，他回答说：“教他打高尔夫。”他一直无法遵从这个自然的愿望，因为这会勾起他的痛苦记忆：看着隔壁的男孩和其父亲一起去打高尔夫，而自己的父亲却已经离开了家。

童年的浪漫

想以不同于父母的方式养育自己孩子的愿望，也许与怀孕时的另一种期待有关：我们在潜意识中希望与自己的童年相通，并希望那些田园式的时光还没有真正成为过去……或者，相反，希望不幸的童年会在某一天以不同的面目呈现。

> 你会通过自己养育孩子的经历重温自己的童年，但你无法改变它。你可以把自己童年经历的磨难和痛苦作为理解孩子行为的一把钥匙。这样，以前的痛苦也许会对现在产生积极的影响。

我们都很熟悉这样的父亲：给自己的儿子买了一套玩具火车，儿子从来不玩，但父亲似乎却很痴迷。同样，那些鼓励女儿和朋友们在欢快、热烈的气氛中一起玩耍的母亲，并不能抹掉她自己的母亲不让或很难让她有这种体验的经历。当然，与内心的孩童保持相通是很重要的，我在这里指的是在任何时候都有自发、自由地玩耍的能力，以及随时能够受到感染并原谅别人的能力——或许，这才是任何好的养育的根本。

想一想：

- 当你真正努力理解自己孩子的时候，回想一下你在孩子这么大的时候是什么样子，你那时的感受如何，可能会有所帮助。
- 这种回忆也许比任何一本书都能使你更理解自己的孩子，并且更明智地对待孩子。想一想这个年龄时的自己，什么有益、哪些无益，可能是最重要的。

单亲父母怎么办

现在已经很明显了，本章是写给双亲父母的，而这会使人产生误解。尽管所有的孩子都是由夫妻二人共同所生，但也许此刻正阅读到这里的你是个单亲父母，或许是出于你的个人选择，或许是由于你的配偶亡故或你们离婚了。为单亲父母提供帮助的支持体系是很重要的。从某种程度上说，本章中有关父母关系的全部内容，也都与单亲父母及其支持体系有关。那些和你分担照料孩子的责任并公开地帮助你的朋友、亲戚、保姆或托儿所及幼儿园的老师，都有可能与你的孩子产生孩子们与父母之间的那些冲突。

本书之所以以“夫妻”为重点，是因为当今社会仍然期望夫妻共同养育孩子。现在，这种期望也许不那么强调父母生活在一起，而更强调双方都积极参与到养育孩子的过程中，既包括孩子的身体成长，也包括孩子的情感健康。这也许会引起与本章相关的另一个期待：夫妻双方期待孩子为父母做些什么呢？

在激烈的离婚诉讼案件中，很普遍的一个问题是父母会在有关孩子的问题上——比如探视权或抚养费——相互攻击。当有人向他们指出，他们似乎希望利用孩子继续以前的争执或敌对时，这些父母还往往会感到很惊讶。我们会在第 8 章进一步讨论这个问题。

正如我们在前面提到过的那样，同样非常普遍的是，人们会听到有些伴侣——包括已婚的和未婚的——想借生孩子来“挽救关系”。他们的期望是，无论如何，生个孩子会加强他们之间的关系，而不用双方努力解决两人之间的问题。许多伴侣相信，有种魔力能改善他们的关系，而孩子往往就被看做挽救他们关系的救护神。结果，如果最后两人关系破裂的话，为此而生的孩子也许会令父母双方都大失所望。

这些孩子也会觉得自己担负的太多。我记得一个 10 岁的女孩，她因为缺乏自信并充满失败感，而让老师和父母非常担心。在作过几次心理咨询后，她说：“瞧，我失败了，不是吗？我失败了！”结果发现，她在无意中了解到自己被生下来是拯救父母婚姻的，而在知道父母目前过得并不幸福时，她就感觉没有完成自己的使命。

当一位母亲决定要生个宝宝，是“因为我想作出改变”，几乎将做母亲看做自己职业的一个转变时，也会出现同样的问题。如果做母亲令人沮丧，递交辞呈可不容易！

沮丧和羡慕……那些没有孩子的夫妻

那些没有孩子的夫妻，也许会成为父母们羡慕的对象，在给孩子喂食、换尿片和起夜的忙乱中，父母们可能暂时体会不到孩子带来的欢乐。我清楚地记得一位年轻的母亲表达她对自己孩子的敌意。当我说她当时似乎不很喜欢孩子们时，她回答说："我太累了，没法喜欢他们，累得也没法不喜欢他们，我真是太累了。"

想一想：

- 你觉得没有孩子的夫妻看起来过着有孩子的夫妻求之不得的生活吗？他们能相对自由地追求自己的爱好，似乎来去自由，而且他们的家比较干净整洁，这些会使父母们心中想：如果"我们当时知道这样，就不会要孩子了"。
- 没有孩子的夫妻也许会引起父母们产生一些平时不愿去想、更不会说出口的对孩子的想法和焦虑。

一位父亲发现很难与自己的女儿处好关系，既痛苦又失望，女儿的长相、性格和兴趣都与他的期望相去甚远。有一天，他流着泪说："如果没有生她，我就不会想她，但既然生了她，所以我爱她。"

一位母亲在说起她那让人头疼的 6 岁孩子躺在一家商店里大发脾气时，说出了自己在对待这个孩子时的疲惫和无助："我想说，上帝啊，我实在受不了这个无理取闹的小坏蛋了，但我没说。"

"我们原以为会很快乐"

当然，在打算要孩子时，你们最大的一个期待就是这会让你们很快乐！你们的期待是，这个即将到来的小宝宝会成为欢乐之源，不仅对你们，而且对全世界来说都是如此。当你非常担心自己孩子的行为，当事情似乎出了错或陷入混乱时，不要问自己“我们哪里做错了”或者“我们的孩子怎么了”，而要问：“哪些事情在阻止我们彼此喜欢呢?”

在后面各章，我要讨论童年时期的一些常见问题，并指出孩子们可能会给父母发出的“事情已经陷入混乱”的信号。这些常见问题已经不再是孩子正常成长阶段的常见问题，而是孩子试图让大人知道自己焦虑的“不同寻常的问题”。

总结

- 孩子们背负各种期望而生，父母和孩子终其一生都既在试图将自己从对方的期望中解脱出来，又在努力满足对方的想象。
- 我们从自己的父母那里学习做父母，而且，在养育孩子的过程中，还从其他人那里学习了很多东西。
- 童年是一个必然会发生冲突的时期。父母们或许不是通过解决孩子童年时期的问题而渡过养育这一关的，而更多地是通过容忍冲突。
- 在孩子出生后，父母感到欢欣中夹杂着失望，是很正常的。
- 孩子也许会使伴侣们关系更亲密，但养育也会凸显你们对家庭生活的不同期待。
- 对孩子的行为感到困惑，可以成为理解这种行为的一个必要环节。

- 在养育孩子的过程中，你自己童年的往事会如潮水般涌入脑海。知道这一点，有助于你敞开心扉接受孩子传达的信息，而不是对他们没有按照你的脚本发展而感到沮丧。
- 你和配偶的观点不同，并不意味着你们一个人是对的，另一个人是错的，也并不意味着一个是好人，另一个是坏人，而只意味着你们的观点不同而已。对孩子来说，重要的不是父母的观点相互冲突，而是父母如何把这些观点呈现给他们。
- 如果相同总是意味着亲密，你的家庭能容忍个性、兴趣、期望等各方面的不同吗？
- 在养育孩子方面，我们只能把父母给予我们的东西传递给孩子。

第2章

最早的抗拒

孩子为什么不吃、不睡

“她不吃……也不睡。我真的无计可施了。”

——一个3岁女孩的母亲

吃饭和睡觉是我们生活的基本组成部分。我们需要睡觉、吃东西以维持身体的正常运转。所以，当孩子利用吃饭和睡觉来表达他们最深切的焦虑和不安时，我们不应该感到吃惊。我们可以把孩子在喂养和睡觉方面的困难，看做孩子与父母之间沟通的一种基本语言。也就是说，大多数孩子在成长过程中的某些时候，都会有睡觉和吃饭方面的问题，并且，我们需要记住，这些紊乱只是童年时期的一个常见问题。还要记住，除非有极度的困扰，孩子们在饿了或困了时自然就会吃东西和睡觉，他们不会让自己挨饿或缺乏睡眠。当睡眠和进食问题持续存在或主导了孩子的生活时，我们才需要为之担心。在这一章，我们将讨论童年时期一些常见的进食和睡眠困难，以及如何辨别这些问题已经变成了不寻常的，并且应该寻求专业帮助。

喂食困难

“我不知道……我只是觉得自己不是一个合格的妈妈……我的母乳应该足够孩子吃的。”

（一个8周大婴儿的母亲）

没有什么比喂养问题更让父母担忧的了，对妈妈们来说尤其如此。而且，当你的孩子出现进食问题时，你自然会想起自己小时候对食物的感觉，想起自己幼年时对自己与母亲之间关系的感觉。上面引用的那位新妈妈的话，说出了许多母亲的感受：如果她们的孩子有进食方面的问题，那么，要么是妈妈做错了什么，要么是孩子出现了严重的问题。家访护士刚刚建议这位母亲用配方奶作为母乳的补充，因为看起来她的宝宝需要更多的营养。

一方面，这位母亲承认，这个建议切实可行并很有帮助；但另一方面，这让她感觉自己是个不称职的妈妈，并且一直怀疑自己给宝宝吃得是否足够。我们可以想象，如果家访护士建议她多给孩子洗一次澡或多换一次尿片，她是否会有同样的反应。

> 父母们会不由自主地把喂食问题的原因归咎于自己。

盖伊，17个月大，他的父母因为他开始拒绝食物而来找我。他们一直等到有了一定的经济基础之后才生了盖伊，所以是大龄父母。为了照顾盖伊，他的母亲放弃了一份很有前途的工作。现在，父母二人担心的问题是盖伊玩食物、拒绝吃东西、把勺子推开，并且经常把盘子弄到地板上。盖伊的母亲感到很困惑，而且感到自己受到了盖伊的排斥："都是很好的有机食品，是我自己做的……没有任何问题。"但是，在我们谈话快结束的时候，盖伊的父亲说出了他真正的担忧："他非常粗鲁。我可不想他长大后成为一个恶棍。"

> 在所有喂食问题中，影响最大、最令人困扰的是，一旦孩子停止进食，父母就会心事重重地关注孩子的胃口。

当然，喂食是一种非常亲密的体验，而且这个过程远远不只是进食：不管是在身体上还是在情感上，这都是一段亲密接触的时光。在此回想一下成年人围绕食物开展了多少社交活动，也许会很有趣；他们邀人共进晚餐，相约去吃午饭或喝咖啡，或者在酒吧里喝酒。为他人准备食物，是表达关爱和尊重的一种方式；而拒绝进食，有时则是孩子营造他们的需要必须得到倾听和考虑的氛围的一种方式。

想一想：

- 喂食困难似乎是孩子的一种表达方式："我需要你更多地考虑我。有些东西我吸收不了。"
- 进食不仅与我们生理上能吸收和消化的东西有关，而且还与我们情感上能吸收和消化的东西有关。

当5岁的伊迪亚开始上学时，她的体重在第一个学期就减少了三分之一。每天早上，她在上学的路上都会觉得晕车，而且一到学校门口就呕吐得很厉害。有趣的是，她在任何其他旅行中从不晕车。六个月前，她妈妈生下了她的双胞胎弟弟，伊迪亚对于两个弟弟的到来显得很高兴，并且似乎没有任何不安。可是，随着时间的推移，我们开始认为她没能真正“消化”弟弟们的到来，而且，她肯定没有“消化”自己去上学而让妈妈留在家里照顾双胞胎弟弟。一旦伊迪亚觉得自己的担忧被理解之后，她很快就在学校里安下心来。然而，有趣的是，六年之后我们又见面了，这次她是因为轻微的暴食症——这是她在从小学升入初中时开始出现的问题——又被带到我这里。

养育、食物和喂食是不可分割地联系在一起的。像伊迪亚这样很小的时候就发现不吃饭会对父母产生极大影响的孩子，可能会在潜意识中决定在一生中都以此作为表达自己所面临的困难的一种方式。实际上，许多成年人发现，他们在有压力或者感觉不快乐时，都会出现进食困难。

喂食与管教不同

良好的进食习惯，指的是饿的时候知道自己饿了（与其他原因造成的“腹中空空”的感觉是不同的，不管是情感还是生理上的原因)，并且知道吃多少以及吃什么来满足自己的需要。如果你把食物作为一种奖励，比如，“如果你乖乖的，就可以让你吃糖果”，或者作为一种惩罚，比如，“因为你不听话，所以就没有糖果吃”，那么，你就极可能让你的孩子在成长过程中混淆生理需求和情感需求。很多节食减肥不成功的人，都承认自己有过把食物当奖励的经历：“这周我体重减了 4 磅，应该犒劳一下自己”，或者作为一种安慰：“我这周体重一点都没减，我感到很悲惨，需要一个巧克力棒振奋一下精神。”理想情况是，孩子得到的信息应该是：他们吃东西，是因为他们饿了或者因为有喜欢的食物可吃，而不是因为他们有或没有某种特定的行为。

自从父亲突然离家之后，5 岁的芬利在吃饭时越来越不听话。他挑食，吃饭时总是懒洋洋的，经常用手揉着脸叹气、坐立不安、碰翻东西，而且更严重的是，他用手抓饭吃。这些行为把渴望他有良好的餐桌礼仪的母亲激怒了。她向我讲述了一次让她很痛苦的情形：她一再要求他使用餐刀和叉子，但他就是不用——“我狠狠地打他的手……但他还是那样做……所以我又打了他的手……而他还那样做，然后他突然发怒了，并且开始对我喊叫着说我把他父亲赶走了。”

这是一个说明管教和吃饭会如何纠结在一起的例子。芬利是在用吃饭表达他关注的很多事情：他是在利用不遵守餐桌礼仪来反抗母亲，以表达对父亲的离去而产生的苦恼和愤怒。他知道母亲很重视餐桌礼仪，所以，他知道自己的行为一定会对她造成影响，也就是说，当他认为她没有倾听他用其他方式表达的苦恼时，他知道她会注意到他的不良餐桌礼仪。

好食物和坏食物

> 强调好食物或健康食物的重要性，其风险在于你的孩子可能会抵制这些食物。“禁果更甜”不是一种偶然。

大多数父母都想鼓励自己的孩子吃健康的食物。危险在于，我们生活在一个非常注重形象和外表的社会，就连四五岁的孩子都开始变得很在意时装和体重，常常认为“瘦”就意味着“健康”。而且，我们生活在一个既有好食物又有坏食物的世界。艾登，7 岁，他的母亲与孩子学校的班主任有过一次激烈的争论。在家里，她很注意艾登和他弟弟们的饮食健康，用坚果和酸奶葡萄干代替了炸薯片和糖果。艾登小时候一直很配合，但他现在要求带些更普通的零食去学校，因为他觉得自己与众不同。他的母亲便试图让老师们在学校里禁止孩子们吃不健康的食物。女校长遵循的原则是，将食物贴上“好”或“坏”的标签，可能会使孩子们对自己所吃的东西产生内疚感。她觉得最好是总体上鼓励健康饮食，并希望孩子们尽量少吃垃圾食品。

想一想：

- 媒体对健康饮食的过度关注，在有意或无意中向我们灌输一个观念：成为完美父母是有可能的。
- 大多数父母想为自己的孩子做到最好。当今的问题是，他们在这样做时是否受到了外界的影响。
- 或许，在家里最好尽量避免用“好”、“坏”或“节食”等字眼来形容食物。

健康饮食的观念暗示我们，设计出一个受社会欢迎的孩子是有可能的。其暗含的意思是说，如果你提供了正确的环境和条件，那么，孩子会自动地茁壮成长。当然，好的环境条件有助于孩子茁壮成长，但更重要的是，养育更多地在于了解自己孩子的个体需要，而不是努力符合媒体宣传的完美观念。

家庭对食物的态度造成的影响

“每当我生气时，我妈妈就说，‘吃点东西吧，吃东西会让你感觉好一些。’我不希望特丽莎长大后认为多吃是一种很好的安慰。”9 岁的特丽莎的母亲说。

特丽莎想节食。尽管她不苗条，但也绝对不算胖，更不要说肥胖了，那么，一个 9 岁的孩子提出这种要求是怎么回事呢？当然，特丽莎自己似乎不明白她为什么需要节食。她没有被人欺负或嘲笑，她有一大帮好朋友，并且她似乎是一个很快乐的小姑娘。但是，她相当坚决地认为自己需要节食。而且，我们知道，在当今这个时代，对她这个年龄的女孩来说，她的要求并不像我们认为的那样不同寻常。

2007 年 3 月，莫里斯·奇藤登在《泰晤士报》报道，一群父母如何开始抗议“玩具行业的一些做法，他们说这些做法使小孩子对‘性’过于关注了”。在这些玩具中，他们最担心的是一个“钢管舞套件”；以及“水疗浴场”，里面有一个玩偶“在镇上最酷的酒吧游荡”。

现代文化似乎把焦点完全放在了性感上。它引导我们相信，成功和幸福生活的秘诀在于拥有一个美丽、性感的身体。不仅如此，媒体还定义了什么是性感和美丽，以及如何通过使用化妆品、水疗和手术立即变得美丽、性感起来。

从最近的研究中，我们可以知道，孩子们正受着这些广告的影响。希尔和帕林的研究表明，年仅 8 岁的小女孩便痴迷于节食以提升自我价值，而且，9 岁的孩子便将肥胖与“愚蠢和不受欢迎”、瘦削与“受欢迎、聪明和善良”联系起来。总体影响是，孩子们对自己的身体和外貌感到不安。这项研究还表明，女孩们节食的意愿，受到母亲对自身体形及所吃东西的态度的强烈影响。

特丽莎的父母对食物似乎有一种很蔑视的态度。她的母亲喜欢烹饪，并且为特丽莎和她的两个妹妹提供了健康均衡的饮食，但是父母二人自己似乎吃得很少。“嗯，人其实并不需要吃太多，”她的母亲说，“我们常常只吃一个三明治。”在这个家里，有一种明显的心态，那就是‘吃饭是为了活着’，而不是出于其他原因，尽管这家人总是一起坐在餐桌前进餐。

这对夫妻与食物的渊源很有意思。特丽莎的母亲是家里三姐妹中最大的，她小时候超重，被人嘲笑；她把这归咎于母亲的“强迫进食”：“我们的盘子总是满得要溢出来，而且我们想什么时候吃零食就什么时候吃。”特丽莎的父亲 7 岁时被送进了寄宿学校，虽然刚去的时候他很快乐、很适应，但他逐渐发现自己在学校的就餐时间感到简直无法忍受，因为他在这个时候极其想家：“我常常害怕进餐厅……我害怕自己会哭……餐厅里那样吵闹……和家里太不一样了。”

我们可以看出，他们两个人都没有意识到食物在自己心中激起的情感，以及孩子们对这些情感的感觉。特丽莎似乎相信，要做一个幸福的女人，你一定不能吃太多。她的母亲很惊讶地意识到，也许特丽莎将享受美食和贪吃混为一谈了。另一方面，特丽莎胖乎乎的妹妹似乎有点担心会不会始终都有足够的食物可吃，她每顿都吃得很饱。

想一想：

- 你对食物的感觉会如何影响孩子对食物的态度。
- 你始终会传递不止一个信息：你想传达的信息和你无意中传达的信息！

拒绝吃东西的孩子

许多父母会声称他们的孩子“拒绝吃东西”。通常，深究一下就会发现，他们的孩子只是在就餐时间拒绝吃父母给他们的食物而已。很少有哪个孩子拒绝吃任何东西，我们会在本章稍后的“饮食紊乱”中讨论这个问题。现在，让我们回头看看17个月大的盖伊和他的父母。盖伊究竟是像他的父母理解的那样拒绝吃东西，还是这只是一个17个月大的孩子为独立而开始迈出的头几步呢？在这个阶段，宝宝们表达“我要按照自己的方式来做”的途径还很有限。他还可能是在提醒父母，作为一个刚来到这个世界上的新人并且发现了新事物，他感到多么兴奋、多么有趣。虽然他母亲看到的是一碗精心准备的有机食物，而盖伊看到的却是等待着他去探索的色彩、味道和质感。我们可以这样理解，他的母亲想的是“把它吃完”，而盖伊想的是：“现在，我能拿这些做什么？”

养育不是完全按部就班的。盖伊的父母详细计划了他的出生时间；他们读了每一本养育书籍，看了每一期关于养育孩子的电视节目。问题在于，盖伊没有读过这些书，也没有看过这些节目。他们说，他是个很好带的宝宝，并且说玩食物是他们遇到的第一个问题。

如何对待不肯吃饭的孩子

- 首先，我们帮助盖伊的母亲不要把他拒绝吃她做的食物看做是自己的错，因为食物没有任何问题。盖伊只是在努力形成自己的独立。（没错，从这个意义上来说，他是在拒绝她，但这是一个终生的过程！）

- 她需要确保盖伊吃饱，并且确保他不因为挨饿而影响成长。

- 她需要明白，盖伊吃得如何与她是不是一个完美母亲之间并无关联！实际上，他的不顺从，可能意味着他觉得挑战自己的日常惯例是安全的。

- 她尝试着在盖伊的食物上少花些心思。虽然她坚持健康饮食，但是，少花些心思可以使她避免对自己花在准备食物上的时间和努力感到怨恨并觉得被排斥。（儿童心理学家佩内洛普·里奇指出，面包、奶酪和苹果是营养很均衡的搭配，只需 30 秒就可准备完毕！）

- 我们有意识地尽量减少了在用餐时间发生冲突。她允许盖伊玩食物并用手拿着吃，并帮助他学习自己用勺子吃饭，尽量不加干涉。她延长了吃饭时间，这样他们的压力就小了些。并且，她试着大声说出正在发生的事："嗯，你推着食物在盘子里转"，这样就将注意力转移到了她与盖伊之间的关系上，而不是盖伊制造出来的混乱上。一个月后，她很高兴地告诉我，他已经"真正明白了什么是捣蛋"。

- 盖伊的父母还意识到，他们的宝宝甚至在 17 个月大的时候就在告诉他们有一天他会脱离他们而独立。他们开始重新考虑两人作为父母和夫妻之间的关系。

一年后，当我再次见到盖伊的父母时，他的故事有了一个有趣的后续。当时，盖伊已经是一个活蹦乱跳、生机勃勃的 2 岁半的孩子了。他的父亲向我描述了他健康的胃口，并且说："没错，现在他吃得真多……并且爱他的食物。"然后，这位父亲主动告诉我，他总是将健康的好胃口看成有男子汉气概。他不想有一个“挑食”或“偏食”的儿子。

挑食的孩子

安德鲁，2岁，他的父母因为他对食物的怪癖而感到心烦意乱。在之前的三个月，他拒绝吃的食物越来越多，到现在他只吃面包、花生酱、香蕉和酸奶，偶尔吃点别的。他的父母很有健康意识，很担心这种饮食会影响到他的成长甚至生存。他们尝试了赞扬和鼓励，并且为了让他吃放在他面前的食物而贿赂和奖励他。他们甚至尝试了除每餐提供的食物外拒绝给他任何其他食物，但是，正如他们所说：“他的意志比我们的坚强。”一切办法似乎都无效。

随着孩子逐渐长大，他们需要自己作出一些选择。即便是很小的选择——午饭吃炸鱼条还是蛋类？——都会使孩子感到他们在自己的生活中拥有一些权力。而且，选择既有助于形成自我认同感（我就是我，我喜欢蛋类），还有助于形成个人的自由感。当小孩子们相信“妈妈和爸爸知道我的一切”时，他们会有安全感。随着孩子逐渐长大，他们需要更多地感到个人生活的自由，这包括个人口味和胃口的选择权。即便是成年人，也只在极少数情况下，比如在别人家里做客时，才不得不吃放在他们面前的食物；很多孩子却被期望每天都能这样做。

想一想：

- 你是否宁愿挨饿也不吃自己确实不喜欢的食物？

- 你的孩子是挑食，还是他们只是在尝试作出选择并弄明白自己是否和其他家人口味不同？

如何对待 5 岁以下小孩子的挑食

在见到安德鲁的母亲之前，我在电话里就能感受到她的紧张。很容易就能猜到，她很可能在吃饭时把这种焦虑传染给了安德鲁。结果，每次刚开始吃饭，气氛就会很不好。像盖伊的母亲一样，安德鲁的父母首先必须努力放松下来，把他的挑食看成只是成长过程中的一个阶段。

- 要接受这一点：你不能强迫任何年龄的孩子吃东西。
- 要尽量给挑食的学步阶段的孩子提供一些可以玩的食物。我指的不是垃圾食品，而是能让他们产生联想并因此能吸引他们的食物。比如，如果将三明治切成一个笑脸形状或光芒四射的太阳形状，可能会让人更兴奋。一个 4 岁的孩子，一连几周都生着闷气把香肠和土豆泥在盘子里推来推去，直到有一天，他的父亲给他端上了一盘土豆泥做成的城堡，还有一个香肠做成的士兵和肉汁做成的护城河，他才高兴起来。
- 学步阶段的孩子不理解“正餐之前不能吃甜点”的道理。要尽量避免使用贿赂和奖励让他们吃你想让他们吃的食物。否则，学步阶段的孩子会认为正餐是你最看重的，而零食和甜点就会变成他更渴望吃的东西。
- 安德鲁的父母决定尽量以一种平静而若无其事的方式，只给他提供他们知道他会吃的食物。这不是一件容易的事情，但是，由于每个人在吃饭时都很放松，他们便开始每次加一种新食物，但并不坚持让安德鲁吃。

- 要耐心：彭尼·里奇说，有些学步阶段的孩子在吃一种食物之前，需要你把这种食物放到他们面前二三十次。

5 岁以上大孩子的挑食问题

学步阶段的孩子需要利用挑食来搞清楚自己在家里是怎样一个独立而独特的个体，这种需要很可能会在童年的中期再现。从 9 岁起，孩子们开始对家庭之外的世界产生更大的兴趣。他们开始试验各种想法和生活方式。而且，他们会以各种方式来表达这些想法和生活方式。他们也许会变得极其关心动物福利，并试图通过变成素食主义者来作出自己的贡献。他们也许会变得对“超级食物”热情高涨，并且坚持只吃某些食物，而坚决不吃他们认为不健康的食物。一个 10 岁的孩子试图只吃石榴籽和熏鱼，因为他在书上看到它们会“改善脑力”。

就像日常生活中的很多方面一样，这个年龄段孩子的挑食，可能会成为孩子们觉得他们可以坚持自己的看法和自主的一种方式。你也许需要记住，当他们坚持不吃肉时，也可能是在向你发起挑战，看你能不能尝试让他们吃。

如何对待大孩子的挑食

- 要尽量记住，大孩子的挑食问题，极少与孩子对食物的偏好有关，而更多地与权力之争相关。
- 像对待学步阶段的孩子一样，你怎样让他们吃他们不想吃的东西呢？

- 你可以允许大孩子在就餐时间合理选择食物。但要记住，孩子们正在学习如何作出选择。
- 有时候，若无其事地说出自己的看法，既能避免争论，又能强调你的观点："我认为你应该吃这种食物，但我不能强迫你，所以只能由着你。"
- 尊重孩子对食物的口味只是个开始。正如一位父亲说的那样："在女儿 9 岁时，我无法理解她在煎鸡蛋上加糖的行为，而在她 19 岁时，我难以忍受她找男朋友的品味！"

只吃一种食物的孩子

很常见的一种奇怪的现象是，有些孩子，特别是年幼的孩子，坚持只吃一种食物；同样奇怪的是，他们靠一种食物——比如在面包上涂黄油，再撒上糖——竟然能保持健康！如果一个挑食的孩子让人担心、恼怒的话，那么，只吃一种食物的孩子则可能会让他们的父母心烦意乱，特别是当这个阶段持续一两年的时候。当然，我们能够理解父母的这种担忧，但是，回想一下婴儿最初也是只吃一种东西——母乳，则这种现象也很有趣了。

在第 1 章，我们谈到过唐纳德·温尼科特所说的"首要关注对象"，其含义是，在孩子出生后的头几周和头几个月里，母亲的全部心思都会放在孩子和孩子的需求上。婴儿表达自己需求的方式极其有限，所以，你作为父母，必须时刻警觉才能弄清楚宝宝在任何既定时刻有什么需求。

> 只吃一种食物是挑食的一种发展。我们可以认为，这样的孩子是想努力回到婴儿期那个密切关注自己需要的母亲身边。

随着孩子逐渐长大，他们有了更多的方式来表达自己的需求，所以，从某种意义上来说，父母们可以不再那么警觉了。有时候，挑食或坚持只吃一种食物，是孩子在说“你还理解我吗？你还能知道我想要什么和不想要什么吗”的一种方式。

父母很难容忍孩子只吃一种食物，而又不极其担心他们的健康。然而，如果你的孩子体重并没有减轻或发育并没有受到影响，那么，多给孩子一些爱和关注，要好过强调他们该吃什么或不该吃什么。而且，对于孩子童年时期所有令人担心的行为来说，你也许该问自己：“如果我不担心他的饮食问题，我会担心什么？”

挑食何时会变成饮食紊乱

“我怎样知道我那非常挑食的 10 岁孩子不是患上了厌食症呢？”一位母亲忧心忡忡地说。挑食的孩子与饮食紊乱的孩子之间，有一个很大的区别。当食物蕴含有象征意义时，孩子也许会发现自己就是不能吃。他们之所以不能吃，是因为食物被附加了太多含义。饮食紊乱，是父母与一个或许正在试图同时解决许多问题的孩子之间的一种复杂交流。

想一想：

- 孩子也许感到愤怒或觉得自己无能为力。
- 他们也许是对进入青春期过分焦虑。一想到既要应付自己的性欲望，又要对付别人对自己的性关注，他们可能会感到不知所措。

- 他们也许感到取得学业成功的压力太大。我们之前曾提到过孩子们也许会认为只有取得成功，自己才能得到父母的爱。那些饮食紊乱的孩子，也许对自己抱有不切实际的期望。

如何识别饮食紊乱

过去，我们认为饮食紊乱几乎只限于十几岁的女孩子。然而，这种现象现在在年龄更小的男孩和女孩身上都变得更普遍了。孩子们也许会从拒绝进食（厌食）变成暴饮暴食和呕吐（暴食症）。我们知道，许多孩子正变得非常在意自己的体重和体形，但是，这并不一定意味着他们会患上饮食紊乱症。然而，如果孩子显得过于关心或只关心自己的体重，父母就应该注意了。如果孩子总是找借口不吃摆在他们面前的东西，或者声称不舒服、不饿甚至要做家庭作业以避开吃饭时间，那你就应该认真对待了。当孩子似乎总是很饿或吃得太多，但与此同时体重却在下降时，你也同样应该关注。当“挑食”变成始终拒绝吃太多，特别是拒绝吃脂肪类、糖类或者碳水化合物类食物时，你就应该开始考虑自己的孩子是不是患了饮食紊乱症。

如何对待饮食紊乱症

- 不要以为你的孩子知道自己为什么会患饮食紊乱症。他们需要你的帮助，才能搞清楚食物给他们造成的困惑。
- 赞扬自己孩子的相貌是很自然的事情，而且，孩子确实需要知道你很欣赏他们的外表。然而，对于饮食紊乱的孩子，你也许需要改变赞扬的重点。要尽量赞扬他们的性格和行为。可以在交谈中很随意地说出来，比如："你能这么做，我认为你很善良。"

- 跟你的孩子谈谈你在他们这个年龄时不喜欢自己外貌的哪些方面，以及由此产生的矛盾挣扎，也许会对孩子有帮助。如果孩子们意识到我们都对自己外貌的某些方面感到不满意，他们也许就会感觉不那么个别了。
- 你自己的饮食习惯在多大程度上为健康饮食方式做出了榜样？全家人一起吃饭，会让你有机会了解自己的孩子在吃什么，并且还会让他们看到你吃什么以及你对食物的态度。
- 此时，也许是时候重新评价一下你给了自己的孩子多少自由和选择。他们有充分的理由感到愤怒和无能为力吗？
- 跟你的孩子谈谈你进入青春期以及第一次约会时的感受。
- 当你或你的孩子似乎过于焦虑或不快乐时，要寻求专业人士的帮助。你的医生或家访护士可以是你首先要拜访的合适人选。

你无法总赢

进食困难总是因人而异的，并且确实与个人的口味有关！我们都会同情这位年轻母亲：她在就餐时间要努力应对一个以拒绝吃饭来争取独立的18个月大的幼儿，一个只吃上面涂有香蕉的酸制酵母面包的3岁孩子，以及一个在吃饭时挑食与否完全取决于"她昨天跟谁去吃了下午茶，他们给她吃了什么"的5岁孩子。

有趣的是，在这个家里，就餐时间似乎是唯一发生争执的时刻；除了偶尔发发脾气之外，这家人的生活似乎相当惬意。所以，审视一下孩子们为什么会选择食物作为一种沟通方式，是十分有趣的。

睡眠问题

我们生命之初的大部分时间都在睡觉，成年以后，我们有大约三分之一的时间在睡眠中度过。我们说需要“好好睡一觉”，既是指睡眠能给我们带来愉悦，也是指睡眠能使我们恢复身体功能。莎士比亚在谈到睡眠时说“一切有生之伦，都少不了睡眠的调剂”，它“把忧虑的乱丝编织起来”。然而，在生活中，大多数成年人和孩子都有过一次或多次睡眠障碍。在一夜都睡不好之后，你可能会感觉十分糟糕，特别是在深度睡眠阶段（又称为“有梦睡眠”）被打扰的话。另一方面，孩子们在一夜睡不好觉之后却可能仍然兴高采烈、精力充足，因为他们往往会在每个睡眠周期的深度阶段自然醒来，也许一夜会醒来多达五次，尽管他们自己可能没有意识到。所以，在某种意义上说，睡眠障碍更多地是父母会遇到的问题，而不是孩子遇到的问题。在这一节，我们将从情感方面考虑睡眠问题、孩子如何理解被送上床去睡觉，以及睡眠对情感的各种影响。

什么是睡眠问题

在对学龄前孩子所作的一项调查中，内奥米·里奇曼发现，超过二分之一的1~2岁孩子和将近三分之一的3岁孩子，就寝时间都难以安定下来，并且在夜间经常醒来。有几项研究还表明，睡眠较差的孩子会给父母造成很大的压力。多兰德和明德尔对父母们的抑郁状况和婚姻满意度进行了监测，结果发现，当孩子的睡眠问题得到解决之后，这两方面的状况就会得到改善。里奇曼将睡眠问题定义为：

- 孩子连续三个多月都很难睡个完整觉。
- 孩子在一周之内夜里醒来五次甚至更多次。
- 孩子一夜醒三四次。
- 孩子夜里每次醒来的时间超过二十分钟。
- 孩子坚持要去父母的床上睡觉。

孩子独自睡

4岁的奥布里很难独自入睡，一晚上会叫父母好几次。他一夜醒来五六次，跑到父母的床上要求和他们一起睡。在一次家庭会议上，他的母亲试图找出问题的根源："我不知道你为什么无法入睡……爸爸妈妈就在楼下。”她说。

奥布里在寻找用词时停顿了一下，才说：“是啊，但是，爸爸妈妈是两个人，而我是一个人……我不喜欢自己一个人睡。”

对于孩子们来说，睡觉意味着要和自己的父母分离，并且不知道父母在做什么。上床睡觉有时候是一种极其孤单的体验，没有哪个形象比一个孤单的孩子更令人心酸的了。许多成年人喜欢把童年说成是一段无忧无虑的浪漫时期；的确，如果观察一个熟睡中的孩子时得出“无忧无虑”的结论是十分正常的。有些成年人也许有过这种美好的童年经历，他们在记忆中或许确实把被放到床上当成了最亲密、舒适和快乐的时光。其他人保留这种童年的想象，也许是为了让自己免于想起小时候承受的痛苦，这是一种有点类似于“这是我所喜欢的童年”的方法；而有时候，成年人不想让孩子感到痛苦，这种需要使得他们看不到孩子成长过程中的明显需求。

本书自始至终都在强调孩子对“依恋”的需要，也就是说，在孩子出生后的头几年，他们需要跟至少一个成年照料者建立起亲密的关系。但是，孩子们还需要时间和空间来练习独立。从出生的那一刻起，父母和孩子就在酝酿着分离，因为孩子们需要学会温尼科特所说的“独处的能力”。

从孩子们需要体验孤独、体验寂寞的意义上来说，他们需要独处。我们很容易低估孩子们会认为成年人多么苛求！孩子们像成年人一样，只有通过亲身经历才能获得某些体验。

他强调，孩子们只有在独自一人以及和他人在一起时都能感到舒适自在，才能完全形成对自己作为一个个体的身份认同。心理学家罗伯特·霍布森，通过强调“孤独”一词暗含有“完全的自己”这样一层意思，提出了“孤独和亲密是相互独立的”观念。

想一想：

- “入睡”一词对你来说意味着什么？
- 为什么称之为“入睡”？我们要“进入”哪里？

睡眠和死亡

当孩子们去睡觉时，在某种程度上，他们是把自己托付给了自己的身体，而不是父母的身体。这会导致焦虑，因为我们在睡着时都会失去警觉。一位年老的寡妇在她的丈夫去世五年之后，说她很少能睡个完整觉：“我不断醒来，我并不是痛苦……只是很警觉。”

> 每个人对无意识状态都有很复杂的感受。在我们的潜意识中，睡眠和死亡似乎是不可避免地联系在一起的。我们用来描述死亡的语言就凸显了这个事实：“长眠……不是死了，而是睡着了……安息了……”

而且，正如我们生命之初的大部分时间都在睡眠中度过一样，我们临终前的状态也往往如此。我们说一个人不知不觉地睡去，也说一个人不知不觉地死去。许多父母都承认，当他们的孩子尤其是婴儿睡着时，他们会检查好多次，目的是为了“看他们是否在呼吸”。

我们对孩子说“闭上眼睛睡觉吧”，我们还会说对孩子要“睁着警觉的眼睛”。在孩子的意识中，闭上眼睛可能就意味着“警觉的眼睛”也闭上了，所以，他们可能会感觉在睡着时非常脆弱（因为我们的确很脆弱），因为如果爸爸妈妈不在身边，谁来保护他们呢？在我还是一名小学教师的时候，我们班里一个 5 岁女孩格蕾丝的母亲突然意外地死于心脏病。可以理解，格蕾丝极为伤心。她把感情都倾注在了父亲和专门照顾她的奶奶身上；随着时光的流逝，她似乎很好地度过了悲伤期——除了每天晚上她都会大发脾气拒绝上床睡觉之外。她的家人是虔诚的福音派基督徒。他们一直安慰她说，“耶稣把妈妈带走当天使去了”，上帝在照顾妈妈，也在看着悲伤的她。当圣诞节快到时，发生的两件事帮助大人理解了格蕾丝的睡眠问题。第一件事是，她画了一幅画，这是一张典型的 5 岁孩子的作品，画里有一座房子和花园，但是没有阳光照耀，有的却是即将落下的灰色雨点。然后，她在整幅画上方画了两个大大的黑色圆圈。她告诉我，那是“一个可怕的场面……那家人正在想办法避雨”，但是，直到我说“那些是黑色的大圆圈……”之后，她才对黑色圆圈作了解释：“哦”，她说，“那是上帝的眼睛。上帝看着一切……（然后，她大声说）你做的一切。”

第二件事，是由圣诞剧的角色扮演引起的——在一年级的班级里，这种事总是会令孩子们情绪高涨！我和班里的孩子们当时正在列剧中人物角色名单，这时候，总是会有孩子大喊：“天使！我想当天使！”就在这时，格蕾丝歇斯底里地哭着说：“我不想当天使。”

我们都明白了格蕾丝多么害怕自己会在睡梦中死去，这是这个年龄段孩子的常见问题，但她的父亲和奶奶那本意良好的隐喻加剧而不是缓解了她的恐惧。如果耶稣能把妈妈带走当天使，难道他就不能突然也把她带走吗？她没有觉得自己受到无所不知的上帝的保护，而是似乎感到被侵扰了。

上床睡觉是一种结束。它既标志着我们已经度过的一天的结束，也标志着未知的一天的降临。对刚刚失去了亲人的孩子们来说，任何形式的结束都会使他们想起痛失的亲人，而年龄小的孩子也许还会为一天即将结束时究竟还有什么也会随之结束而感到焦虑。比如，当格蕾丝的奶奶在该上床睡觉时告诉她“把你的玩具收起来”时，奶奶的意思是说“把你的玩具收起来明天再玩”，而格蕾丝在潜意识中害怕奶奶说的是“把你的玩具永远收起来”。

睡眠和分离焦虑

温尼科特写道：没有所谓的婴儿，只有母子关系中的母亲和婴儿。婴儿的生命是从尽可能接近母亲开始的，也就是说，接近到了待在母亲体内的程度；而且，在孩子出生后的头几年，父母会让孩子不离自己身边。所以，睡眠障碍很少只是孩子的问题。在《穿越黑夜》一书中，心理学家迪莉丝·道斯强调说，许多睡眠问题都应归咎于约翰·鲍尔比博士所说的“分离焦虑”，也就是说，父母和孩子对于分离在多大程度上感到焦虑或不感到焦虑。

我们常说“把孩子放下睡觉”。许多父母都说，当他们晚上把孩子放到床上睡觉时，他们既感到如释重负，又感觉难过。我们都知道但又很少谈论的一件事情是，有时候，所有父母对自己的孩子都爱恨交加。我们在此探讨的是睡眠和死亡之间的关联，许多难以在晚上将宝宝放下的父母没有意识到自己的担心，那就是他们有时候害怕自己那种似乎想要彻底摆脱宝宝的感觉。当然，孩子们反过来也有同样的恐惧。

一个 4 岁的男孩经常做同一个噩梦：“一条大鳄鱼张着很大很大的嘴巴，把我妈妈吃掉了。”我们当时正在说 4 岁的男孩子们有时候会对自己的妈妈非常生气，他最后插了一句：“是的，她们可能希望自己被鳄鱼吃掉，但我可不想!”

我醒来时妈妈会在我身边吗

要了解分离的含义，意味着不仅能信任与父母分开后的未知世界，还要相信当我们回来时，父母还会在我们身边。儿童心理分析专家梅拉尼·克莱因，把这描述为我们的发现：我们的心中有好父母照顾着我们，无论我们去哪里。对大多数孩子来说，这是一个相对顺利的自然过程，但有些孩子则需要更长的时间，还有一些孩子的生活经历会使他们怀疑这是否是真的。

罗斯，5 岁，在他 3 岁时他们搬过一次家，并且在搬家后不久，他的父母就分手了，家里的狗也死了。罗斯发现，夜里不醒来去看看母亲，自己就无法睡觉。他没有抱怨说自己害怕或做噩梦，或无法入睡，而只是对妈妈说“我来看看你”。罗斯是在焦虑地核实自己在夜间并没有像以前失去家、父亲和宠物狗那样失去母亲。

仙女般的好父母和巫婆般的坏父母

有些孩子有睡眠问题，不是因为他们害怕早上醒来时父母不在，而是担心父母在夜里会发生魔幻般的变化。克莱因解释了孩子们怎样形成了自己有两个妈妈的想法：一个是“好妈妈”，在他们饿了或不舒服而哭叫时会对他们作出回应；另一个是“坏妈妈”，她对他们的哭叫不作回应。她还解释了孩子们怎样逐渐认识到母亲并不完美，而是有时做得对，有时做得不对。

6 岁的卡拉夜里无法安心睡觉，因为她担心做那个“可怕的梦”。在梦里，她跟仙女皇后在花园里玩耍。她把一个球扔给仙女皇后，但是，球却越过篱笆落到了邻居家的花园里。卡拉意识到，她可以从篱笆下面爬过去把球拿回来，她这样做了，但是，当她回来继续玩的时候，仙女皇后却变成了一个愤怒的坏巫婆。

卡拉的父母对女儿要求很高，卡拉深深地担心，只有她是个“好女孩”时父母才会爱她。她认为从篱笆下面爬到邻居家的花园里，自己就成了“顽皮的女孩”，在潜意识中担心自己仙女般的好妈妈会变成一个愤怒的坏巫婆来惩罚她。她的父母没有料到她会这样想，但这已经在卡拉的恐惧中又加入了对好妈妈和坏妈妈的恐惧。

分离对你来说意味着什么

睡眠，就像食欲一样，对压力很敏感。睡不着觉，是我们显示自己目前状况的一种方式，从某种意义上来说，每晚都睡得很好倒是不太正常。然而，不仅孩子们会担心与自己的父母分离；父母们也担心与自己的孩子分离。当然，这是父母保护自己孩子的一种自然需要。只有当父母们的焦虑程度与孩子的年龄和成长阶段不相符时，才需要引起我们的担心。比如，一个 6 岁的孩子和一个 8 岁的孩子和家人外出旅行，他们想随人群一起沿着阶梯爬到塔楼的顶部“看看整个世界”。

“噢，不行，”他们的母亲说，“你们从上面摔下来怎么办？”

你对于离开自己孩子的感觉，即便是夜里睡觉时的分离，会影响到孩子是否能睡好。

想一想：

- 你小时候睡得好不好？

- 如果睡得很好，你为什么认为睡得好？
- 如果睡得不好，什么能帮助你入睡？

18个月大的凯文自出生起就睡眠不好。他的母亲解释说，他在出生时受了外伤，因为她分娩得太快，在她刚要躺上产床时，他就出生了。而且，他出生时没有呼吸，产房里有些惊慌。她记得自己当时反复问："孩子好吗？"并且感觉那一声声"很好"只是为了宽慰她，是为了掩盖医生们在产房一角的忙碌而已。她描述了自己当时感觉多么担心，以及多么讨厌宝宝在夜里要被抱到育婴室："每次他们把他抱回来喂奶的时候，他都在哭。"与病房里的其他妈妈不同，在医院里的最后一个晚上，她拒绝了护工提出的帮他们照看宝宝，以便她和丈夫能有一个晚上出去的建议。"我就是不想离开他，我知道这很愚蠢，但我就是不想离开他。……我不相信其他任何人能照顾好他。"

我们开始探讨凯文母亲的分离经历。她的父母是忙碌的上班族，直到晚上很晚才回家，所以，她经常没见到他们回家就被保姆送到床上睡觉了。她记得上床睡觉总是很匆忙、敷衍的一件事。她一上床，保姆就要下班了，并且，她觉得保姆总是尽可能快地给她洗澡和读故事："我从来没觉得她是真的想给我读故事。"她记得独自被留在"漆黑的大房间"里，注意听父母回来时的一切动静，而且，她回忆起自己小时候经常想："这个房间对一个小女孩来说太大了。"

没有哪种经历能像养育这样唤起童年的记忆。因为她自己小时候的经历，凯文的母亲觉得当她把凯文放到床上时，就好像"把他扔在一边置之不理"似的。如果我们把她的这些不愉快记忆和对凯文出生时的自然焦虑结合在一起，就很容易理解她对凯文会产生怎样的影响，使得就寝时间和睡觉都成了凯文感到焦虑的体验。凯文的母亲从来没有想到，因为她自己小时候的就寝经历，她清楚地知道凯文怎样才能睡好，也就是说，凯文需要的是她根本没有体验过的那种安静、放松的时间，用一个小女孩的话来说就是“很舒服、很放松”。

梦的重要性

梦是非常重要的。弗洛伊德说，梦是“睡眠的守护者”。我们在做梦时，会将一天的经历“归档”，以便它们不会在第二天一开始就造成混乱。当我们不睡觉时，我们面临的风险是没有对当天的事情进行处理，所以，在第二天早晨就可能负担过重。孩子们对当天的感受会通过梦的形式体现出来。从这个意义上来说，梦有助于孩子（以及成年人）的睡眠。然而，在我们睡着和做梦时，我们最接近自己内心的恐惧，而这对孩子们来说会特别恐惧，因为孩子们的感受相对来说比较强烈、朴素和原始。所以，当一个孩子说因为会做“噩梦”而不去睡觉时，也许是他们在告诉你，他们害怕自己内心深处的感受。

是否任由孩子哭

“她出生时我欣喜若狂……然后我听到了她的哭声，我的心一沉，因为我知道，在我的余生中，我注定要对这种哭声作出回应。”

（一个 3 岁孩子的母亲）

哭，是孩子让自己的父母知道他们有需要的最常见、最有力的方式。一个年轻母亲带着她11个月大的女儿来找我，并且问了我一个萦绕在父母们心头的问题："我应该任由她哭吗？"她自己的母亲在她6个月大的时候离开了她，她是在亲戚们的帮助下由父亲带大的。她的父亲总是动不动就粗暴地大发脾气，她现在还很怕他。她告诉我，她最近不得不跟他住在一起，而他坚持让她任由宝宝在晚上哭着入睡。她发现这简直无法忍受，并且，每当这种情况发生时，她都觉得极其难过和痛苦："我知道这样做不对。"后来，在她最后一次拜访我的时候，她告诉了我一件非常令她吃惊的事。她的宝宝讨厌洗头，并且每次在给她洗头时，她总是用力踢着大声尖叫。就在她竭尽全力给女儿洗头发时，她的父亲冲进了浴室并且让她住手。他明显很难过，而不是生气，他恳求她"别洗了，她受不了"。她回忆着自己怎样继续给女儿洗好了头，不是因为她觉得这样做是对的，而是因为"我想让他看看，她是我的宝宝，并且我知道她一直都这样"。但是，父亲关切之中流露出来的"温柔"，让她很震惊。

> 想知道"我该不该任由宝宝哭？"会禁不住让你想起自己哭着没人管时的感受。

我们不知道这位外祖父身上究竟发生了什么事情，但是，我们可以猜测，他对"让她哭"的强硬坚持，以及在听到外孙女哭时的情感反应，都是对他自己不愉快的童年记忆作出的回应。

想一想：

- 婴儿哭的原因有很多，要对他们的哭作出恰当的回应，注定是一个反复试错的过程。
- 如果宝宝尿湿了或饿了，你当然需要把他们抱起来。

- 如果宝宝感到孤独、焦虑或需要安慰，你也应该把他们抱起来。

但是，迪莉斯·道斯提出，把宝宝放到床上睡觉，是父母和孩子之间的“一种有趣的对话”。父母也许会觉得把宝宝放到床上睡觉是出于好意；而宝宝可能不这么认为。他们可能会有一种被遗弃的感觉，并觉得需要抗议。道斯指出，在这种心态中把宝宝抱起来的父母，也许会下意识地迫使宝宝相信他们是出于好意。她强调，父母们应该“对孩子正在表达的真实需求……要敏感。允许宝宝独立，包括允许他们生气，并将这种愤怒表达出来”。

听到宝宝哭，父母会感到痛苦，并且会想起自己小时候哭的情形。担心如何对宝宝的哭作出回应，其积极的一面在于你在听并且听到了，而且，应该如何对待的答案——是把宝宝抱起来还是置之不理——就在这其中。因为你会渐渐了解自己的宝宝，并且听出宝宝哭声的不同音调和特点，所以，你会慢慢地凭直觉开始明白是否需要把他们抱起来。

是否允许孩子睡在父母的床上

父母和孩子们有大量的时间待在一起。孩子越小、依赖性越强，你会越想和他们在一起，这就会出现问题：就寝和睡觉时间是一种自然分离，还是被迫分离的问题。在某些文化中，普遍的做法是父母和孩子睡在一张床上，直到孩子大约三四岁时自然而然地搬到他们自己的房间里为止。然而，在英国白人家庭中，

“让孩子睡到我们床上”会是一个永远引起争论的话题。有时候，父母双方会很乐意让宝宝和他们睡在一起，理由是这样做很自然，而且，因为挨着父母，孩子半夜醒来并感到不安的可能性较小；即使孩子夜间醒来，也更容易重新入睡，因为他们不必等到父母来到身边。另外一些父母则有不同的观点，正如一位母亲所说的那样：“我喜欢属于自己的夜晚”，也就是说，他们需要拥有宝宝不在身边的时间，并且宁愿半夜里起床去安慰宝宝，也不愿孩子睡在他们的床上。对于那些在夜里醒来后会害怕并烦恼的学步期孩子和更大一些的孩子，也会出现同样的问题。有些父母会高兴地把孩子带到他们的床上，理由是这样做使孩子和大人都可以很快重新入睡。另一些父母则觉得他们的孩子必须学会独自睡觉，而且还可能觉得跟小孩子睡在一张床上，自己会睡不好。当然，最难处理的情形是父母双方对这些问题看法不一致！

大多数孩子都喜欢睡在父母的床上。至于如果允许孩子从婴儿期就睡在父母的床上，孩子到学步阶段的后期就会自然而然地睡到自己的床上的说法，有时是对的，而有时是不对的。不过，从我的临床经验来看，当父母决定是时候让孩子到自己的床上去睡时，往往会遭到孩子的激烈反抗。

想一想：

- 如果你让孩子睡在你们的床上，你希望孩子得到什么？
- 让孩子睡在你们的床上，是在满足谁的需要？

我们已经探讨了学会满足我们自己的需要是成长的一部分。立刻允许一个睡不着的孩子睡到你们的床上，极有可能使孩子学不会或很慢才学会处理自己焦虑的其他方式。最近，与一个 3 岁孩子的谈话让我很吃惊，她告诉我，她做了个关于妖怪的噩梦，并且说："我很害怕，就去了妈妈的房间，她说，'回你自己的床上去。'"我对这个小女孩复述母亲的话时那种坚定的语气感到很吃惊，便问道："这让你有什么感受？"

"很高兴，"她说，"因为我自己的床很暖和、很舒服。"这个小女孩想睡在自己的床上，她只是需要父母确保她睡在自己的床上是安全的。

至于孩子为什么想睡在父母的床上，以及父母为什么想让孩子睡在自己的床上，原因有很多。一位年轻母亲，她的丈夫坚持他们的宝宝应该睡在隔壁的房间，而这位母亲则自愿在丈夫出差时要宝宝睡在她的床上"和她做个伴"。一个 6 岁的男孩，他的父亲在工作日都不在家住，在父亲不在家的这些夜晚，他都很愉快地在自己的房间里睡。然而，当父亲在周末回到家里时，他就会在半夜溜进父母的房间，要求跟他们一起睡，"因为我害怕"。我们逐渐才搞明白，他是在和父亲竞争谁才是这家的男主人！尽管在周末他很高兴能见到父亲，但在潜意识中，他觉得父亲干扰了他在工作日期间与母亲之间的亲密。

我们还需要记住，孩子睡在父母的床上，也许会无意中为父母二人的分歧提供一种解决途径。当 3 岁的伊莎贝尔坚持要睡到父母的床上时，她的母亲称她是"一个很棒的避孕工具"。潜意识中，她很高兴伊莎贝尔为她不与丈夫做爱提供了一个理由。

相反，父母在有压力或不高兴的时候，与相当大的孩子睡在一起的情况也并不少见。一个 7 岁的男孩，在父亲突然去世后，为了和母亲彼此安慰，搬到了母亲的床上去睡。11 岁时，他还睡在母亲的床上，并且他和母亲似乎都没有觉得需要提出这个问题。在这个例子中，随着这个男孩在 12 岁生日之前逐渐回到自己的床上去睡，这个问题也就没有必要提出来了。

5岁以上大孩子的睡眠问题

在有压力或不高兴的时候，有些孩子也许会不愿意上床睡觉、难以入睡，或者会在夜间醒来。我们都见过那种在考试或其他重要事情之前会焦虑不安、心绪不宁的孩子。然而，到7岁时，大多数孩子都能一觉睡到天亮了，如果他们在夜里经常醒来，即便孩子自己似乎并不在意，我们也应该给予关注。我们还应该认真对待孩子睡觉习惯突然发生并持续一段时间的变化。一个10岁的女孩突然害怕独自上楼，并且软磨硬泡地说服父亲或母亲陪她一起上楼。到了该睡觉时，她会想出各种理由来搪塞父母，而且，尽管她没有要求父母留在卧室里陪她，但她会在上床之后尽量说服他们待在楼上。一个8岁的男孩也有同样的问题，他尽量让母亲躺在床上陪他，直到他睡着，并且经常在夜里进入父母的房间说自己睡不着。

在解决这两个孩子问题的过程中，有趣的是，我们发现两个孩子有着同样的焦虑。他们都觉得自己与父母在情感上暂时变得有些疏远了。女孩的父亲最近刚刚升职，使得他经常需要去外地出差，并且往往事先没有通知。这导致她父母的关系相当紧张，而且使她感到父母双方都不很关心她。在男孩的例子中，他的奶奶因为重病刚出院，便搬来和他们住在一起，以便得到更好的照顾，直到身体康复后回家为止。他的妈妈承认，她既要工作、照顾家庭，并且还要照顾婆婆和关心孩子们，她发现兼顾这一切实在太难了。她的儿子觉得他无法“抓住妈妈”，因为她总是匆匆忙忙地从一个地方赶到另一个地方。

睡眠障碍也许还表明了孩子的某种隐忧，比如受到了欺负。大一点的孩子需要时间、空间和特别关注，以便在鼓励下找到并讨论他们无法入睡的原因。

如何对待 5 岁以上大孩子的睡眠问题

- 当然，强迫任何一个孩子睡觉都是不可能的。但是，对大一点的孩子来说，你可以建议他们在某个特定时间必须呆在自己的卧室里。也就是说，只有在紧急情况下，你才会出现在他们身边。你应该还记得“引言”中杰克的故事。
- 最好不要答应孩子让你在他们睡觉时呆在他们身边的要求。这样做的风险在于，这会强化他们睡觉时需要有人保护的信息。也许最好提出大约每 15 分钟去查看他们一次。或者，你可以尝试一位机智的父亲采取的办法。他提出，如果 8 岁的儿子能整夜不睡觉，就给儿子 5 英镑。孩子非常生气，因为他“在努力保持清醒时”睡着了。
- 所有的孩子都需要养成按时睡觉的习惯，并且需要反复提醒他们睡觉时间快到了。慢慢养成这种习惯，即便对已经成年的孩子来说，也可能是必要的。

谁有问题

孩子们睡觉的作用之一，是给父母可以单独在一起的时间。如果你的孩子坚持不肯睡觉，你们就应该问问自己，是否有孩子在身边而不是两人独处对你们来说更合适。是什么原因导致你们两个在晚上不想单独相处呢？

如何对待5岁以下小孩子的睡眠问题

北唐斯公共健康部门（NHS）采用了奥尔温·威尔逊博士提出的一个方案。威尔逊博士指出，我们是把睡觉前的一系列事情与睡觉都联系起来的。“作为成年人，我们会把牛奶瓶拿到外面去，把猫赶出房间，关掉电视，并且边上楼边开始打哈欠。”她强调说，如果我们参加派对或外出就餐，也许就会在不经意中错过平常的睡觉时间。孩子们也会把睡觉前的一系列事情与睡觉联系起来。所以，当他们在夜里醒来时，他们会觉得自己需要这种顺序来帮助他们再次入睡。威尔逊指出，在她的睡眠管理方案中，父母的任务不是防止孩子醒来，而是承认孩子确实会醒来，并且承认他们有与睡眠相关的习惯。为了让孩子能再次入睡，他们与睡眠相关联的需要不应该是父母待在他们的房间里。孩子在不知不觉地睡着之前最后看到和听到的东西，应该与他们半夜每次起来时看到的一样。孩子们需要父母帮助他们搞清楚自己在夜里醒来时看到的哪些东西与上床睡觉时看到的东西是一样的：“床或婴儿床、房间、泰迪熊、昏暗灯光下墙上熟悉的照片——但是，没有奶瓶、没有爸爸妈妈、没有电视、没有按摩椅。”威尔逊博士说。

威尔逊方案的关键，是帮助父母在孩子醒来时给他们提供支持，而不是给予关注。她建议父母们遵守平常的睡觉时间，然后，在离开时亲吻孩子以道晚安，并且答应过一会儿再回来亲一下孩子。威尔逊建议，父母们实际上应该在很短的时间内就回来：“他们应该稍微挪动几步，回来再亲一次，然后多挪几步，再回来亲一下，然后做点别的事情——比如，把一些衣服放进抽屉——并且再亲一下。然后出去再回来亲一下，如此反复。”她的想法是，这样，孩子们就会将睡觉的惯例理解为将头放在枕头上，然后是一个晚安吻，不再交谈，不再拥抱，不再讲故事、玩耍、喝水；只有晚安吻，直到孩子睡着。威尔逊警告说，头一天晚上，这也许需要多达 300 个吻以及 3 个小时时间，但第二天晚上就会稍微少一些，第三天和第四天晚上会更少一些。第五天晚上也许会和第一天晚上一样糟糕，但是，一旦你熬过这个考验之夜，到第六天和第七天晚上，新的惯例通常就确立了。

总结

- 吃饭和睡觉是我们生活的基本组成部分。所以，当孩子利用吃饭和睡觉来表达他们最重要的焦虑和不安时，我们不应该感到惊讶。
- 我们还需要记住，进食和睡眠问题是童年时期的常见问题；大多数孩子在成长过程中的某个时刻都会有这两个问题。只有当这些问题持续存在或主宰了孩子的生活时，我们才需要为之担心。
- 父母们会不由自主地将喂养问题的某些原因归咎于自己。
- 在所有喂养问题中，影响最大、最令人困扰的是，一旦孩子停止进食，父母就会心事重重地关注孩子的胃口。
- 喂食困难似乎是孩子的一种表达方式：“我需要你更多地考虑我，有些东西我吸收不了。”

- 进食不仅与我们生理上能吸收和消化的东西有关，而且与我们情感上能吸收和消化的东西有关。
- 养育、食物和喂食是不可分割地联系在一起的。
- 喂养与管教不同！如果你把食物作为一种奖励或惩罚，你就极有可能使孩子在成长过程中混淆自己的生理需求和情感需求。
- 尽量不要过分关注食物的“好”与“坏”，因为这可能会招致孩子抗拒某些食物。
- 媒体对健康饮食的过度关注，有意无意地向我们灌输着一个观念：成为完美父母是有可能的。
- 大多数父母都想为自己的孩子做到最好。当今的问题是，他们在这样做时是否受到了外界的影响。健康饮食的观念在暗示我们，有可能设计出一个受社会欢迎的孩子。
- 最好避免在家里使用“好”、“坏”以及“节食”等字眼来形容食物。
- 你对食物的感觉会影响到孩子对待食物的态度。
- 你的孩子究竟是挑食，还是他们只是在尝试着作出选择，并弄明白自己是否和其他家人口味不同？
- 大孩子的挑食，也许是他们努力表明自己是独特的个体、与其他家人明显不同的一种方式。
- 只吃一种食物是挑食的一种发展。我们可以认为，这样的孩子是想努力回到婴儿期那个密切关注自己需要的母亲身边。
- 饮食紊乱与挑食不同，是孩子感觉食物被附加了太多含义的结果。这些含义可能集中在与权力、控制以及正在出现的性意识有关的问题上。
- 从孩子们需要体验孤独、寂寞的意义上来说，他们需要独处。

- 当孩子们去睡觉时，在某种程度上，他们是把自己托付给了他们自己的身体，而不是父母的身体。而且，这会造成焦虑，因为我们在睡着时都会失去警觉。
- 在我们的潜意识中，睡眠和死亡似乎是不可避免地联系在一起的。
- 有些孩子有睡眠问题，是因为他们害怕父母在夜里会发生魔幻般的变化。
- 不仅孩子们担心与自己的父母分离，父母们也同样担心与自己的孩子分离。
- 想知道“我该不该任由我的宝宝哭”，会禁不住让你想起自己哭着没人管时的感受。
- 如果你让孩子睡在你们的床上，你希望孩子得到什么？是在满足谁的需要？
- 我们需要记住，孩子睡在父母的床上，也许会在无意中为父母二人的分歧提供一种解决途径。
- 睡眠障碍也许还表明了孩子的某种隐忧，比如受到了欺负。

第3章

被偷走的王冠

同胞竞争

“……一阵冷酷无情的霜霰，用他的利嘴咬死了春天初生的婴孩……”

——莎士比亚

生更多的孩子，在当时看来似乎是个好主意！到你第二次怀孕时，第1章谈到的很多期待都已经被你尝试并检验过了。现在，你有了一个进一步的期待——期待你的孩子们会相亲相爱、融洽相处。尽管你可能已经料到同胞之间会出现争吵，但你也许从来没有想到他们之间会经常出现敌对行为，似乎是一个孩子在努力使另一个孩子不好过。

“让孩子有个玩伴”

“我们不想让他成为独生子，我们想让他有个玩伴。”

（一位有两个孩子的父亲）

当我问父母们是什么让他们决定再要一个孩子时——通常是我出于对他们竟然应付得了第一个孩子的敬畏之情而问的——他们给出的最常见理由是，他们想让自己的孩子彼此有个伴。在一次家庭咨询中，一个一直在旁边静静地看着的7岁孩子在听到父母这样说时，突然插话说：“但是，你们没有问过我想不想要个妹妹跟我玩！”

当你的孩子们激烈地争吵和打架时，你可能会感到沮丧和惊愕。你还可能担心自己做了错事——你会幻想别的家庭不会发生这种事。具有讽刺意味的是，在焦虑时，我们会突然意识到周围都是加剧我们焦虑的事情。我的一位朋友刚刚做过一个大手术，正在康复中，他说，他很惊讶地发现当地坐轮椅的人的数量增加了。当然，坐轮椅的人很可能没有增加，但他自己坐着轮椅使得他更关注坐轮椅的人了。同样，当父母们对自己孩子的同胞竞争极为担忧和焦虑时，他们或许会觉得周围其他家庭全都始终非常和谐。

想一想：

- 有哪个孩子真的会选择有个弟弟或妹妹吗？我们可以从孩子的角度想一想，有个弟弟或妹妹会给他们带来什么。
- 你为什么决定要第二个或第三个孩子？

- 你要每个孩子的原因是不同的吗？

我们需要记住，认为兄弟姐妹应该好好相处也许更多地是父母的一厢情愿，而不是孩子们的想法！

这很像举办一场晚宴，你邀请了一群人，他们互相不认识，但有一些共同之处，你希望他们能“好好相处”。有时候，他们会相处融洽，有时则不会；这是无法保证的，因为他们除了有共同的兴趣并且都是你的朋友之外，还有一些其他因素在发挥作用——在家庭中也是如此。

也许，重要的不是你的孩子是否相互竞争，而是你能否承认这种竞争是童年时期的常见问题。帮助你的孩子顺利处理这种竞争，是一项像帮助他学会走路一样平常的任务。

同胞竞争不可避免吗

不是，但这是一种很自然的现象。随着家庭成员的增减，家庭关系的平衡会发生变化。佩内洛普·里奇博士为我们生动地描述了成年人如何理解孩子有个弟弟妹妹时的感受，他说，唯一的方式是你——母亲或父亲——想象一下你的伴侣回到家里对你说：“亲爱的，你真是个很棒的伴侣，我打算再要一个像你这样的伴侣，并且她（或他）将和我们住在一起。”

如果父母对现有孩子的感受很敏感，并且能作出通情达理的回应，同胞竞争也许会被控制在最低限度。否则，情况则不会这样！

> 记住，同胞竞争首先是孩子对父母生了另一个宝宝的怨恨。

有接受弟弟妹妹的最佳年龄吗

这是一个很容易被经常提起，但几乎无法回答的问题。而且，由于即便最周详的家庭计划也会出岔子，为这个问题感到烦恼几乎不值得。了解新宝宝出生时你的孩子所处的发展阶段，以及可能会如何影响他们对你们的反应，可能会更有用。

- 不满 18 个月的孩子自己还是个幼儿，并且他们还不会说话，只能用行为来表达他们的感受。
- 从 2 岁起，孩子会理解你对即将到来的宝宝所作的很多解释，但他们仍然依靠行为来表达自己的感受。这些行为从对你和（或）新宝宝进行攻击，到他们自己退化到婴儿阶段。
- 到 5 岁多时，孩子们已经在家庭中确立了自己的特殊地位，并且，在潜意识中，他们也许会感觉自己不会再有弟弟妹妹了。然而，他们对自己是谁有了更多的感觉，并且会加强与你们的关系。他们也更能理解年龄稍长的优势。
- 有人说，弟弟妹妹出生时，大孩子的年龄越大，激烈的同胞竞争发生的可能性就越小。年龄较大的孩子很可能已经形成了对自己身份的认同，并拥有了自己的生活，因而，新宝宝的出生给他们带来的威胁较小。十几岁的孩子肯定更关注他们在家庭之外的生活。但是，与人类面临的其他困境一样，没有人能够保证会怎样。
- 当然，问现有的孩子家里是否应该增加新成员，从来都不是明智的做法。首先，这是孩子几乎无法回答的一个问题；其次，如果他们说不，你怎么办？你们的第一个孩子习惯了你们只关注他一个人，并且，如果还是一个学步期孩子的话，可能会感觉自己统治着全世界。为什么不呢？通常，他们提出的每一个要求都会被满足，使得他们相信他们控制着你们，而不是相反。年龄大一点的孩子已经习惯了自己在家中的特殊位置——宝贝、唯一的女孩、长子等等——而且，不大可能喜欢自己的地位被一个新宝宝改变的想法。

“我们每件事都做得很正确。我们跟他谈了宝宝的事，让他感觉了宝宝在妈妈肚子里的动静，等等……宝宝对他来说是一个礼物，我们一如既往地给他安排特别时光……但他仍然非常嫉妒。”

（一个5岁孩子的绝望父母）

“他偷走了我的王冠，他偷走了我的王冠！”8岁的山姆大发脾气，一句话就说出了他3岁那年弟弟的出生给他带来的哀伤。这个弟弟不仅分走了慈爱的父母和祖父母对他的关注，而且，在他看来，还篡夺了他在家庭王国中的国王宝座。

对于不到5岁的孩子来说，家里新宝宝的到来会引起一个令人焦虑的问题：“爸爸妈妈已经有一个宝宝了，他们为什么还想再要一个呢？”

孩子们得出的两个最常见的结论是：

- 爸爸妈妈忘记他们已经有一个宝宝了。
- 我做错了事，或者我不够好，所以他们想再要一个宝宝。

6 岁的提姆

提姆，6 岁，他的父母因他的行为问题来寻求我的帮助。他在夜里很难安定下来，从来都不想上床睡觉，而且一旦把他放到床上，他每隔一段时间就会喊父母或跑到楼下来。他很少能一觉睡到天亮，并且经常会在夜里溜进父母的房间要求睡到他们的床上。白天，不管是在家里还是在学校，他总是在“忙活”，永远安静不下来。他的父母说，即便是在看电视的时候，他在沙发上挨着他们也会坐立不安。他经常会出一些假装的小意外，比如从餐椅上摔下来，以此寻求过度关注。他会啜泣、号啕大哭，并且没完没了地要求搂抱和安抚，即使他的父母肯定事故不可能使他“受伤”。这类行为有很多是从他母亲再次怀孕时开始出现的，在他妹妹出生后，进一步恶化了。

我问提姆的父母，他的这种不安让他们有什么感觉。他们坦率地说对他很恼火：“有他在身边，甚至都没法看电视，他总是碍事……总是让我们想着他。”

在本书中，我们自始至终都要记住，当孩子出现问题时，他们向大人表达问题的方式非常有限。如果他们无法用言语来表达，那么，他们很可能依靠行为作为一种沟通方式。在提姆的例子中，他的不安分行为被家人理解为是一个问题。但是，对于提姆来说，这个问题很可能实际上是一个解决办法。提姆或许觉得他不得不非常努力，才能让父母想着他。

在一次家庭咨询中，提姆说他认为父母“在夜里，趁我不在时”有了新宝宝。提姆似乎担心他的父母之所以再要一个宝宝是因为他们忘记已经有一个宝宝了。他担心，自己不知怎么已经被父母忘记了，而且，如果他不经常提醒他们他的存在，他们很可能会再次忘记他。

提姆的父母需要明白……

当你为自己孩子的行为感到担忧时，想一想这种行为使你有什么感觉，总是值得的。提姆的父母对他很恼火，以及他们那种“总是让我们想着他”的感觉，是理解提姆的焦虑的重要线索。提姆是在让父母感觉到他的焦虑，那就是“你们一定不能忘记我”。任何一个抱过哇哇大哭的婴儿的人都知道，婴儿是通过投射自己的感受来与人沟通的。也就是说，他们会使成年人感觉到他们当时的感受。“问题行为”的有趣之处在于，这种行为在成年人看来常常是一个问题；而对于孩子来说，则可能是解决他们某种切实的担忧或困惑的一种办法。一旦提姆的父母能够将他的行为看做是一种沟通，他们发现就很容易解决了。他们理解了他不肯上床睡觉以及夜里睡不安稳的原因，是害怕将父母单独留在一起。他知道，如果他将他们单独留在一起的话，他们可能会再生出一个宝宝来。

要帮助提姆明白……

- 提姆需要在帮助下谈谈他的恐惧和焦虑。当他的父母坦诚地向他解释了他们要再生一个宝宝的原因之后，他显得放心了。父母向他保证，他们没有、也不可能忘记他。他的父母解释说，尽管有时候他们可能想着其他人或事，但他们两人心中总有一个地方是留给他的，并且这个地方会永远存在，因此他们永远不会忘记他。
- 提姆通过自己的行为是在告诉父母，他觉得宝宝在家中的待遇更高。他的父母开始考虑，作为家里最大的孩子，对提姆来说意味着什么。作为最大的孩子，他得到过什么奖励？他们意识到，尽管以差不多相同的方式对待一个 3 岁的孩子和一个 5 岁的孩子可能是恰当的，但提姆现在已经 8 岁了，作为家里最大的孩子，他需要一些特权。

- 奖励，比如晚上能稍迟一些睡，给零花钱等等，帮助提姆建立了他在家里的特殊地位以及自己的身份感。提姆的破坏行为开始减少了。
- 慢慢地养成按时上床睡觉的习惯，使他对上床睡觉不那么抗拒了。在应该上床睡觉前大约 45 分钟时，他的父母会说："提姆，很快就该上床睡觉了，在上床之前你需要做些什么？" 20 分钟后，他们会提醒他还有 20 分钟，在剩下 10 分钟的时候，他们会再次提醒他。（"还有 10 分钟"总是会显得时间更长一些，而且比"还剩下 10 分钟"有更积极的含义。）
- 如果他在夜里醒来，他的父母会向他保证，他们没有忘记他，并且会把他送回他自己的床上去。总的来说，提姆变得更放松了，也不再那么忙乱，因为他已经表达了自己的焦虑，并且被父母听到了。

5 岁的索菲

索菲是一个顽皮的小女孩，她抓住每一个机会与父母作对、搞恶作剧，或在公共场合大发脾气，把家庭活动或远足郊游搞糟。任何管教她的尝试，都会使她生气并大发雷霆："我知道你们不爱我了。"来见我时，她的父母已经束手无策了。

在索菲快 3 岁时，她有了一个小弟弟。她的父母记得，在弟弟出生前一两个月，索菲经常问："我是个好女孩吗？我是个好女孩吗？”这令父母非常困惑。

索菲的母亲详细讲述了她故意捣乱的行为：“好像她想被斥责。”索菲或许就是想被父母斥责，她或许觉得自己做错了什么事或自己有什么问题，而且认为这就是父母决定再要一个宝宝的原因。当孩子们一再故意捣乱时，这有时候就是他们试图弄明白自己到底出了什么问题的一种方式。他们的希望是，如果他们搞清楚了这个“大错”是什么，并为此受到惩罚，那么一切都会好起来——在索菲的例子中，就是宝宝将从哪里来就回到哪里去！她的母亲颇有感触地想起来，有一次，她在给索菲讲故事，但是经常被小弟弟的哭声打断。“妈妈，难道我们不能把宝宝放到橱柜里，只在我们想要他的时候再把他拿出来吗？”索菲问。

索菲的父母需要明白……

索菲需要什么样的帮助才能重获信心，相信父母爱自己并且自己很可爱的事实呢？你怎样告诉一个小孩子你爱她，并且是因为她是她而爱她呢？索菲需要被父母宠爱：

- 父母要给她特别的时间和特别对待。
- 父母要用意外的拥抱或并不昂贵的小礼物或特别对待给她惊喜，而且不要出于任何理由——不是因为是她的生日，或者她是个“好孩子”，或完成了一件事，而仅仅因为她的存在。
- 父母要说出他们喜欢她的陪伴。对索菲这样的孩子，根据具体状况，父母说“我很喜欢跟你一起玩这个游戏（购物、开车去学校等等）”之类的话，会很有帮助。这种方法能让索菲确信父母喜欢她。

宠爱的重要性

要父母们努力宠爱一个行为不当的孩子，可能会很难。这难道不会鼓励孩子继续不可接受的行为吗？溺爱和宠爱之间有一个区别。溺爱是允许孩子处于控制地位，这对孩子来说是一种可怕的体验。孩子们需要并且希望成年人负起责任。而宠爱则不一样。在一个孩子惹麻烦时，无论以多么微不足道的方式给他特别时间和关注，都会传递这样的信息："我们爱你，是因为你是你，尽管你现在的行为让我们很难对付。"

宠爱孩子并不一定意味着要给孩子礼物。尽管给孩子礼物有时很管用，但父母们常常能找到不用花钱的宠爱办法！这种宠爱应该是与和善而坚定的管教并行不悖的。嫉妒弟弟是可以接受的，但是，用打弟弟的方式来表达嫉妒则是不可以接受的。

7 岁的大卫

大卫的父母带他来找我，因为他很难交到朋友。他的父母肯定，他与 5 岁的妹妹关系亲密而友爱，并说他很喜欢妹妹。他的父母想知道，是不是他与妹妹的亲密关系妨碍了他交朋友——他因此而不需要和其他孩子玩吗？他们详细说了最近他被邀请去一位朋友家过夜的情况。到了睡觉时间，他对于妹妹罗威娜是否"一切都好"变得非常不安，说他太想妹妹了，他想回家；无论别人怎么劝都无法使他留下来。他的父母还告诉我，他害怕"怪物和一些会在夜里跳出来的东西”；他经常做噩梦，梦见一个怪物跑到了卧室里伤害他。

魔幻思维

孩子们很容易将希望一件事情发生和使它发生混为一谈；这是一种魔幻思维造成的感觉，类似于成年人不想大声说出某种想法，因为害怕说出来会变成现实的体验。为什么大卫不能轻松、愉快地和自己熟悉的朋友呆在一起，而不必担心妹妹呢？或许，他与妹妹的亲密是在传达一种信息：他非常希望妹妹离开。他希望她出点什么事的愿望是如此强烈，以至于他觉得只有自己在旁边保护，她才会安全。与她一分开，他就害怕他想伤害她的愿望会成为现实。

在某些时候，许多孩子都会希望自己的兄弟姐妹死掉；或者至少希望他们会离开。孩子们希望自己的父母死掉，或者至少暂时离开一段时间，也是十分普遍的。如果我们将此看做人类的一种正常现象而接受下来，这应该不会造成问题。但是，有时候，这种愿望以及害怕它会变成现实的恐惧，会使一个小孩子不知所措。

内心的怪物和外在的怪物

孩子们很容易被强烈的感受击垮，他们需要找到一种让大人了解这种感受的办法。大卫试图通过自己对怪物闯进卧室伤害他的恐惧，来表达想伤害妹妹——或许还包括父母，因为他们生了妹妹——的“自己内心的怪物”。他这样做，可能至少有两个原因：

- 通过将自己的强烈感受描述为怪物，大卫就能够理解这种感受了。
- 通过将自己的感受拟人化，他就能使自己置身事外了，也就是说，不是他有攻击性和破坏性，而是卧室里的那头怪物。

是恐惧，还是强大而专横

大卫带着虚假的奉献精神和关心，通过努力保护妹妹试图战胜自己对伤害妹妹的恐惧。其他孩子也许会通过变得强势和有控制力，来努力控制自己的破坏性想法。他们会努力地表明自己是强大而有力的；但是，实际上，他们常常希望大人能够意识到他们在自己的攻击性面前感到多么无助和无能为力。

我记得一个相当自负且固执己见的成年客户，他始终坚持说他与一个小他 8 岁的弟弟关系非常亲密，并且对这位弟弟感情深厚。我很怀疑。有一天，他告诉我，他记得他的弟弟被带回家时的情形，并且他的母亲说：“这是你的小弟弟，你很爱他。”我们渐渐理解了他是怎样一生都在努力感受他母亲告诉他要有的那种感觉，但与此同时，在试图控制对弟弟的攻击性的过程中，他形成了那种自负的态度。

大卫的父母需要明白……

大卫需要：

- 要允许他感到生气和嫉妒。他必须认识到，尽管他不一定非得喜欢妹妹，但必须尊重她。

- 大卫的父母跟他讨论了“魔幻思维”，并解释了没有什么不好的事情会因为他想伤害妹妹而降临到她身上。只有童话故事里才有这种魔力。

- 大卫需要明白，他的“怪物情绪”很正常。家里的所有人都有愤怒的“怪物”情绪。每个人都谈了什么会使自己很生气，以及自己生气时会有什么感受。他们再次向大卫强调，“怪物”只存在于童话故事中，但是他们承认他也许有时候会感觉自己像头怪物，并且很害怕——就像怪物真的闯进了他的卧室一样。

10 岁的詹姆斯

10 岁的詹姆斯脸色苍白、神色紧张，他在努力地“给你说说我的生活”。他显然是个聪明的孩子，一直发现自己很难在寄宿学校里安下心来，并且很难交到好朋友。当初，他的学习成绩很好，但是，在转学之前的三个学期，他的学习成绩持续下滑。从 8 岁起，他就上了“寄宿”学校，每周回一次家，并且变得在周一早晨越来越不愿意回学校。他的父母解释说，他们从来没打算过让他上寄宿学校，但他从 7 岁开始，就一直恳求寄宿，他们最后才勉强同意了。他说服父母相信，他想念和朋友们在一起的时光，并且喜欢“睡在宿舍里”，而且在寄宿学校“你可以在晚上参加体育活动”。

“他真的恨他妹妹，使她的日子很不好过。”詹姆斯的父母既担心，又困惑。虽然他们担心他不快乐和学业不佳，但他们说：“我们最担心的是他欺负他妹妹。”他们告诉我，他始终很难接受妹妹，并且，这几年来，他不断打她、取笑她、欺负她、招惹她。詹姆斯的父母已经无计可施了："所有能做的事情我们都做了。我们试过了理解他，试过了惩罚他，一切似乎都不起任何作用。"詹姆斯的母亲尤其生气，她解释说："我经常对他发脾气，并且批评他。我不能忍受他那样对她。"她承认，她常常盼望他周一回学校："他不在，生活平静多了。"

詹姆斯的父母需要明白……

为什么詹姆斯想上寄宿学校呢？詹姆斯的父母和我思考了他要上寄宿学校的要求。难道真像他说的那样，是因为他"想念跟朋友们在一起的时光，想睡在宿舍里，并且想在晚上参加体育活动"？这都是詹姆斯意识到或"想到"的原因，还有他没有意识到或"没有想到"的其他原因吗？

> 如果说坏事总是成双的话，那么感受也是如此。无论是成年人还是孩子，爱与恨总是如影随形。

有个老笑话说"她是我最好的朋友，但我恨她"，其中蕴含着不少真理。你的孩子们彼此之间很可能也有这种矛盾心理。你会看到，前一分钟他们还打得不可开交，下一分钟就成了最好的朋友。我们开始理解了詹姆斯的确想让妹妹离开。可以肯定的是，这样的孩子至少因为两个原因陷入极大的困惑中：

- 詹姆斯也真心关爱妹妹。孩子们之间既像仇人一样，也会相互关爱。他想伤害她，但同时又不想伤害她。
- 像大多数孩子一样，对詹姆斯来说，他的攻击性是他无法抗拒的，而他害怕如果自己伤害妹妹，就会失去父母的爱。他发现自己处于"无法获胜的局面"中，而且当他打妹妹的时候，只能获得一种虚假的胜利感。

当詹姆斯要求上寄宿学校时，他也许是在考验父母，而他们给出了错误的答案！潜意识中，他想保护父母和妹妹免受自己的攻击。他觉得唯一的办法就是自己离开家。同时，他害怕父母可能也会这样想。所以，他问："我可以去寄宿学校吗？"他希望父母会说："哦，不，当然不行，我们太爱你了，我们会非常想你的，我们甚至不能想象你离开家去上寄宿学校。"当父母同意他去寄宿学校时，他最担心的事情得到了证实：家里人不想让他待在家里，因为"我打妹妹"。

如何对待像詹姆斯这样的孩子

- 最重要的是，詹姆斯需要知道，他并不是唯一一个对自己妹妹有这种感觉的哥哥。他的父母温和地提起了这个话题，他们是这么说的："许多10岁的男孩子都发现自己很难接受有个妹妹的现实，而且他们可能会对她有许多不愿说出来的感觉。"如果你的孩子否认自己是这样或对你置之不理，那也没关系；重要的是，你已经提出了这个话题。
- 詹姆斯需要有人提醒他，他真正生气的是给他生了妹妹的父母，而不是对妹妹得罪了他而生气。当他抱怨妹妹时，父母向他解释了这一点，有意识地"转移了他的炮火"。
- 像詹姆斯这样的孩子，需要知道并理解每个人都会生气，并且每个人都会发现有时很难控制自己的愤怒。詹姆斯的父母还跟他谈了他们对自己兄弟姐妹的感受以及与兄弟姐妹的关系。
- 渐渐地，詹姆斯的母亲开始认识到，"不停地抱怨妹妹"

是詹姆斯努力得到她的关注的方式。虽然我们都同意，想要或需要他人的关注并没有什么错，但詹姆斯采用的方式是无益且有害的。他的父母决定，尽量让詹姆斯和妹妹自己解决他们的问题。当詹姆斯向父母抱怨妹妹，或妹妹大哭着说詹姆斯打了她时，他们的母亲会温和地说："哦，你们想让我怎么做？"当他们像原来那样回答说"警告他"或"阻止她"时，她会鼓励兄妹两个尝试自己解决问题，而不要使用暴力。起初，父母会远远地留意他们的争吵，并且假装毫不在意，但孩子们的行为却发生了有趣的变化。不仅詹姆斯变得不那么有攻击性了，而且妹妹也能更自信地维护自己的利益了。

如何对待大孩子的同胞竞争——"弟弟妹妹更受关注"

一天早上，我无意中听到6岁的乔纳森悄悄地跟他3岁的弟弟说："比利，昨天晚上你睡着的时候，我起来和爸爸妈妈一起吃了冰淇淋。"如果你的大孩子与弟弟妹妹竞争的心理比较强，他们的两种行为可能最让你苦恼：

- 当他们伤害弱小的弟弟妹妹时，你会很生气。
- 当他们对弟弟妹妹幸灾乐祸时，你会很生气。

如果你为了减轻大孩子对弟弟妹妹的嫉妒，努力给他们一些特别对待或特权，而他们一转身就去"揭弟弟妹妹的伤疤"，会使你尤其生气。

> 你或许需要将孩子的幸灾乐祸控制在一定程度。你可能会把它看成是孩子的一种令人不快的性格特点，但是，这难道不正是身为大孩子在某些事情上胜过弟弟妹妹之后的一种报偿吗？

这就是说，同胞之间永远不允许一个欺负另一个。而且，幸灾乐祸和蔑视是不同的。对小孩子（他们在智力上可能还没有达到哥哥姐姐的水平）来说，应付哥哥姐姐的“幸祸乐祸”可以成为他们健康发展的一个阶段，但是，经常的蔑视则会损害他们的自尊。你可以用下面的方法来对待这种同胞竞争：

- 帮助你们的大孩子想一想不同年龄的孩子需要哪种不同的关注，是很有用的。帮助最大的孩子想想弟弟妹妹到底在哪些方面得到了更多的关注，他们很可能会说在穿衣、梳洗和喂食方面得到了帮助。在同意他们的说法并承认这种关注确实很多的同时，要指出这是对 2 岁孩子的关注。要问他们是想得到这种对 2 岁孩子的关注，还是想得到适合自己年龄的对 6 岁孩子的关注？
- 跟孩子一起，将 6 岁孩子应该得到的特别关注列个清单：比如，可以晚一些睡，有零花钱，得到 2 岁孩子所没有的特别对待，等等。这样，大孩子就能感觉到自己在父母心中与更好动、更让人费心的弟弟妹妹同样重要。
- 要向他们解释，不喜欢甚至讨厌弟弟妹妹都没有问题，但是，无论在言语上还是在行为上，不尊重他们则是不可以的。
- 你可以通过帮助孩子找到描述自己感受的词语，鼓励他们说出对弟弟妹妹的感受。比如，他们可能会感到生气，但也许还会对有些事情有点伤心。
- 当孩子嫉妒弟弟妹妹时，他们并不总会想到自己也许会被弟弟妹妹羡慕。问他们认为自己拥有弟弟妹妹可能会喜欢的哪些东西，有时会帮助他们正确地看待与弟弟妹妹的关系。

家里小孩子的感受

一个11岁的女孩子看着14岁的姐姐试穿一件非常漂亮的比基尼。她的母亲很敏感，注意到了她的嫉妒，对她说："等你14岁时，你也会有一件像阿曼达这样的比基尼。"

"不会，"妹妹回答说，"到我14岁时，我会有的是这件比基尼。我得到的都是阿曼达用过的东西。"

10岁的简，说起了与12岁的哥哥就谁该坐在车里的哪个位置发生的一次争论，她非常生气。"提姆说他应该一直坐在汽车的前排，因为他比我大。我对他说，'你始终都会比我大，这么说的话，我永远都不能坐前排了。'"

作为父母，你的一个任务是要帮助孩子学会接受自己的能力不足。对于小孩子们来说，大人似乎拥有魔幻般的能力。我记得一位学友告诉我，她小时候认为大人们的生活一定非常轻松，因为"大人知道并且能够做一切事情"。感到自己能力不足会让人很痛苦。乐观点说，大多数成年人对自己的能力不足会感到很矛盾；而悲观点说，这有时会让他们感到生气和沮丧。我们有时候很难记住犯错误是学习过程中的一个重要组成部分。

当一位年轻的母亲第一次请丈夫家的亲戚来吃周日午餐时，她忘了烤布丁，"哦，我并不担心，"她说，"我给他们上了空心饼作茶点！"我们都会认同她的这种做法。所以，我们如何看待自己的能力不足，也许取决于我们如何描述它。比如，一个孩子是害羞，还是他结识他人的方式比较特别？毫不奇怪，能力不足使我们感到生气——它时刻提醒我们不是万能的，我们不可能做到并通晓一切。

“这不公平，保罗就可以熬夜……”——最大的孩子得到一切

你最小的孩子很可能不但羡慕你的能力，而且还羡慕哥哥姐姐们的能力。正如哥哥姐姐们会把家中最小的孩子得到与其年龄相称的关注误解为偏爱一样，年龄小的孩子也许会将哥哥姐姐们的能力和特权看做是父母的偏爱。年龄小的孩子会觉得，自己想做的每一件事情，哥哥姐姐们都先做过了，并且设立了标准。

不要假装大孩子和小孩子能力相同

面对小孩子对哥哥姐姐所得到的优待的勃然大怒，面对他们“这不公平”的哭叫，以及很明显的痛苦和愤怒，你在对待他们时可能会把某些事情搞得更混乱。很多父母在处理小孩子的嫉妒时采取的办法是，偷偷地给大孩子特权或优待，或者允许小孩子做大孩子做的事情——比如，对小孩子上床睡觉的时间给予通融，以模糊两者之间的不同。总的来说，这种解决办法只会导致孩子的怨恨和困惑：

- 大孩子也许会感觉自己被剥夺了作为大孩子应有的特权和奖励。
- 小孩子也许会由此产生一种虚假的胜利感。他也许赢得了和哥哥姐姐在同一时间上床睡觉的权利，但他对他们能力的嫉妒依然如故。

假装孩子们年龄相同或拥有同样的技能和能力，并不会使他们年龄相同，也并不会赋予他们同样的技能和能力。不仅与年龄有关的差异是如此，而且，当家里的某个孩子（无论年龄大小）在智力、创造性或体能上比另一个孩子更胜一筹时，也是如此。

帮助家里的小孩子

- 要向家里的小孩子解释，你理解他们不得不等待长大会有多么沮丧；而且，还要强调在他们等待长大的过程中可以做的所有激动人心的事情。他们需要知道你理解他们的沮丧和失落。
- 要奖励他们是家中最小的孩子。这也许包括付出更多的努力，以确保他们不会总穿哥哥姐姐穿过的衣服，即便这些衣服看起来跟新的一样。
- 要谈谈你小时候对自己在家中的地位有什么感觉。无论你的处境与遇到麻烦的这个孩子的处境是否吻合，都会有所帮助。仅仅听妈妈或爸爸讲他们在同样年龄时的感受，就能给一个烦恼的孩子带来莫大的慰藉。一个小男孩，因为哥哥能在周六去学校踢足球而非常嫉妒，在听了父亲讲自己小时候经常在哥哥就要出去参加比赛时把他的足球鞋藏起来的故事之后，他高兴极了。

你挑起孩子的嫉妒心了吗

“你会变魔术吗？”11 岁的萨姆问。

“听起来好像你想变魔术啊。”我回答道。

“没错，我要把蓝色变成粉色。”萨姆说。

萨姆是家里三个孩子中的老大，他有两个备受赞扬和讨人喜欢的妹妹。从萨姆7岁起，他的父母就越来越担心，因为他不放过每个“穿女装、围披巾”的机会，而且常常热衷于一些在当时可能会被说成是“女孩子气”的活动。他的父母越来越担心他的性别认知，直到最后他们来找我——他那时11岁。

萨姆的行为并不是在表明他的性取向，而是与他的性别认知有关。他认为，在他们家中女孩比男孩更受欢迎，并且揣测父亲喜爱两个妹妹是因为她们的性别，即她们是女孩。他开始担心自己“生错了性别”。萨姆努力表现得像个女孩，因为他认为这会使他与父母更亲近。

想一想：

- 你如何对待自己孩子的同胞竞争，在很大程度上取决于你在自己的原生家庭中的同胞竞争经历。
- 你的父母如何对待你在同胞竞争中的感受，会对你产生影响。但是，你还会发现自己认同那个与你小时候在家中处境相同的孩子。比如，如果你曾经是一个受欺负的小孩子，你会发现自己更同情自己最小的孩子。
- 同样，如果你是一个嫉妒弟弟妹妹的大孩子，你也许会更容易理解家里大孩子的困境。

7岁的玛莎

我们不要忘记独生子女，他们并不一定能免于“同胞竞争”。我见到了7岁的玛莎，她越来越让她的老师恼火。她似乎总是在要求不必要的额外帮助。一位老师说了她一个让人恼火的特别习惯：当她写完练习本的一页时，她总是会问："我应该翻页吗?"老师们对她很同情，知道她的行为表明了她需要关注，但是，这种"需要关注"被老师们理解成了一种过错，而不是真正的需要。

玛莎是独生女，在她父母结婚第10年才出生。父母的工作都很忙，不仅工作时间长，而且还有大量的社交应酬。在玛莎看来，她觉得父母"总是对工作和娱乐感兴趣"。在成长过程中，她很嫉妒父母的关系；因为他们总是一起出去，让她觉得他们宁愿拥有彼此而不是她。当然，所有的父母都有感觉相互陪伴比与孩子在一起更愉快的时候，但玛莎担心的是，她的父母在大多数时候都这样。

玛莎的父母需要明白……

我们试图理解玛莎寻求关注的行为的含义。"哦，她只是在努力得到关注"，或许是你在自己的孩子身上已经用过很多次的一句话。加上"只是"一词，往往会给人留下一种孩子不应该努力得到关注的印象，好像有这种需要并努力满足这种需要是不对的。"寻求关注"的行为往往表明一个孩子在努力寻求可以依恋的人，也就是说，可以亲近的人。玛莎想要与父母亲近，并且想感觉到他们喜欢有她在身边。所以，我们开始将她对老师们的"寻求关注"行为理解为她在试图搞明白"我能得到大人们的喜爱和接受吗?"问题在于，她的行为对于老师们来说太烦人了，以至于她极有可能得到自己非常害怕的那个答案。玛莎的行为只会让她感到虽然老师们可能会记住她，但他们也许并不十分喜欢她。

父母和老师应如何帮助玛莎

- 玛莎的父母做了很多具体的努力，他们每周在家里都给她几次特别的对待，并且告诉她他们多么喜欢有她在身边。然而，父母有时候确实想享受一下二人独处的时间。玛莎的父母有时不得不向她解释："爸爸妈妈想要单独在一起待一会儿。这会让你沮丧，但是，你有一天会有男朋友或丈夫，你们会一起外出就餐、一起睡觉。"
- 一旦玛莎的老师理解了她对亲近的需要，他们就发现她的行为不那么让人恼火了。
- 他们能够以积极的方式帮助玛莎感觉到亲近了，比如安排她坐在教室的前排，并让她在班里承担特别的责任。

"我永远都做不对"

有时候，你会被孩子们之间的同胞竞争激怒，正如这位母亲所说："如果我带回家两块巧克力，并且让彭妮先选择，让她哥哥后选择，她就会说她选了最差的那块。"但是，你的孩子可能也会感觉自己怎么做都不对。我们能够理解彭妮觉得她怎么都做不对的那种感受，因为她想要的是她哥哥已经得到的，即另一种性别。

长大后会好吗

在工作或社会交往中，大多数人都有过对另一个人有难以理解并难以控制的莫名其妙的强烈敌意，或说不出来的复杂感受的经历。我的一个成年客户发现，她无法忍受她的女房东，常常在一大堆抱怨之后再加上一句“还有她那红头发”！有一天，她意识到这位房东使她想起了她那有着一头红发的强势姐姐，在她小时候，姐姐在照顾她时经常把她一个人扔下不管。

> 同胞竞争很少能彻底得到解决，而且造成的困惑和恐惧即便在成年后也会显现出来。

一种普遍情况

嫉妒和竞争似乎是人类的天性。在工作场所，成年人经常会遇到这种情况，所以，孩子们在他们的“工作场所”——家里——遇到这个问题没什么好奇怪的。如果你能让孩子们养成一种心态，不把爱、关心和关注看成是蛋糕，不是说从上面切下一块给一个孩子，其他孩子可分到的就少了；而是更像太阳，不管有多少人坐在沙滩上，它总是照耀并温暖着我们，那么，同胞竞争就不会过分。然而，无论是父母还是专业人士都会同意，要么我们必须相信有些孩子天生就比别的孩子嫉妒心更强，要么就是我们没有正确理解那些在同胞竞争中遇到了严重困难的孩子。

讨厌自己的兄弟姐妹也没关系

一个8岁的孩子在描述自己在医院里见到小妹妹时，对这个问题作了最好的总结："我跑向婴儿床，打算着一辈子都要爱她，但是，当我往婴儿床里看去的时候，我很嫉妒。"

> 要接受你的孩子们可能彼此不喜欢的事实。你们要尽可能地创造一种孩子们之间相互尊重的氛围，而不是互相喜欢的氛围。如果你使孩子因为对兄弟姐妹有矛盾情感而觉得内疚或不妥的话，就很有可能出现各种问题。

没有什么神奇的办法能够解决同胞竞争的问题，因为它根本就无法解决。你可以或多或少地予以恰当的处理，但是，这个问题会伴随我们一生；并且，在某种程度上，你不得不忍受并向它妥协。这就是说，如果你有学龄前的孩子，在了解到孩子们一旦开始上学往往就能解决同胞竞争问题的事实之后，应该得到一些安慰。他们的同龄人和老师会起到家人和父母的作用，而且，在家里出现的问题，会以一种完全不同的方式在学校表现出来并得到处理。

当心宠物！

就在我快完成这一章的时候，我的一位朋友以一种既好笑又害怕的口吻告诉我，她的6岁女儿"与狗争宠"。这位独生女一直想要养个宠物，但是，当她发现父母在训练小狗时会将注意力从她身上转移到小狗身上时，她很快就对小狗有了敌意和攻击性。“现在我们不得不说‘乖狗狗’和‘乖女儿’”，她母亲笑着说。竞争并不局限于兄弟姐妹之间；孩子可能不仅会感到来自宠物的威胁，你的工作、爱好以及他们认为对你来说很重要的任何事情，都会让他们感觉到威胁！

总结

- 同胞竞争首先是孩子怨恨你们——父母——生了另一个孩子。
- 兄弟姐妹友好相处，是父母的期望，而不是孩子们的。
- 对成年人和孩子们来说都一样，爱与恨总是如影随形。
- 小孩子也许会对新宝宝的到来感到奇怪：“爸爸妈妈已经有一个宝宝了，为什么他们还想再要一个？是不是因为我出了什么问题或者做错了什么事？”
- 大多数孩子对自己的兄弟姐妹都有矛盾心理。不管孩子在家里处于什么位置，他都需要感到身处这个位置应该得到奖励。
- 不要试图模糊孩子之间的差异，并且既要允许得意，也要允许失望。
- 独生子女会对父母之间的关系感到嫉妒。
- 有时候，父母会在不经意中激起孩子的嫉妒心。

第4章

规矩和规则

让孩子听话

“年轻女人投入很多时间和精力让自己成为一个可亲的人，只有在有了孩子之后，你才会意识到自己根本就不是一个可亲的人，而基本上是个自私的恶霸。”

——费伊·威尔登[①]

说孩子“不听话”，在很大程度上与大人理解孩子行为的方式有关。一个寒冷的雨天，6岁的桑迪在爷爷奶奶家熬过了一次不愉快的探望之后，正要和她的家人一起离开。父母告诉桑迪：“赶紧钻到车里去。”她立刻上了车，但并没有坐到自己的座位上去，而是开始整理放在汽车后窗边上的书和玩具，而她的母亲抱着妹妹站在雨中。她的奶奶说：“这个孩子永远不会立刻照

① Fay Weldon，1931～ ，英国作家、剧作家。——译者注

你说的去做。”

“哦，”她的父亲温和地应道，“她认为自己在帮忙呢。”然后，他弯腰探进车里说：“整理得很好，桑迪，你现在可以坐到自己的座位上了。”桑迪立刻听从了，并骄傲地说：“现在妈咪可以有个整洁的地方坐了。”

我们能想到无数个类似的情景，当一个孩子似乎在“我行我素”时，实际上他们认为自己在努力让大人高兴。一个兴奋地冲出家门去迎接自己喜欢的来访者的5岁孩子，在客人离开的最后一刻却捶打他们，他是粗野、不听话吗？或者，他只是兴奋得难以自制，一时间忘了如何向客人表达见到他们时的喜悦心情？

在这些情形中，大人的回应是非常重要的。桑迪的奶奶可能会以严厉的口吻要她照要求去做，立刻坐到她自己的座位上。我们可以想到桑迪的各种反应：她可能会服从，但会感觉自己被误解了，甚至感觉奶奶不喜欢自己；她可能会争辩并竭力解释，而这很可能会使当时的情形恶化；她也可能会突然大哭起来，而这会引起她父母的各种反应。在生活中，每个人都会时不时地被误解，但是，当一个孩子总是被误解时，他们很可能不但会变得很愤怒，而且会失去自我认知，因为在他们看来真实的东西，对其他人来说似乎并不真实。

想一想：

- 如果你的孩子不听话，这说明了孩子的什么？
- 如果你的孩子不听话，这说明了你的什么？

我们是从自己的父母那里学习做父母的

“真正影响你……真正使你对斥责孩子进行思考的，是你小时候被斥责时的感受。……我就是不想让孩子有这种可怕的感受。”

（一位有三个孩子的母亲）

在第1章，我们审视了我们是如何从自己的父母那里学习做父母的，以及在成长过程中如何从父母那里学习了许多其他技巧。如果你的父母的做法让你感觉很好，并且很有益，你很可能想对自己的孩子也那样做。你或许想都不想，就会以同样的方式本能地作出反应。但是，当你不想以自己父母的方式去做时，也许就会出现困难。其风险在于，你只能根据理论养育孩子。你很清楚自己不想怎么做，但对自己应该怎么做却感觉没把握，因为你没有本能的内在方式可以遵循。这正是父母双方会在对孩子的管教和限制问题上发生冲突的原因。如果你的父母对待你发脾气的方式是遵循“暂停”原则，让你回你的房间里去，而你伴侣的父母对待孩子发脾气的方式则是拥抱他们，直到他们平静下来为止，那么，你们作为一对父母，在对待孩子大发脾气的方式上，可能就会有很不同的立场。

也是在第1章，我们审视了父母不得不艰难地处理两人之间必然会出现的养育冲突。然而，这里值得一提的是，拥有父母双亲的好处是你会得到两种观点。马西娅的父母正在讨论8岁的女儿是否大到了能够独自一人步行到商店去。她的母亲觉得这太冒险了。她的父亲则觉得她是个很有头脑的女孩，是时候让她更独立些了。“谁是对的?”他们急切地问。嗯，当然，他们都对。马西娅需要保护，但是也需要被鼓励着探索世界。她的父母需要做的是找出具体的办法，因为她正在长大。

“我想她可以带个手机去。”她的母亲不情愿地说。

“为什么?”她的父亲问道，“走路只需要 5 分钟，你站在花园里就几乎可以一路看到她。”

孩子们需要管教

父母和孩子都知道，孩子需要管教，就像他们需要自由和选择一样。我在这里所说的“管教”，指的是明确而一致的规则和界限。在此，我们需要记住，父母们总是会给孩子两种信息：首先是想给出的信息，是经过考虑的信息，就是我们对孩子所说的话；然后，还有一种无意识的信息，是没有经过考虑的信息，可能涉及我们的真实感受，但这种感受并不是我们想要的！在一次家庭咨询中，一个 11 岁的女孩正和她的母亲讨论，为什么她是同龄孩子中唯一不能参加学校的马戏团之行的人。她的母亲是素食主义者，对动物福利很热心：“我告诉她我不介意她去，如果她想去并且她所有的朋友都去的话，她可以去。”这位 11 岁的女孩很快打断了母亲的话：“可我知道你并不真的想让我去……我就是知道!”

这个故事还说明了父母和孩子之间的不同。你是成年人，你有能力作出成熟的选择和决定——无论是好的还是坏的。另一方面，你的孩子仍然在发展作出这些选择的能力。你设立的界限以及设立界限的方式，会帮助你的孩子作出最好的选择。我们需要记住，真正的选择总是伴随着真正的风险。

为什么孩子们需要违背父母

随着孩子逐渐长大，他们会越来越意识到成年人和自己的不同。他们通过逐渐独立于你，开始设立自己的第一个界限。我们可以从孩子的很多行为，最常见的是与照料身体有关的行为中看到这一点。在婴儿期，我们非常依赖于父母满足自己在吃饭、穿衣、洗澡等方面的需求。我们可以认为，通过观察孩子对其父母身体的依赖程度来衡量孩子的成长和独立程度。所以，尽管自己扣不上扣子但却拒绝父母帮助穿衣的 2 岁孩子，以及在洗澡时锁上浴室门的 9 岁孩子，都是在建立一种自然的界限。

孩子们出生在一个不公平的世界里，他们实际上没有权力，而成年人却有很大的权力，或者至少孩子们的权力与成年人的权力有很大差异。在成长过程中，孩子们想取悦自己的父母，但他们也想拥有自己的一些权力。要记住，有点叛逆并非坏事！一定程度的叛逆也许会给父母造成困难，但对于孩子来说却是必需的。孩子们需要探索自己的世界，才能形成自己的独立人格，但是，他们需要在确定的安全界限内这样做。

当然，大多数父母都知道安全的界限的重要性，那么，为什么那么难以对孩子说“不”呢？

为什么说“不”这么难

“我讨厌对她说不……她显得那么失望……我受不了。”一个3岁孩子的母亲说。

如果父母们发现说“不”很难，他们不应该感到吃惊，因为这本来就很难。在说“不”时，我们会想起自己得不到想要的东西时的感受。再加上我们还得面对孩子的抗议、愤怒、沮丧或坚持的情绪，就很容易理解为什么说“不”那么难了，尽管我们知道这是出于孩子的最大利益考虑。

说“不”会让我们感到好像自己在欺负、冒犯别人，或者甚至纯粹在败坏别人的兴致。还有，为什么拒绝自己不期望的邀请会那么难呢？父母们也许会觉得自己是在没有任何正当理由地想办法故意拒绝自己的孩子，尽管这不是事实。但也许最重要的是，说“不”之所以很难，是因为这很可能会引起争论。

> 说“不”会在人与人之间造成距离。当你对孩子说“不”时，极有可能导致孩子憎恨你。

说“不”，尤其会激怒那些仍然生活在幻想中的小孩子，他们认为你会想他们所想、急他们所急。我记得自己曾观察一位烦恼的母亲半个小时，她正坚持让自己那哭哭啼啼的4岁儿子睡到他自己的床上，而不是她的床上。他最后哽噎着说：“你看，妈妈，我有个主意。你说，‘到我床上来’，那就……！”面对这种幼稚的童真，这位母亲很难坚持说“不”；同样，当一个固执的3岁孩子最后用双手捧着母亲的脸说“噢，妈妈，请说‘我想应该这样’……”时，母亲也很难再坚持说

“不”。但是，当然，通过说“不”，你不仅是在帮助自己的孩子明白你和他们之间有界限，而且是在帮助他们了解如何在他们自己和其他人之间设立界限。说“不”会帮助孩子们了解：

- 我们可以对谁说“不”。
- 我们什么时候可以说“不”。
- 我们为什么说“不”。
- 什么时候我们可以不说“不”。

为什么孩子们需要管教

在这一章，我们理所当然地假定规则和界限的设立是有目的的，而且，它们当然应该有目的。如果你想踢足球，你就需要知道并理解规则；如果你想踢得好，你就必须遵守这些规则。家庭生活与足球比赛并不完全相像。我曾在别处说过，它更像一场想象的游戏，但是，如果你的孩子们想要生活美好，他们就需要理解人们相处的一些规则，这是毫无疑问的。管教是成年人对孩子行为作出的回应，因此，花时间思考一下你想要实施的规则的目的，是很值得的。第一个问题必须是：“你如何知道这条规则会取得好结果?”

- “它会让我作为父母更轻松。”
- “它会阻止我的孩子再有那种行为。”
- “它会让我的孩子再遇到同样的情况时采取不同的行为。”

- “它会让我的孩子更安全。”
- “我的孩子将会理解自己行为的后果。”

这些都是正确的回答。但是，有关管教的关键问题是：

- 我想阻止我的孩子做某些事情吗？
- 我想引导我的孩子以某种方式行为举止吗？
- 我希望改变什么或改变谁？

> 规则始终都既是禁止，同时又是诱惑。

想一想父母们想设立一条新规则的时机，是很有趣的。有时候，是孩子以出乎意料的行为令父母们大吃了一惊。但是，父母们也会在不太明确的理由驱使下制定一些规则。他们也许想利用规则努力确保一家人感到亲密和安全，比如任何人都不准带着对家里其他人的怒气上床睡觉，或者就餐时间大家要一起吃饭。在制定这种规则时，父母也许希望它们会像某种咒语一样将全家人凝聚在一起。当然，可能管用，也可能无效。

管教有助于我们保持安全

大多数父母会感觉，规则和管教会让一个孩子保持安全。我们希望孩子安全，免受他人伤害。知道你和其他人之间的界限，还有助于防止你做出置自己于危险境地的行为。

当孩子们学着尊重父母的愿望时，他们也会明白，他们有权让别人尊重他们的感受和愿望。所以，我们可以认为，规则和界限的好处在于它们能帮助孩子们形成一种自由感——他们自己的自由和别人的自由——并形成尊重自己和他人的意识。

规则和管教带来的问题

自由是一种很有趣的状态。大多数人都喜欢自由的感觉；而且，我们会觉得一定程度的自由是美好生活所必需的。但是，自由的后果是我们可能会感到孤独。规则和管教会凸显孩子与孩子、家庭与家庭之间的差异，因为这个家庭中允许的事情，在另一个家庭中也许不被允许。从这个意义上来说，界限也许会使孩子们感觉彼此被隔开了。

而且，如果说自由是复杂的，那么界限的概念也是如此。孩子们和父母会以不同的方式体验界限和规则。让我们想一想就寝时间：你会觉得为孩子设立合理的就寝时间是一种爱的举动，是为了保证他们得到足够的睡眠和休息。孩子们对规定就寝时间的感觉可能是沮丧，因为你不允许他们和你在一起了。而且，当然，5 岁以上的大孩子很可能会将任何规则都看做是你在企图败坏他们的兴致。

让孩子按你的要求去做

“我了解到，人们会忘记你说过的话、做过的事，但永远不会忘记你给他们造成的感受。”

(玛娅·安杰洛[①])

---

① Maya Angelou，1928～ ，美国文坛最耀眼的黑人女作家和诗人，出版过 10 部畅销书。——译者注

也许，你实施规则的方式要比你实施的那些规则更重要。对孩子来说，管教是一面镜子。你希望你的孩子把自己看成是可爱但会犯错误，并且在支持下会改变自己行为的孩子吗？或者，当他们不听话时，你认为他们应该把自己看成是一个应该受到羞辱并且不可爱的孩子吗？让我们来看两个实例。

8岁的马丁和家人招待客人吃午饭。马丁很勇敢地提出自己切自己的食物。当他没能切开时，他用手拿起鸡肉开始吃起来。他的父亲严厉地训斥了他，并且送他到游戏室去单独吃饭。

8岁的汉娜和她的父母也是招待朋友吃午饭。在尝试把水果沙拉切成适合小孩子吃的小块时，汉娜遇到了与马丁同样的困难。她最终放弃了，并且用自己的叉子叉起一块橙子，然后低下头试图分几口吃完。她的母亲注意到了，但对汉娜什么都没说，而是微笑着小声对客人说："不好意思，汉娜还有很多社交礼仪需要学习。"后来，她在厨房里向汉娜示范了如何把橙子切成薄片，并提醒她也可以要一把餐刀。

你选择以怎样的方式管教自己的孩子，会受到许多因素的影响，而且，你在养育中形成的习惯也有不小的影响。家庭生活是忙乱而紧张的。像许多父母一样，你也许会发现自己开始对孩子的行为作出习惯性的反应，无论在长期或短期内是否有效。在有意或无意中，这些习惯都会受到你的父母对你的管教方式的影响。你也许正在重复自己父母的管教方式，或者你也许正在试图找到一种不同的养育方式——解决你父母养育方式的问题。我们现在要考虑一些对孩子的习惯性回应，以及这种习惯性回应有意无意地能为父母们解决什么问题。

对孩子行为的一些常见的习惯性回应：

- 坚持，"因为我这样说了"。

- 极少设立或不设立规则。
- 作一个殉道者。
- 相信你的孩子会从他们自己的经验中学习。
- 总是大喊大叫。

“因为我这样说了”

你对管教的看法，或许是基于这样的理解：父母应该期望孩子们始终都服从。你也许觉得，如果你的孩子不服从你，那是因为他们任性、不听话、粗野，而且他们不尊重你。总的来说，你会把亲子关系当成一场战斗来体验，要么你赢，要么孩子赢。

所有年龄的孩子都需要父母以和善而坚定的语气，申明简单而明确的规则，并且要前后一致，这向孩子传递的信息是：“不管喜欢不喜欢，事情就是这样，并将一直这样。”你的孩子就会确切地知道界限在哪儿，以及你能容忍什么、不能容忍什么。

当 2 岁的孩子不听话时，他们不仅是在维护自己的独立，也是在将叛逆作为一种方式，以搞清楚你有多么坚定以及你真正相信什么。如果你刻板地要求服从，可能会伤害孩子的自信。他们也许会感到没有力量挑战你，结果，他们在成长过程中也许就学不会维护自己的利益。

他们也许还会感到，人际关系总是建立在一方的强势和另一方的无助基础之上。成年之后，他们也许会一直胆小、懦弱；或者相反，他们会只与那些能让自己任性而为的人交往。他们这样做，是因为他们相信，在与人交往中始终处于控制地位是很重要的。

想一想：

- 当你说“因为我这样说的”时，你希望达到什么目的？

- 有时候，说“因为我这样说的”是缓解焦虑的一种方法。你可能担心作为父母失去对孩子的控制，或担心自己的孩子会行为失控。
- 失去控制对你来说意味着什么？

极少设立或不设立规则

有些父母不赞成设立确定的规则，而倾向于更平等的养育观念，当他们与孩子之间出现问题时，更喜欢与孩子一起讨论。作为这样一个父母，你可能会将养育看成你和孩子之间的一种友谊。在孩子与任何其他权威人士——比如老师——发生冲突时，你很可能会发现你支持自己的孩子，甚至会公开批评其他成年人。

极少设立或不设立规则，也许是因为父母们害怕自己过于惩罚孩子。你小时候可能受到了严厉或不必要的管教，并担心如果强制实施规则，会让自己的孩子有同样的体验。有这种父母的孩子，可能会被朋友们羡慕！然而，成长的任务之一就是要能逐渐感觉到哪些事情可以靠自己。学习自主有时会令人困惑并害怕，而且过早地给孩子太多自由，可能会让孩子不知所措。如果你不为孩子设立足够的规则和界限，你的孩子也许会觉得自己和成年人一样了。他们可能在表面上觉得自己长大了，但在心里他们知道自己缺乏成年人的才智。有些孩子可能会因此而努力培养自己处理事情的技巧，但会为自己所承担的责任感到困惑。还有些孩子可能会觉得，父母不设立规则表明父母不够关心他们。毕竟，孩子很容易把允许他们自己选择要不要做一件事，误解为父母“不在乎他们怎么做”。

作一个殉道者

- 养育是一项艰难的任务，并且有时压力很大，所以，有时候，大多数父母会求助于让孩子感到内疚的方法，这并不令人惊讶。在面对孩子刚刚犯的错误或不端行为时，你可能会在伤心失望和习惯的忍耐中，听天由命地抬眼望向天空。大多数情况下，你也许只是尝试一下求助于孩子善良的本性，但是，殉道型父母可能会有意无意地试图通过让孩子感到内疚来控制和管教孩子。这些父母之所以这样做，可能是觉得这能免于对孩子过于生气或过于有攻击性。
- 殉道型父母的问题在于，这会让孩子感到困惑。这会让孩子觉得，尽管你很少对他们发怒，但他们永远无法确信如何取悦你。

殉道型父母往往会通过恳求孩子“为了我”做某些事情，来管教孩子。一个 12 岁的女孩，给我讲了发生在她 5 岁时的一件事。她当时正在房间里玩自己最喜欢的颜料盒，母亲抱着她 3 岁的弟弟进来了。母亲问她能不能让小弟弟玩她的颜料。她记得自己当时非常不想让弟弟玩她的颜料盒，因为“他总是把它搞得乱七八糟”。在她拒绝了母亲的请求后，母亲把弟弟抱得更紧了，并且说：“哦，求你了，让他玩一会儿，为了我。”这位小姑娘清楚地记得——即便在那样小的年龄——自己当时想，“哦，他得到她了，我要拥有颜料盒”，并且拒绝了让弟弟用她的颜料。她回忆说，当她的母亲随后抱着弟弟离开房间的时候，她觉得自己很失落，有一种被抛弃感。她对母亲的行为很困惑。从某个方面来说，她发现，如果母亲当时对她发怒，她会更容易忍受。那样，她就可以反击，并解释她觉得让弟弟玩她的颜料盒有多么不公平。而现在，母亲明显对她的行为感到伤心和失望，这只会让她内疚。

相信“孩子会从经验中学习”的父母

一个寒冷的冬天，在跟亲友一起出门之前，6 岁的乔治拒绝穿外套。他的母亲耸耸肩说：“噢，他会明白的，他会冻僵的。”果然，乔治在这次散步中冻感冒了，但他的母亲说：“这是让他吸取教训的唯一办法。”

当然，孩子们也许会从自己的错误中吸取教训。然而，正如我在前面说过的那样，年龄小的孩子需要在父母的帮助下作出最好的选择，而且，正如乔治的例子那样，有时候，孩子们需要父母坚持最好的选择。那些正努力争取独立的年龄大一些的孩子，则需要知道父母会坚定地站在他们这一边。如果你始终坚持让你的孩子从他们自己的错误中学习，那么，孩子会感觉你是在放弃自己作为父母的责任。你还可能让孩子认为，除非他们按照你说的去做，否则就会失去你的支持和指引。你之所以这样做，也许是由于以下原因：

- 你或许开始时有一套很明确的规则，但是，当你的孩子不合作，而你又不知道该如何实施规则时，你就惊慌失措了。
- 也许你不喜欢正面冲突，并且往往相当机械地采用“我的父母就是这么做”的养育方式，或者你也许在非常努力地坚持按照某种理论养育孩子。

无论哪种方式，如果你的孩子没有以你回应自己父母的方式回应你，或者那些理论不奏效，你也许会感到自己缺乏作为父母的技巧。你之所以会有这种感觉，是因为你没有内在的本能的养育方式可以依赖，无法给你提供另一套行动方案。

我们可以说，偶尔让孩子们知道自己已经让父母无计可施了，对孩子没有害处。在某种意义上，这就是一个明确的界限。然而，这与一个孩子感觉如果不服从父母的管教就会被父母抛弃，完全不同。

你总是对孩子喊叫

在情绪激动中，我们很容易对孩子说出非常离谱的荒唐话：

"我可以看电视吗？"

"电视？电视？我让你看电视！"

这让一个孩子怎么理解呢？当你发现自己经常对孩子大喊大叫时，你或许应该想想自己是否已经忘了该怎样跟孩子说话。

"我努力对他们耐心一些……但有时候到最后我还是大喊大叫，然后，这一天剩下的时间我都会冲他们喊叫……本来有更好的办法的……我感觉太可怕了。"

（一位有三个孩子的母亲）

我们也许非常不喜欢大喊大叫，但这在养育孩子的过程中似乎是难免的。然而，经常对孩子大喊大叫，也许会让你对自己作为一个父母感到既沮丧又失望，特别是在你感到没有办法让孩子听你的话，而只能大喊大叫时更是如此。当然，你可能有充分的理由经常对孩子大喊大叫，但是，大喊大叫很快会变成一种习惯性的反应（尽管这并不是解决问题的最好办法），并且，你会发现自己还没来得及思考，就已经无法控制事态的发展了。

你可能会因为沮丧而对自己的孩子喊叫，但这给孩子传递的是什么信息呢？学会如何处理沮丧感，是成长过程中至关重要的一部分，而且，你的孩子需要将沮丧感作为从一件事转向下一件事的一种方式来体验。经常冲孩子大喊大叫的风险在于，孩子们也许会认为大喊大叫是处理沮丧感的唯一方式。

- 对孩子们大喊大叫的问题在于，他们将学会不再把你的喊叫当回事。正如一位 8 岁的男孩说的那样："噢，我妈妈在气头上……但我知道她会平静下来……然后我就可以做那件事了。"
- 冲孩子喊叫，常常会招致孩子们以喊叫反击。如果你发现自己在和孩子比赛谁的嗓门大，你要努力停下来，可以这样说："瞧，你在大声嚷嚷，我在大声嚷嚷，我们两个人都不开心。让我们深吸一口气，都停止喊叫并重新开始。"

为婴儿设立界限——婴儿可能会被宠坏吗

两个字：不会。我正与一位年轻的母亲一起坐着的时候，她听到自己的宝宝在隔壁房间里开始哭了起来。她等了一两秒钟，宝宝哭得越来越厉害，她便过去看。回来时，她怀里抱着 4 周大的宝宝，并且说："我妈妈说我这样做会宠坏她。她既没有尿湿又不饿，不过，可怜的小东西，你孤单了，是吧？"

认为婴儿会被宠坏，这种观念源于一个想法：如果婴儿一哭就得到关注，他们就会继续寻求关注。正如一位母亲所说的那样："他们就是在给你找麻烦。"这种观念不仅是对婴儿的完全误解，并且是对照料孩子的一种离奇想象，似乎孩子们不应该想寻求父母的关注，而且父母们不应该想关注自己的孩子。

温尼科特说，没有所谓的婴儿，只有母子关系中的母亲和婴儿。他的意思是说，婴儿还意识不到自己是谁，没有能力思考自己想要什么或需要什么。从某种意义上来说，它们只是一些生理感觉，比如饥饿，他们不理解这些感觉，更别说叫出这些感觉的名称了。他们用哭来表达这些生理需要。而且，“足够好”的养育，指的就是父母恰当地作出回应，也就是说，在婴儿饿的时候喂他们，这样父母对婴儿的体验就赋予了具体的形态和含义，婴儿就能逐渐确定“饥饿”感与其他感觉的不同，并将各种感觉区分开来。正如上面提到的那位母亲表明的那样，这种赋予形态和含义，并不仅仅与生理需要有关。这位年轻母亲还能够承认婴儿也有情感需求。对婴儿的哭作出回应，在很大程度上是一件需要反复试错的事情，有趣的是，我们的第一反应往往是检查首尾两头，即他们是饿了还是尿了？如果一个婴儿的生理需求都得到了满足，但还是哭个不停，初为父母的人很容易会觉得自己对养育还缺乏技能或感到沮丧；这位年轻母亲给我们上了很重要的一课，告诉了我们父母“包容”婴儿的苦恼的重要性。我们不知道这个宝宝是否“感到孤单”，但我们确实知道妈妈通过努力给婴儿的苦恼赋予一些含义所作的回应，将会使婴儿感觉到自己的生机以及与母亲有意义的情感联系。

但是，成长当然意味着学会让自己舒适、满足自己的需要，并且知道如何让别人为我们这么做。可以说，如果我们不帮助婴儿发展其满足自己需要的技能，就可能会宠坏他们。婴儿是从日常的照料惯例中学习这些技能的，我这里指的不是与婴儿的感受无关的刻板的时间表，比如，每四小时喂一次，而不管宝宝是否饿了。相反，我指的是有弹性的、有计划的惯例，使婴儿能够学会扩展和延迟他们的需要，以适应家庭生活。日常惯例能帮助婴儿了解事情的先后顺序，并因而了解结果，而且通过这种方式，他们开始理解这个世界。

因此，我不是说每当婴儿哭的时候就应该把他们抱起来，而是说，任由宝宝过度啼哭，对他们来说是痛苦的，并且可能会给他们造成情感伤害。通过反复尝试和改正错误，你就能学会在多大程度上对婴儿的啼哭作出回应——是短时间温柔地拍拍来安抚，还是把他们抱起来。从经验中，你会明白如何等待并看看他们是否能自己安定下来，以及是否需要你的帮助。

婴儿不理解你的愤怒

任何抱过哭泣的婴儿的人都知道，婴儿是通过投射感受来沟通的，也就是说，他们使大人感觉到他们的感受。当我们无法安抚一个婴儿时，我们会感到无助和焦虑，还会感到沮丧和生气。对于作为父母的你来说，感到生气的价值在于，这能使你发泄情绪。但是，婴儿和学步早期的孩子不理解生气是怎么回事，并且无法把他们的行为和你的反应联系起来，所以，你的生气会使他们感到痛苦，觉得自己被排斥并感到困惑。

在一次家庭聚会上，17 个月大的小孙子成了大家关注的焦点。突然，他无意中将自己的果汁打翻了，洒到了地毯上。几个大人赶紧过去帮忙，他最终安定了下来，有了另一杯饮料。几分钟之后，他若有所思、小心翼翼地故意把这杯饮料倒在了地毯上……并且对随之而来的生气的吵嚷显得很困惑。

学步初期的孩子，对自己周围的世界既好奇又困惑。这个孩子并不是要“捣乱”，或要“激怒大人”；他是在努力理解发生了什么事。作为成年人，我们都很清楚果汁洒在地毯上的后果。而他知道的只是发生了一件让大人们很兴奋的事。孩子们重复某个行为或情境，是为了试验并理解它们。他需要的不是愤怒或惩罚，而是大人和善而坚定地给他一个简单的解释，比如让他摸一下被弄湿的地毯。

恼人的2岁：神话还是现实

最重要的是，学步期的孩子想探索父母的爱。他们想取悦你，不是为了让你感到高兴，而是因为这种高兴能让他们得到认可，而这会让他们感到安全、激励他们成长，并且获得像你一样的大人的技能。他们想探究事物的异同，探究你的需要和欲望在多大程度上与他们的相同。那么，为什么2岁的孩子得到了难以对付的名声呢？为了回答这个问题，我们需要考虑2岁孩子的人生任务和本质。

学步期的孩子已经开始认识到了你一直都知道的：他们是独立于你的一个人，有他们自己的想法、感受、愿望和需要。他们正在开始寻求并理解自己的力量。他们好奇而冲动，热切地渴望探索并检验这个世界，却还没有意识到在这样做时的风险和危险。他们觉得自己很强大、很有能力，在力不从心时，他们还会感到沮丧和苦恼。他们常常试图掩饰自己的错误和能力的欠缺，假装“我是故意的”，正如一位小女孩摔倒在路上时声称的那样。他们会把日常生活中的要求，比如收拾玩具，体验为限制、挫折，甚至困惑。他们仍然处于不一定能把自己的行为和你的愤怒联系起来的阶段，因为他们正在努力搞清楚你的爱的极限。所以，如果你真的对他们发怒，他们很可能会有以下反应：

- 感到你不喜欢他们，这是那些他们会不可避免地觉得你不赞同他们的时刻之一。他们不理解你不赞同的是他们的行为，而不是他们这个人。
- 重复你刚说过的话："不要那样做"、"停下来"、"不"。他们这样做并不是无礼或傲慢，而是试图弄明白你和他们之间正在发生什么事。
- 迁怒于另一个孩子或玩具，或者强迫另一个孩子或玩具做些什么事。在幼儿园，一个 2 岁的孩子因为边吃饼干边走来走去而被训斥，并被保育员逼着坐到了椅子上。一两分钟之后，他穿过房间跑到另一个孩子跟前，并把他推坐到了椅子上。这不是一个学步期的孩子在欺负人，他是在努力重获自己在被成年人逼着做一件事时丧失的力量感。

学步期的孩子擅长于把你拉进婴儿式的对抗中，使你的行为和他们处于一个水平上。到上床睡觉的时间了，爱德华拒绝把玩具收起来：

"马上把玩具收起来，"他母亲说，"我不会再跟你说第二遍。"

"我不。"爱德华回答。

"如果你不立刻收起来，我会拿走你所有的玩具，把它们放到阁楼上。"

"那我就把它们再拿出来。"爱德华更生气地说。

"那我就把它们放到天花板上你够不着的地方。"他那恼怒的母亲反驳说。

这是一段很人性化的对话，但是毫无成效，而且最终只能以眼泪收场。你可能不得不承认，尽管你本意很好，但有时候你那学步期的孩子会让你也回到学步期。

如何对待学步期的孩子

你如何处理这些情形，在很大程度上取决于你对“恼人的2岁”的态度。如果你把这个发展阶段看做一场需要赢的战斗，那么，你很可能陷入与孩子的争斗之中。而且，尽管在某种意义上来讲，你可能会赢，因为你更大、更强，但是，你和孩子最终都会精疲力尽并且不开心。父母们几乎肯定会时不时地对学步期的孩子感到生气，因为学步期的孩子自己会经常生气和沮丧，而且，他们会让你感觉到他们的感受。但是，总的来说，他们想取悦你，所以，在管教学步期的孩子时，你可以充分利用这一点。这不仅能使学步期过得更顺利，而且还会在以后的几年帮你大忙！

- 记住，当学步期的孩子还意识不到让他们高兴的事情并不一定让你高兴时，麻烦就会出现。比如，他可能喜欢用土豆泥在餐厅的墙壁上乱抹，或者将烤面包片塞进DVD播放机里！
- 当你想坚持让你的孩子做某件事时，你可以试一下“对视”法，看着他们的眼睛，坚定而平静地说：“现在能让我高兴的是……”，并一直重复这句话，直到他们理解。
- 要尽量避免使用否定词。比如，当一个学步期的孩子拿起他们不该拿的一个东西时，说“不”和说“请放下”是有区别的，后者清楚地表明了你想让他们做什么来让你高兴。同样，“别掉了”让他们想到的是可以这么做，而“抓牢点”则是在鼓励一种有用的能力。

发脾气

2岁的乔恩，在三个孩子中排行老二。他的姐姐已经上学了，他享受过一段与母亲独处的时光，直到六个月前他的小妹妹出生。乔恩的母亲来寻求我的建议，因为他经常发脾气。这种发脾气行为似乎最经常出现在下午茶时间，是家里比较忙的时候，他会越来越叛逆、越来越不满意，直到最终大发脾气。他的母亲解释说，在她接听电话或做饭的关键时刻，往往是他开始发脾气的时候。“我怎么管教他呢?”她问，“他还什么都不懂!”

我们对这个问题思考得越多，就越能从乔恩的角度理解它。他对新宝宝的到来，以及自己失去母亲的关注，都感到很困惑。每天，当他在母亲忙的时候又失去她的关注时，他就有了再次经历这种体验的一个机会。他显然对母亲很生气，并且每天最终都会变成大发脾气。

> 大发脾气的学步期孩子需要“重新开始”而不是“暂停”。为什么呢?因为在大发脾气时，他们会被自己沮丧和愤怒的感觉所控制，并且他们会感到害怕。他们可能听不进你在说什么，更不要说判断你的话是否有道理了。

“暂停”[①] 会让学步期的孩子知道，他们的行为是妈妈无法接受的，但无法帮助他们理解，而且只会使他们感觉到父母对自己的不喜欢。这种情形可能还会让孩子在长大后相信生气是不好的，而不是他们表达愤怒的方式有问题。

---

① Time Out，管教孩子的一种方式，即让孩子暂时到一个地方去冷静下来。——译者注

当孩子生气时，要尽量跟孩子在一起。要平静地向孩子解释，在他们如此生气时，你需要陪在他们身边。同时，要明确地告诉他们，在他们停止大喊大叫之前，你不会跟他们谈。然而，这是很难做到的。在忙乱的家庭生活中，你会遇到一个问题，那就是，当你与发脾气的孩子待在一起时，谁去照料其他孩子并做其他事情呢？还有，没有比对付一个发脾气的孩子更让父母感到绝望的事情了，因为除非孩子自己决定停下来，否则你绝对一筹莫展。

童年中期

“自从她上了初中，就变得越来越叛逆了。”

（一个11岁女孩的母亲）

随着孩子逐渐长大，取悦你就会退居到取悦他们自己及其同龄人之后的次席。一旦孩子们融入学校生活，以及随后参加校外活动和社团，他们就会开始将自己的家庭生活和文化与朋友们的进行比较。他们会接触到各式各样的习惯和行为方式，使他们能有机会选择成为什么样的人。我们在第7章会进一步探讨这个问题，但我现在想说的是，如果你的孩子在小时候就知道你对他们的行为举止有着怎样明确而坚定的期待，并且你言行一致、说到做到，而且在孩子犯错时一如既往地爱他们，那么，你就为后面更复杂的几年打下了牢固的基础。在为童年中期的孩子设立规则和界限时，没有什么神奇的办法，但多少有一些有益的养育方法。

比如，让我们想一想一个 9 岁的女孩，她正和朋友一起等着搭她母亲的车去上芭蕾课。母亲要求她们收拾好餐桌并把餐具放进洗碗机。她们没做，甚至在被提醒两次之后也没做。这位母亲可以选择怎么做呢？

- 她可以把女儿的这位朋友送回家。
- 她可以取消女儿的零花钱。
- 她可以拒绝女儿在一周内再见这位朋友。

这些也许都是相关的处罚办法，但是，没有一个办法能帮助女儿理解为什么母亲希望她收拾餐桌。更有益的办法是，母亲平静并明确地解释这些事情是必须要做的，而如果把这些活留给母亲去做的话，她们上芭蕾课就会迟到。

- 要尽量避免“最后通牒”。在养育中，一定程度的冲突是不可避免的，但是，最后通牒会加剧紧张局面，而且还会使你和孩子都没有回旋的余地。与其说“如果你这样做，我就会那样做”，更有帮助的说法是“我不允许这种事，因为如果发生这种事就会发生那种事，我敢保证”。
- 要想好你要传递什么信息，并且要记住，你传递的信息会比你想传递的多。你究竟想让孩子做什么或不做什么？要明确、简洁地说出你的具体要求，比如，说“整理你的房间”太含糊了，并且很容易被孩子理解为“我只需要整理我的床铺”。说“整理好你的房间，把床铺好，收好衣服，并且把所有的脏杯子都拿下来”，则给你的孩子布置了一个需要完成的明确任务。
- 给童年中期的孩子选择，效果会很好。有时候，孩子们只做你告诉他们必须做的事情，但是很多时候是可以用些技巧的。而且，你如何表述这些选择也很重要，所以，说“如果你想看那个电视节目，那么你就得先做作业、吃晚饭”，也许会被孩子理解为他们可以选择不这样做。然而，你可以把它表述为：“由于你想看那个电视节目，你打算什么时候吃晚饭和写作业呢?”这样，孩子听到的是他们将被允许看那个电视节目，但还有其他的事情要做。

- 要尽量避免空洞的威胁。我记得一位父亲因为 8 岁儿子的行为搓着双手绝望地对我说：“他已经收到三次最后警告了!”你不可能会有三次最后警告。为什么你的孩子应该认为第三次警告比第一次更是最后一次呢?所以，在威胁孩子时要当心，因为你必须将其贯彻到底。

- 在另一个房间里大喊大叫，从来不会有用。

- 与这个年龄段孩子的争吵，常常可以用你的幽默来化解。这包括使用他们的流行语，比如说一些类似这样的话——“再这样的话，我就要秀一秀我的手段了”，或者，面对他们的大喊大叫，你耸耸肩说“随你的便!”——有时候，这会使他们暂时将注意力从自己的怒火转向说你真是“可悲”，竟然试图模仿他们说话。或者，幽默地肯定他们对你的指责，有时也会有同样的效果，也就是说，说一些这样的话：“是的，你说的对……我真为你感到难过……你真是抽中了下下签，因为我们是世界上最坏的父母，更糟的是你一辈子都摆脱不了我们!”

- 你需要知道自己在哪些事情上应该毫不动摇，而且你还需要为自己“不知道”是否应该通融作好准备，随着孩子年龄的增长，你不可避免地会感觉到自己在设立规则和界限上需要凭感觉。

回旋余地

我们已经讨论过各个年龄的孩子会怎样对你的行为作出反应，而最令人精疲力尽的是你采用的管教方法不管用。如果你发现自己一直在精疲力尽地管教孩子，那么，也许是时候改变管教方法了。这会给你和你的孩子一种看待这个问题的新方法。正如心理医生亚当·菲利普所说的那样："多种方法可能会比一个坚定的信念更有用，特别是如果你能记住美好的生活有很多种的话。"（而且，当然没有什么方法能始终管用。）

在本章开头，我们探讨了说"不"会在人与人之间造成距离。作为父母，你也许不得不接受，在实施规则和界限时，有时你的孩子会恨你。

惩罚造成的问题

尽管有时候父母们会对孩子的不当行为立即作出惩罚，但是，许多父母都会认真地考虑什么样的惩罚适合或不适合自己的孩子。你也许会发现自己对这两种方式都采用过。立即惩罚的风险在于，你也许会惩罚过度或过于严厉。一旦你"超过限度"，就很难挽回局面了。立即惩罚是对孩子行为的一种回应，但很可能会忽视孩子的需求。

更深思熟虑的惩罚，也许能让你更恰当地表明孩子行为的明确界限。然而，这与立即惩罚具有同样的危险，即你和你的孩子会陷入权力之争。在这种争斗中，你的孩子也许会觉得自己总是受伤的一方。这可能会导致他们更加叛逆，以此试验并维护自己的主张。然后，你会发现惩罚成了你回应孩子行为的唯一方式，而不断地惩罚一个孩子不会有任何作用。

当你发现自己和孩子陷入了叛逆和惩罚的循环时，就应该尽量搞清楚你们的关系出了什么问题。令人震惊的是，父母们很快会发现自己喜欢上了惩罚孩子，而孩子们也发现自己喜欢上了被惩罚。我们可以把惩罚看做是一种没有共情心的方式。父母们可能感觉一旦惩罚了孩子，那些感受就得到了处理。

“但是，我如果不惩罚他的话，他如何才能分辨是非呢？”一位8岁男孩的父亲问。当我们说到教孩子明辨是非时，我们指的是帮助孩子理解他们的行为造成的后果。比如，父母发现这个男孩在卧室里总是看电视，而不是做家庭作业。对这个男孩来说，这种行为的后果就是，他之后要在晚上很疲倦的时候做家庭作业。如果他的父亲想要惩罚有效的话，就必须是这个男孩能够理解的、他的行为的一个合理后果，比如坚持让他呆在楼下，直到做完家庭作业。

那些太好的孩子

“我们真不理解自己为什么要来这里……他那么好，从来没给我们惹过一点麻烦。”扎克的父母对于老师把他介绍到我这里来感到非常困惑。当我问“你们有没有想过他太好了”时，他们更迷惑了。父母们很少会认为自己孩子的行为好过头了；而更可能将此看成是孩子很合作、让人很愉快。但是，扎克的老师很担忧，他们觉得他实在“太热心讨好别人……这不是一个8岁男孩的本性”。

孩子太好的危险在于，他们可能永远学不会如何维护自己的利益或成为真实的自己。那些太好的孩子，意识到的往往是父母对他们的期望，也就是说，哪些行为会让父母高兴，并且可能会为了父母而下意识地牺牲自己的人格。扎克的母亲精神高度紧张，并且有抑郁倾向。他的父亲采取了维持现状的态度以跟她平静相处。扎克感觉到了父母双方对婚姻的不满，并产生了这样的心境：“我是唯一能让妈妈高兴的人。”他认为自己能够通过绝对的服从和“不跟她争论或吵架”做到这一点。

“公平”意味着什么

爱丽丝，12 岁，当发现自己 10 岁的妹妹被允许涂着眼影参加学校的迪斯科舞会时，她气得脸都发白了。她是在 11 岁时才被允许涂眼影参加聚会的，“这太不公平了！”她大喊道。

爱丽丝的父母试图让她理解她和妹妹是不一样的人。她们有不同的需要和能力，所以，“公平”并不体现在得到同样的对待上，而更体现在那些能确保她们生活更快乐、人生更成功的事情上。

区别对待家里的孩子，也许会让父母因为感觉自己对孩子们的做法不一样而不安。当然，事实并非如此。认识到孩子的不同需求并且需要改变一些做法，并不表明你自相矛盾。爱丽丝对家里规定的变化感到非常生气，但她必须接受的是，无论她如何抗议，她的父母都有权改变他们的想法。

能不能打孩子

在引言中，我们探讨了打孩子肯定会让孩子明白界限何在，但对培养孩子和大人之间的相互尊重并没有什么好处。根据我的经验，打孩子只会让孩子愤怒，并且这种愤怒最终会以这种或那种方式发泄出来。

> 你是否打自己的孩子，在很大程度上取决于你对打孩子的看法。

当然，许多父母会因为感到生气和无助而打孩子。那些抱怨“其他办法都不管用”的父母，实际上是在说他们渴望孩子能有更积极的回应，但他们不知道如何得到孩子的积极回应。打孩子也许会令孩子震惊并制服孩子，但它不可能使父母和孩子感到彼此的亲密。5岁的泰瑞总是对妹妹又掐又咬。他的父母认定，对付他这种行为的最好办法是“让他尝尝这种滋味”，他们打了他、掐了他，甚至轻轻地咬他，作为惩罚。“现在他知道那是什么感觉了。”他们声称。泰瑞也许确实知道了那是什么感觉，但是，他还会感觉到没有人理解他对这个新宝宝的感受。相反，他学到的是打、咬和掐都是表达愤怒的适当方式，因为他的父母就是这样做的。

打，对孩子来说意味着什么

打孩子的问题在于你打完孩子之后怎么办。有时候，轻拍会很快地变成打一巴掌，打一巴掌会很快地变成使劲打一拳，而打一拳很快会变成狠揍一顿。危险不仅仅在于事情会变得这么快。挨打的孩子如何学会分辨自己是否在被虐待呢？小孩子分不清出于管教而被打和因为虐待而被打的区别。更令人担心的是，他们在心里很可能将暴力与爱联系起来。从短期来看，这可能会鼓励他们再做出父母禁止的那种行为，希望父母打自己，作为与父母保持身体亲近的一种方式。从长期来看，这会导致他们长大成人后更习惯于使自己受虐待的、毁灭性的情感关系。

打孩子会使孩子感到羞辱和内疚。如果你是个赞成打孩子的父母，你也许会觉得这是一件好事，能阻止孩子重复某种行为。但是，羞辱的另一面是无助，并且，你的孩子只会觉得自己是一个无助的受害者。

经常挨打，会让孩子觉得自己坏，而不是自己的行为不好。这样的孩子会发现自己陷入了进退两难的境地：在内心深处，他们知道父母不应该这样对待他们，但是他们能怎么办呢？他们怎样才能保护自己呢？他们很可能采取两种方式。一种是，通过将“坏”从父母身上转移到自己身上，以此来免于自己有个“坏”父母。通过认为自己“坏”，而不是父母“坏”，他们会感到自己在这个世界上更安全。第二种是，他们可能学会用暴力来对付暴力。

“父母打我，但从没对我造成任何伤害”

对于打孩子抱有“我觉得挺好”这种态度的问题是，那些有这种想法的父母都得了健忘症。在有压力时，或无意识中，我们往往都会求助于自己父母的做事方式。但是，那些说挨父母的打并没有给他们造成任何伤害的父母，也许是忘了或在否认自己小时候被父母打时的感受。我们可以认为，这种做法一方面是试图为自己父母的行为辩护；另一方面，是试图避免因为父母对待自己的方式而对父母愤怒。

关于父母保持一致

当然，我们都很清楚父母在设立规则和界限时保持一致的重要性。孩子们必须要能够依赖于一个事实：今天不被允许的事情，明天也不会被允许。同时，他们还必须要能够依赖于父母会倾听他们，并且在必要时会变通。这就是说，你很可能会发现自己对孩子前后不一致，因为孩子们一开始就会让父母不一致……而且当然，在下意识中，我们都是不一致的，所以，尽量不要设立太高的标准。

当父母相互破坏对方的权威时

作为父母，你们几乎注定会破坏对方的权威，即便你们有意识地努力互相支持。作为一种偶尔出现的情形，破坏对方的权威在家庭生活中是很正常的事情。在出现这种情况时，你们需要避开孩子详细讨论一下这个问题。可能是父母中的一方被孩子操纵了，或者仅仅是不同意另一方的观点，但又觉得无法明说。然而，如果你们发现自己总是破坏对方在孩子面前的权威，你们就需要想想两人之间的关系，以及你们通过这种行为在向对方传递什么信息。

总结

- 孩子是否听话，在很大程度上取决于大人理解孩子行为的方式。
- “顽皮”是一个描述性的词。为什么我们这么经常使用这个词，而不是使用诸如“恶毒”或“恶意”这样的词呢？
- 孩子们需要父母告诉他们怎么做。
- 我们总是会给孩子们传递两种信息：一个是想给出的信息，另一个是无意识的信息，后者可能涉及我们的真实感受，但这些感受并不是我们想要的！
- 有点叛逆并非坏事！孩子们需要探索自己的世界，才能形成自己的独立人格，但是，他们需要在确定的安全界限内这样做。
- 说“不”会使我们感到好像自己在冒犯孩子、败坏孩子的兴致、剥夺孩子的某样东西。我们还知道，说“不”会在人与人之间造成距离。
- 说“不”会帮助孩子了解我们可以对谁说“不”，什么时候可以说“不”，为什么说“不”，以及什么时候可以不说“不”。
- 当你要设立一个规则时，要问自己，你到底希望这条规则达到什么目的。
- 纪律有助于我们免受来自于其他人以及我们自己的危险。
- 界限能让我们知道如何尊重我们自己和他人，有助于我们养成一种负责任的独立意识。

- 重要的并不在于你选择管教孩子的哪种行为，而在于你选择如何管教。
- 如果你在管教孩子方面非常刻板，可能是因为你担心对局面失去控制，或担心孩子正在失去控制。
- 如果你对于管教孩子感觉无所谓，也许是因为你害怕过度惩罚孩子。
- 如果你担心对自己的孩子攻击性过强，你也许会成为殉道型的父母。
- 始终相信孩子会从自己的错误中学习，忽略了孩子仍在学习作出正确选择的事实。
- 如果你总是大喊大叫，可能是因为你感到沮丧，并且找不到管教孩子的适当方式。
- 认为婴儿会被宠坏，这种观念源于一个想法：如果婴儿一哭就得到关注，他们就会继续寻求关注。这种观念不仅是对婴儿的完全误解，而且是对照料孩子的一种离奇想象，似乎孩子们不应该想寻求父母的关注，而且父母们也不应该想关注自己的孩子。
- 可以说，如果我们不帮助婴儿发展其满足自身需要的技能，就有可能会宠坏他们。
- 婴儿和学步早期的孩子不理解你生气是怎么回事。
- 最重要的是，学步期的孩子要探索父母的爱。
- 学步期的孩子发脾气时，他们需要的是重新开始，而不是“暂停”。
- 对于童年中期的孩子来说，取悦你会退居到取悦他们自己及其同龄人的次席。
- 在童年中期，给孩子们一些选择，效果会很好。

- 惩罚孩子常常不会管用，因为这忽略了孩子的真正需要。
- 孩子太好的危险在于，他们可能永远学不会如何维护自己的利益或成为真实的自己。
- 平等地对待孩子，并不一定意味着同样地对待他们。
- 打孩子很可能会让孩子感到愤怒。
- 我们都知道父母在设立规则和界限时保持一致的重要性。同时，孩子们必须要依赖于一个事实：父母会倾听他们，并且在必要时会变通。
- 作为父母，你们几乎注定会破坏对方在孩子面前的权威，即便你们有意识地努力互相支持。但是，如果你们发现自己总是破坏对方的权威，你们就需要想想两人之间的关系了。

第5章

尿床、随地大便、恐惧和说脏话

令人担忧的行为

"冲你放个屁！冲你放个屁……（停顿了一下）……我说冲你放个屁，真是太粗鲁了！"

——一个4岁男孩咯咯地笑着对母亲说

如果不冒些风险、走一些极端，我们就不可能长大。同样，不冒些风险并在有时走一些极端，你就不可能成功地养育孩子。你的"极端"会对你的孩子产生影响，无论这种极端行为是过于大声或不适当地叫嚷、因反应过度而严厉惩罚孩子，或者因生气而突然打孩子一巴掌。这对孩子的影响能持续多长时间，在很大程度上取决于你走极端的频率有多高，以及你如何对待接下来的事情（见第4章）。

在养育中，事情往往都是双向的，而且，你的孩子的极端行为会让你担心并生气。正如我在上一章讨论过的那样，说孩子“不听话”，在很大程度上与如何理解他们的行为有关。在一些家庭中，家人之间彼此大声嚷嚷是每天生活的一部分；而在另一些家庭中，提高音量说话或“顶嘴”会被认为是粗鲁的、不可接受的。当然，在很大程度上，这取决于你的孩子的年龄。与在商店里偷东西的12岁孩子相比，从橱柜里偷糖果的5岁孩子也许不会让你那么担心。不过，没有什么事情能比孩子做出违法行为，让你觉得自己作为父母“做错了”。在这一章，我们将讨论童年时期的一些常见极端行为，以及何时应将这些行为看做开始变得“非同寻常”了，并且需要寻求帮助。

尿床

“我现在能在马桶上拉一大泡了。”一个3岁的女孩在奶奶打开门迎接她时说道。

> 孩子们对自己的身体非常关注，尤其关注进入他们身体的东西以及身体排出的东西！父母们也非常关注孩子的身体，主要是努力帮助孩子自己控制自己的身体。

当一个孩子会使用并且适时地使用厕所时，无论父母和孩子都会感到是一个巨大的成就。这很有趣，因为，除了个别孩子之外，能够控制大小便是所有的孩子都会在上学之前自然而然地达到的一个成长阶段。虽然许多孩子到3岁时就能不尿裤子、不尿床，但有很多孩子直到5岁之前还会偶尔尿床，而且，到7岁时还尿床的孩子也不少，尤其是男孩子。而尿床会成为父母们非常担心的一个问题，几乎到了惊慌的程度："我原以为我们已经过了这个阶段，"一位母亲说，"这是他倒退的一个症状。"这位母亲忘了，不存在没有任何症状的孩子，也不应该有；孩子们会有各种方式应对生活，而尿床就是其中之一。虽然我们需要认真对待那些已经不尿床但又开始经常尿床的孩子，但是，只有作为父母的你才能决定，这在多大程度上应该被视为"问题行为"。一旦你将孩子的某种行为看成是问题行为，你就是在增加自己的养育"压力"；而压力会使我们很难在把孩子的行为看做是一种沟通时发挥创造性。在某种意义上，将某种行为视为问题行为并没有什么错，但是，你要努力弄明白为什么它对你有这么大的影响。

想一想：

- 如果你的孩子尿床，说明了你的什么问题？
- 你的父母会对你的孩子尿床说什么？

父母担心孩子尿床的原因

我曾经看过一个 5 岁的男孩，他一直尿床。他的父母和家访护士已经用尽了各种办法，当他让我也一筹莫展时，有一天，我突然问他：

"杰米，你喜欢睡在尿湿的床上吗？"

"噢，是的。"他高兴地回答。

杰米的尿床，对他的父母来说从来都不是一件愉快的事。他的母亲对于因此而增加的清洗负担很有怨言，并难以掩饰自己的愤怒。"他会克服这个问题吗？"她问道。有趣的问题是，他怎么会"克服不了这个问题"？他不会一辈子都依赖她。但是，作为父母，孩子对自己身体任何一个部位的失控，都很容易令你惊慌，并害怕这意味着你作为父母是失败的，或者孩子出了问题，并且害怕孩子这种暂时的身体失控会变成长期的。当然，尿床是一个问题，因为除了其他一些问题外，还会造成夜里的麻烦以及额外的清洗负担。你对“尿床是个问题”的感觉有多么强烈，将取决于你的个人经历，以及你自己对小便失禁的担忧。由于某些原因，“遗尿”似乎是人类很担心的一件事情。当然，你的孩子尿床，会使你更担心孩子对你的依赖。当一个一直不尿床的孩子又开始尿床时，尤其会如此。有意无意中，父母也许会害怕孩子永远不能独立。

尿床作为一种沟通

温尼科特强调，婴儿会随时随地撒尿。一个持续尿床的孩子，是在退回到婴儿期。他们事实上是在说：“看，我可以随时随地想尿就尿!”因为如厕训练的成功在很大程度上依赖于学步期的孩子想取悦你，我们必须想一想这种表达独立和力量的需要有可能来自何处；孩子的生活中发生了让他们感到焦虑和无法控制的事情吗？比如，家里有了一个新宝宝、搬家或亲人去世？或者，他们可能对什么事情感到生气，几乎对自己无法控制自己生活中的事情愤怒得不行吗？孩子们知道父母在意他们的身体，所以，当他们有无法用言语表达的担忧时，他们也许会利用身体上的其他孔洞而不是嘴巴进行沟通。

5 岁以上的大孩子尿床，可能是因为他们在努力克制某种没说出口的担忧，并且这种担忧在夜里隐喻地“泄露”了出来。一个 12 岁的女孩，在转到了离家有一些距离的初中之后，就开始尿床。结果表明，她好几个月以来每天在去学校的公共汽车上都被欺负，但是，她不敢告诉任何人。她的自尊急剧下降，不仅是因为被欺负带来的羞辱感和痛苦，还因为自己在12岁还尿床而感到羞耻和厌恶。我们可以看到，她的父母不因为她尿床而生气，有多么重要啊。

如何对待尿床

- 最重要的是，要把握分寸。5岁以下的小孩子可能会时不时尿床，并且，有压力的大一点的孩子也可能会尿床。孩子们需要通过身体的各种症状来与大人沟通。对有些孩子来说，尿床可能会成为他们在焦虑时重新“喜欢做的事”。如果尿床频繁发生，那么，你的孩子就是在努力表明自己的焦虑或苦恼。
- 要尽量保持冷静，要记住这个阶段是暂时的，并要以就事论事的方式对待尿床。最好不要因为孩子哪天没有尿床而赞扬他们，因为这么做极易使孩子认为尿床是错的或坏的。这会使孩子们非常焦虑，因为尿床与否当然不是他们自己所能控制的。

随地大便

不管尿床多么令父母担忧，孩子随地大便都会被看做一个严重得多的问题；而且，这确实是个严重问题，因为随地大便是孩子的一种更强烈、更咄咄逼人的沟通，并且处理起来相当棘手。儿童心理分析师梅拉尼·克莱因曾将随地大便描述为孩子发出的一种侵入式的强有力信息。所以，如果你的孩子随地大便，你首先要考虑的事情是，你们家里对大便是什么态度？你们是从来不提“大便”，还是把它作为一种笑料，是一种可以用来开玩笑的素材？或者只是把它视为日常生活中理所当然的一部分，比如就像睡觉、吃饭一样？小孩子对从自己体内排出的大便既感到骄傲，又饶有兴趣。有时候，父母难以掩饰自己的厌恶，会匆忙地把孩子的大便冲走；而对孩子来说，他们也许会觉得自己的东西——即便确实不是身体的一部分——遭到了父母的嫌弃。在潜意识中，孩子也许会因此陷入与父母的权力之争，他们会拒绝使用便盆或马桶，而是悄悄地把大便拉在事先选好的地方，好像在试图藏起自己的大便，以防被偷走一样。

5 岁以下孩子的随地大便

4 岁的娜塔莉被幼儿园老师介绍到我这里，因为她在幼儿园随地大便。在第一个学期，她似乎很适应幼儿园，尽管她的老师注意到她寡言少语，并且很孤僻。幼儿园保育员埃拉的温柔鼓励对她特别有效，但不幸的是，在娜塔莉入园大约 6 周之后，埃拉因病请了长假。娜塔莉曾多次要求找埃拉，但她的行为在其他方面没有明显变化。然而，情况很快就变得很明显了，娜塔莉是“故意”在幼儿园随处大便，有时拉在马桶旁的地板上，但最近经常拉在教室的一个角落里。这激怒了接替埃拉的保育员，她觉得娜塔莉的行为简直就像“小动物”一样。在跟娜塔莉的母亲交谈之后，她发现娜塔莉几个星期以来也一直在家里随地大便，而且便后试图用手纸将其盖起来，有时甚至将其放到洗脸池里冲走。

在跟这家人见面时，我了解到一个复杂而有趣的故事！娜塔莉的父母在结婚 15 年之后收养了她，当时她只有 10 个月大。由于各种原因，娜塔莉当时已经在三个家庭寄养过。用她母亲的话来说，她一直是个“乖宝宝”，但在大约 20 个月大时，她变得“难以取悦并性情暴躁”。大约就是在这个时候，娜塔莉的父亲升了职，这使他频繁地出差，而且有时候一个星期有好几个晚上都不在家。娜塔莉的母亲主动告诉我，她发现养育压力比她原先想象的大很多。她怀念没有孩子时的自由，并且还觉得娜塔莉变得更难以对付了，而且丈夫也无法像以前那样和她一起照料孩子了，“我对她很严格……否则，我可以想象她会在家里称王称霸。”

随着新的生活秩序的确立，家里的生活似乎安定了下来，但是，在娜塔莉刚满 3 岁时，她的母亲因为阑尾炎而被紧急送往了医院。娜塔莉被送去跟奶奶住了一两周，她跟奶奶非常熟悉，从奶奶那里回来之后，她便开始随地大便了。

我们可以从几个方面考虑娜塔莉的行为。她在 1 岁以前就经历了几次变故。我们怀疑，她父亲的不在家不仅让她伤心和愤怒——因为她想念他，而且这唤起了她内心深处对自己前几年接二连三地“失去”亲人经历的记忆。当因为母亲生病而与母亲分开的时候，她不仅伤心、生气，而且还害怕自己可能会“失去”这个母亲。娜塔莉的母亲通过严格管教似乎控制了女儿的行为，但未必能控制她的感受；而当她失去最喜欢的幼儿园保育员时，她似乎被自己的愤怒搞得不知所措，并且无法表达出来，除非通过在不该大便的地方大便。

在亲子关系中，沟通极易演化为其他行为，所以，娜塔莉和母亲之间起初的权力之争，被她通过身体行为表达了出来。在思考娜塔莉的案例时，重要的是要考虑为什么她选择这种随地大便的特殊方式与母亲沟通。

5岁以上孩子的随地大便

5岁以上孩子的随地大便，极其严重地表明孩子正处于复杂的困惑和冲突中；这可能是他们处理与权力、控制以及愤怒有关的强烈感受的一种方式。这样的孩子很可能需要专业帮助，你应该在第一时间与医生取得联系。

如何对待随地大便

- 对一个随地大便的孩子发脾气是不公平的。也就是说，你需要记住，随地大便是孩子们在试图让你发脾气！要记住，无论显得多么故意，随地大便都不是一种故意的行为。孩子们无法有意识地控制这种沟通方式。对于孩子来说，随地大便与感觉自己对一些事情失去控制和做一些被禁止的事情有关。作为父母，最重要的是想一想孩子生活中有什么事情让他们感到失去了控制并感到绝望。
- 你也许会对孩子的行为感到非常生气和极其厌恶。其部分原因在于，这让你感觉自己不知怎么就成了一个失败的父母，但还可能是因为你也许由此而了解到了孩子对他们自己的感觉。帮助随地大便的孩子的最佳方式，是消除他们生活中各个方面的压力，并且抽出大量时间陪伴并安慰他们。

孩子们有许多种方式来表达他们对于权力和控制问题的感受。除了尿床和随地大便之外，他们还可能会经常利用看上去毫无意义或无端的恐惧。

恐惧和恐惧症

恐惧对于人类的发展是正常而必要的。恐惧能使我们保持安全，并且帮助我们不鲁莽地冒险——或者至少不太频繁地冒险！

当然，感到害怕并没有什么错，除非这种恐惧让我们难以做自己想做的事情，从而使我们不能充分地享受生活，或者除非一个孩子的恐惧与其年龄不相称。作为成年人，我们有时会忘记一个刚出生的孩子来到这个世界时会有多么害怕。一个害怕自己会掉进马桶并被冲走的2岁孩子，是在告诉我们，对于这个世界如何运转的不确定感以及由此而产生的无力感和失去控制的感觉，会让一个孩子有何种感受；但是，一个害怕掉进马桶的12岁孩子，则是在表达很不同的东西。他知道自己不可能被冲走，所以，我们必须想一想他这种恐惧的内在含义是什么。我这句话的意思是说，对于他来说，掉进马桶代表着什么？换句话说就是，为什么他觉得自己周围不安全呢？

孩子们正生活在想象力丰富的时期，因此，他们常常会想到生活中的“如果……怎么样”。而生活中的“如果……怎么样”总是因人而异的。如果两个12岁的孩子都害怕掉进马桶，那么，他们恐惧的根本原因可能并不一样。由于这个原因，孩子们的恐惧在成年人看来会很古怪；而且，虽然5岁以下小孩子的恐惧往往会引起我们的同情，但5岁以上大孩子无端的恐惧却会让成年人感到尴尬和恼怒。一位父亲在与自己9岁的儿子游泳归来后很生气。儿子坐在游泳池边上哭喊“跳下去太可怕了”。我们对这种恐惧感到恼怒，也许是因为大孩子的恐惧与我们自己的恐惧产生了共鸣。在内心深处，这让我们想起了生活的跌宕起伏，以及我们对生活中的许多事情其实多么无能为力。

我们需要恐惧

有趣的是，5 岁以上大孩子以及成年人的恐惧几乎总是被看成是负面的，至少是不成熟的。可以说，在七七爆炸案[①]之后，伦敦人感到害怕完全是一种正常反应，然而，他们却被以充分的理由——与维持日常生活无关——劝告不要害怕。

5 岁以下孩子的恐惧

即便是刚出生的婴儿，在感到恐惧或危险时，也会让他们的父母知道。当他们觉得你可能会放开他们、把他们掉到地上，或者你以意料不到的方式粗心地抱起他们时，他们的双臂会猛地伸向你的胳膊，双腿会本能地弯曲，就像一只在寻找什么东西或什么人把他们紧紧抱住的小猴子一样。这种所谓的“莫罗反射”[②]很可能会更强烈——如果你在把婴儿放入婴儿床，或者在给他们换垫子时，在他们感觉到安全之前就移开了起保护作用的手的话。在这种时候，宝宝甚至会惊恐地哭起来。

大一点的婴儿也许会被普通的日常物品，比如真空吸尘器、吹风机吓到，或者在给他们洗头时感到害怕。还有一些宝宝会开

---

① 伦敦七七爆炸案，指在 2005 年 7 月 7 日早上上班高峰期伦敦连环发生的至少 7 起恐怖袭击造成的爆炸案。爆炸造成 52 人死亡，数百人受伤。——译者注

② 又名惊跳反射，人类婴儿反射行为的一种，是婴儿遇到紧急情况的一种本能反应，此时婴儿双臂伸直，手指张开，背部伸展或弯曲，头朝后仰，双腿挺直，双臂互抱。——译者注

心地在浴缸里玩耍，但却会被洗澡水从浴缸排入下水口的情形吓坏。父母也许会对宝宝这种莫名的恐惧感到困惑，甚至恼火，但他们不大可能期望宝宝能独自处理这种恐惧，而是更可能认真对待这些恐惧并安慰宝宝，使宝宝放心。然而，有趣的是，随着孩子逐渐长大，成年人却真的会把孩子的恐惧视为“愚蠢”并置之不理。

恐惧是一种沟通

恐惧，是孩子向大人表示他们的生活中有一些事情让他们感到不知所措、无法解释或神秘的一种方式。有时候，孩子的恐惧似乎毫无道理，比如，害怕羽毛的2岁孩子；而且，很多小孩子害怕人的某些特征，比如胡须，甚至眼镜。这种恐惧常常是学步期的孩子开始了解他们的世界中奇怪和陌生事物的一种方式。这是一种自我保护，因此，如何你愿意的话，可以想象，学步期的孩子是在对羽毛说：“向我表明你不会伤害我，然后我就会接受你——但在此之前我害怕你。”

这些恐惧与孩子经历过的那些恐惧很不同：在那些经历中，孩子意识到生活中会有危险，会有不可预料的事情发生。当管道漏水导致水顺着教室墙壁往下流时，一个8岁的孩子开始恐惧地尖叫起来。他想起了自己学步期的一天，他母亲去接电话时没关浴缸的水龙头。水顺着楼梯往下流，使他非常害怕。

他的恐惧是有现实依据的，因为他知道有可能发生不仅可怕而且是他无法控制的事情。他没有考虑到的是，他现在比那时大了6岁，所以，在面对出乎预料的事情时，他不会那么无助。

对不太可能发生的事情感到恐惧

有些孩子对不太可能发生的事情会极其害怕，比如房子着火或父母去世。在第 3 章，我们讨论过 7 岁的大卫，以及他对某些不好的事情会发生在妹妹身上的恐惧。这种恐惧几乎总是某种潜藏恐惧的象征，孩子无法说出原因或觉得必须隐藏起来。在考虑孩子的恐惧时，父母们往往容易过于表面化，因为孩子的恐惧往往会转移，所以可能并不像孩子描述的那样。技巧似乎在于两者兼顾：我们既需要认真对待孩子所说的恐惧，也需要向他们保证他们的恐惧也许并不真实。

10 岁的瑟奇，因为过于害怕自家的房子会被烧毁而被介绍到我这里来。自从他大约 7 岁起，这种恐惧就越来越严重，他的父母现在发现已经很难处理了。当他的母亲在煤气炉上做饭时，他会站在她身边，以确保“没有什么东西着火”，并且会一次次地回到厨房以确保母亲关掉了煤气。即便是在天气极其寒冷的时候，他也拒绝待在有电热炉加热的屋子里。他发现自己很难睡着，除非到楼下查看过父母在上床睡觉之前已经“关掉了一切电器”。然后，他会在厨房里转一圈，拔掉所有的电器插头，以防发生电器爆炸。

在与这个家庭初次会面时，我问瑟奇除了电器之外房子里还有什么东西可能会爆炸。结果发现，瑟奇的父母婚姻不稳定，他们经常激烈地争吵。他最终主动承认，自己害怕房子会被烧毁，是因为他害怕父母在频繁的争吵中有一次会“炸掉它”。

恐惧还是焦虑

10 岁的梅拉歌喉极佳，经常在音乐会上独唱。当她的老师给她报名参加校际比赛，以赢得当地青少年音乐节的参赛资格时，她十分高兴；而当她不但赢得了参赛资格，而且还赢得了个人独唱机会后，她更加高兴了。

随着排练开始，她变得越来越焦虑，最终宣布说她完全不想参加这场音乐会了。她说她害怕："我会搞砸的，每个人都会取笑我。"她开始做噩梦，每次噩梦的开始都是她穿着一件"非常酷"的礼服自信地走上舞台，然后可怕的事情发生了，比如她张开口却发不出声音，或者完全忘了歌词。她开始对上床睡觉变得焦虑起来，因为她不想再做那种噩梦，而且，每次快到排练日期时，她都想哭。她的母亲尽量鼓励她，提醒她说她的朋友萨莉多么喜欢和她一起唱那段二重唱，如果她退出，萨莉会感到多么惋惜。"噢，那里有许多比我更优秀的歌手，"梅拉恶声恶气地说，"萨莉可以跟他们中的一个唱。"

梅拉陷入了胡思乱想中。在学校里，她一直都是明星歌手，对此她早已习惯了。当她去参加彩排时，她发现来自各个学校的人也有很多好歌手。她一直很喜欢自己是"最好的歌手"，她这时在内心里开始担忧，如果她不是唱得最好的，那么，就可能不会像以前那样在自己学校被同学们喜欢和崇拜了。

亚当·菲利普斯在其《恐惧与专家》一书中，谈到过我们担心的事情往往正是我们期待的事情。梅拉和我一起思考了她内心深处可能对其他优秀歌手感到很生气，似乎他们会让她相形见绌。当然，她对自己的演出很焦虑，但在潜意识中，她暗暗希望其他歌手"演砸"，这样她就能继续成为演出明星了。

梅拉让我们清楚地看到恐惧和焦虑的不同。恐惧集中在一个可以确认的客体上，并且是真实的。比如，一个孩子也许害怕一只狂吠的狗，因为这只狗有可能会咬他。焦虑与恐惧有相同之处，但是，当客体变得模糊不清，并且这种恐惧不真实时，就是焦虑型的恐惧。在梅拉的例子中，当她实际上害怕失去自己的明星地位时，她说她害怕自己可能唱不好。正如在孩子们的案例中常见的那样，梅拉的恐惧，实际上是在掩盖一种潜在的焦虑。再回到前面狂吠的狗的例子，如果一个大孩子在完全能够采取措施避开这条狗的情况下，仍然对狂吠的狗感到害怕，那么，我们就会认为一种真实的恐惧已经演变成了焦虑。对这样的孩子来说，狂吠的狗已经有了内在的含义。我这句话的意思是说，他们看到的狂吠的狗，也许使他们想起了自己内心的一条“狂吠的狗”咬人，即他们自己的攻击性。

有时候，我们必须和孩子一起做大量工作，才能揭开这种伪装。这需要时间和耐心。就恐惧的本质而言，孩子是很难说清楚的。在梅拉的例子中，需要允许她慢慢地跟我以及她的父母围绕她的恐惧作一些“如果……会怎样”的交谈。

恐惧症

孩子们（以及成年人!）会体验到我们称之为恐惧的一大类感受。许多孩子的恐惧都是真实的焦虑，害怕狂吠的狗就是很真实的。我们都知道，狗的行为有时是无法预测的，并且它们还会咬人。考虑到孩子们尤其是学步期孩子恐惧的强烈程度，他们的恐惧竟然常常很容易消失，就显得很有趣了。一个小孩子也许会一连几个星期害怕蜘蛛，然后，又好像忘了自己害怕蜘蛛，并继续照常生活。然而，有时候，恐惧并不会消失，而是变得更加强烈。一旦一种恐惧开始主宰一个孩子的生活，我们就会把它看做更严重的情况——恐惧症。从 3 岁起，米莉一看到故事书中的蜘蛛图片就会尖叫，并且在每次远足之前，她都会焦急地问母亲："那里会有蜘蛛吗？"这与只有在真正看到蜘蛛时才会害怕的 3 岁孩子有很大的不同。恐惧症是一种想象出来的恐惧。每个人都能看到令一个孩子害怕的那条狗，但是，患恐惧症的孩子所恐惧的东西，只有对他们来说才是真实的。正如米莉的母亲说的那样："我看不出蜘蛛为什么那么可怕。"我们都承认狗可能会咬人，但是蜘蛛从来不会伤害任何人。对于像米莉这样的孩子来说，关键问题是，蜘蛛对她意味着什么？我们需要探究的是，在米莉的意识中，蜘蛛代表着什么。

我见到米莉时，她已经 8 岁了。她的母亲因为她怕黑而带她来见我。大约一年前，她看了电影《白雪公主》。虽然她非常熟悉这个故事，但在那位"拿着苹果的善良老奶奶"突然变成了一个老巫婆并毒死了白雪公主之后，她就变得心神不宁了。一连几个星期，米莉都受着可怕的噩梦的折磨，并且最后她开始拒绝在晚上上床睡觉。这种对上床睡觉的恐惧，逐渐演变成了对黑暗的恐惧症。她不仅害怕黑暗，而且，在白天也会经常查看天色是否"变暗"了。无论什么时候出门，她总会因为担心"在我还没回家的时候"天黑下来，而变得歇斯底里。

当然，米莉无法解释自己为什么怕黑，但是，当我问她"黑暗意味着什么"时，她能给出解释。她解释说，"黑暗意味着漆黑一片……我看不清人和东西……黑暗来得非常突然……它匆匆而来"。一个 8 岁的孩子竟然用了"匆匆"一词，这让我很震惊。而且，这让我想起了她以前害怕蜘蛛，当然，蜘蛛也是"黑色的”、“匆匆”的。

患恐惧症的孩子，是在把他们对自己的不喜欢之处，或者害怕别人对他们的不喜欢之处，投射在其他事物上，在米莉的例子中就是“黑暗”。米莉的老师和父母都说她是个“漂亮、文雅的孩子”。事实的确如此，但是，后来我们发现，米莉还是个愤怒而焦虑的孩子。在她2岁半的时候，她的弟弟出生了。米莉的母亲描述了她对弟弟的到来显得多么高兴，但也说到了她对弟弟的喜爱中带有攻击性。她有时候会把弟弟抱得过紧，并且在亲弟弟时很快会演变为轻咬。她的母亲很快补充说，总的来说，米莉“很好”，而且，两个孩子总是在一起玩得很好。我们开始怀疑，对于3岁的米莉来说，“黑色”的“匆匆而来”的蜘蛛是否代表着她对弟弟的攻击，她害怕这种攻击可能会带着致命的后果匆匆而来。原来的这种恐惧症在家访护士的帮助下减轻了，但是，就在去看《白雪公主》之前的几个月，米莉的父亲离开了家，以便她母亲的新男朋友搬进来。

尽管对自己生活中的这个巨大变故明显感到痛苦和愤怒，但米莉并没有太焦躁。表面上，她似乎很喜欢自己的继父，并且既寻求他的关注又很关注他。她的母亲有一次还将她的行为描述为“讨好”她的继父。我们逐渐理解了，米莉是一个害怕自己强烈的攻击情绪破坏性太强，而不敢让别人看到的孩子。她非常努力地保持着自己“漂亮、文雅”的形象。或许，她之所以对那个最终是个老巫婆的善良老奶奶感到惊慌失措，是因为这让她想起了她自己。在内心深处，她害怕自己心中的老巫婆会突然跳出来并被人认出来。她通过把自己的攻击性投射到黑暗上，使自己感到安全并使别人也免受她的伤害，就是说，具有攻击性并令人害怕的是黑暗，而不是她。

如何对待恐惧和恐惧症

- 恐惧和恐惧症很难处理，因为它们对孩子来说是那么真实。你无法通过安慰孩子来驱散他们的恐惧，但是，你肯定也不想因为顺着孩子而使他们的恐惧更有生命力。技巧似乎在于要尽量就事论事，并且不要急着给孩子的行为贴标签。9 个月大或 9 个月左右的宝宝，也许会在别人和他们的母亲一起接近他们时变得很苦恼。有时候，这被称为“陌生人焦虑”。这是在假设宝宝害怕陌生人，但是，这也许与他们害怕陌生人没有太大关系，而是更喜欢和自己的母亲待在一起。这对一个 9 个月大的宝宝来说似乎是一个完全正常而自然的愿望！
- 学步期孩子的恐惧往往也是同样正常而自然的。他们的恐惧往往是基于自我保护以及对陌生环境或陌生人的焦虑。与其说学步期孩子害怕新的体验或陌生人，不如说他们是在表现出适当的谨慎，他们是在问自己：这个地方安全吗？这是个好人吗？有时候，他们也许会对自己的独立性大吃一惊。一个 3 岁的小女孩和母亲一起坐火车，她兴奋地拿着车票，等着检票员过来检票。当检票员出现时，她兴奋地沿着车厢里的过道跑了过去，但在半道上突然停了下来，回头看着母亲。我们几乎可以看出来她在想：“我是不是太大胆了？”许多学步期孩子的恐惧，只是他们保持自身安全的方式。她的母亲温柔地鼓励她呆在原地，等着检票员走到她身边来。
- 如何处理童年早期的孩子的恐惧，确实是一门艺术。如果了解到一个 5 岁的孩子害怕床底下有怪物，父母应该怎样办呢？你可以和孩子一起看看床底下，并且让他们放心那里没有怪物。但是，不要在房间里四处搜寻！有时候，孩子会努力让父母在房间里仔细搜查，这只会加剧他们的恐惧，因为这等于说房间里有怪物，只不过是在还没有查看过的地方。一个好得多的方法是，和善而坚定地说：“不，没有怪物。”然后，你可以承认，你明白他们是在害怕和担心什么事情。

- 5 岁以上大孩子的恐惧和焦虑，常常与他们对成长的焦虑联系在一起，并且，过度保护的父母会培养出胆小的孩子。一个 10 岁男孩因为“害怕”而拒绝参加过夜派对。他的母亲宽容地理解了他，并且没有尝试鼓励他去，而是说：“好吧，等你再长大一些，也许你就能参加过夜派对了。”随着时光流逝，越来越清楚地表明，其实是这位母亲不想对儿子放手，而且，孩子也很快有了他必须照顾她的想法。大孩子需要知道你理解他们的恐惧，但是，他们也需要坚定而温和的鼓励，以迈入更广阔的世界并战胜自己的恐惧。如果我们继续拿这个过夜派对为例，你跟孩子探讨一下他们需要什么来减轻自己的恐惧和担忧，是有帮助的，比如，要不要你给他们发短信，或者他们想从家里带上某个特殊物品吗？

露骨地谈性话题

本书一直在提到的一个主题是，你在养育中不可能不在一定程度上再次体验自己的童年。在前一章，我们讨论了你小时候被管教时的感受，怎样会不可避免地影响到你如何对自己的孩子实施规则和界限。在对待与孩子的身体以及他们以后会逐渐出现的性兴趣有关的问题时，这一点更为正确！你会不断记起你的父母让你对自己的身体有什么样的感受。而且，这在各个家庭会有很大的不同。有些父母很放松，一点也不尴尬，并且会经常在孩子面前赤裸着走来走去，就像穿着衣服时一样。其他父母也许会难为情，甚至对自己的身体感到羞耻，觉得“私密部位”必须保持高度私密。

孩子们会没完没了地对自己的身体着迷，并且，随着他们逐渐长大，大多数孩子都会经历一个露骨地谈性的阶段。他们为何这样做，以及你是否应该为此担忧，在极大程度上取决于孩子的年龄。

5 岁以下的孩子——“拉屎、尿尿和屁股”

在 2~5 岁期间的某个时候，大多数孩子都会经历一个“说脏话”的阶段。在这个年龄，他们对两件事情很着迷：其一是他们自己的身体以及身体的运作；其二是对大人产生影响。我们都很熟悉，他们会抓住任何机会大声说出“臭巴巴”之类的词，而且常常会一遍又一遍地重复，直到咯咯地笑到乐不可支为止。有时候，你实际上可以看出他们是在试探大人的反应，所以，显示出勃然大怒或由衷地大笑，都会刺激他们说出更过分的话来。

这种行为发生在小孩子身上，是完全正常的，但是，你的处理方式会成为你在未来几年如何处理有关身体的问题的基础，并会影响到你在这个问题上与孩子之间的关系。莎士比亚说：“世上的事物本无善恶之分，思想使然……。”同样，词汇本身不会“粗俗”。在这个问题上，养育的任务在于帮助你的孩子理解，语言的运用在私下和公开场合是有区别的。在孩子看来，如果在公共场合说“屁股”是“粗俗”的，那么，在私下说这个词也一定是粗俗的。

如何对待说脏话

- 尽量不要暗示这种话粗俗或下流。同时，你可以记住，如果没有任何粗俗或下流的事情，我们如何保持兴奋呢？
- 要尽量像对待任何其他话一样，作出自然而慎重的反应。在一个挑剔的婆婆面前，这可能不容易做到，但你要记住，你的任何极端反应都会使孩子说出更极端的话来！可以像这样说："是的，不过你这么说真傻。"这也许会让孩子们知道，你明白他们是在说着玩儿。如果他们继续说，你可以和善而坚定地指出："屁股这个词说得太多了，让我们说点别的吧。"
- 当孩子们被阻止继续说脏话时，他们会感到莫大的安慰。在他们的潜意识中，你是在阻止他们进入大人的世界，这对他们来说是一种解脱。你还必须承认，你并不总能作出自然而慎重的回应，有时候你会不假思索地反应。这是不可避免的，因为孩子们说脏话就是在试图弄明白大人会如何反应。
- 大多数孩子在上学后的一年级就会不再说脏话。所以，如果一个孩子在此后还说这种脏话，我们就有理由感到担心了。

童年初期的孩子："我想看看老师的公母"

阿尔菲，6岁，他的老师为他露骨地谈性感到担忧。圣诞节假期过后，他几乎不放过任何一个机会，将几乎任何事情都跟"性"联系起来。他不分场合地评价别人的特征，比如"大奶"，并且跑到其他孩子面前，咯咯地笑着问他们的"小鸡鸡"。当老师在无意中听到他跟另一个孩子说"我想看看老师是公的还是母的"之后，老师决定寻求帮助。

想一想：

- 你如何理解阿尔菲的行为？
- 你应该如何对待阿尔菲的行为？

当然，我们之所以担心这种孩子，直接原因是他们是否有性虐待的风险或他们是否正遭受性虐待。尽管我们应始终记住这一点，但是，对这个年龄的孩子露骨地谈性，我们不应该只这样理解。今天的孩子们从媒体接触到了过多与性相关的信息，电视上也有过多露骨的性画面。我们可以认为，阿尔菲是在谈论他从其他孩子或成年人那里看到、听到或经历过的事情。

谈论性话题，也许是他在尝试理解它。所以，如果我们将这个年龄的孩子露骨地谈性看做是一种探求，那么，我们就更有可能找到建设性的处理方式。阿尔菲的老师跟他的母亲见了面，母亲说了她对阿尔菲的同样的担忧，但她由于太担心、太羞于启齿，一直没有跟老师提起过。

> 不过，我们不能对这个年龄的孩子谈论性作太表面化的理解；孩子们还会用它们来表达他们说不出来或理解不了的其他需求。

结果表明，阿尔菲的父亲最近有很长一段时间都失业在家，并且最后不得不接受了一份离家相当远的工作，这意味着他每隔两周才能回一次家。阿尔菲的母亲坦率地说了她和丈夫彼此多么思念，父亲不在家的那些周末阿尔菲有多难，因为他成了母亲关注的唯一焦点，但是当然，父亲在家的那些周末里，他的父母都情不自禁地觉得阿尔菲有时候很碍事！

阿尔菲似乎在用“谈性”来让大人知道，他感到自己受到了冷落并缺乏关爱。他这个年龄的孩子对性和身体的正常的好奇心，在总体上被他在下意识中对妈妈和爸爸身体亲密方式的理解增强了。

我们还要记住，到三四岁的时候，有些孩子就开始发现做小孩子实在令人沮丧；他们也许会说生活“真无聊”。对这样的孩子来说，“长大一些”似乎很有吸引力，这会使他们努力让自己听起来像个大人；这很容易做到，因为所有媒体都给他们提供了“榜样”。正如我在前面说过的那样，对于父母们来说，养育的任务之一是鼓励孩子们在等待长大的过程中，享受自己这个年龄所能做的一切令人兴奋的事情。

如何对待 5~8 岁的孩子露骨地谈性

你要确保对孩子在电视、DVD、甚至每天的报纸上看到的内容进行监控。

- 要记住，孩子想让你为他们所说的话感到震惊，所以，要尽量幽默地作出回应。想想你的孩子是否在寻找与身体运转有关的信息。要找时间倾听，并且要用适合孩子年龄的词汇与他们简单地交谈。
- 有没有什么原因让孩子觉得你跟他们不像往常那样亲密了？试一试给他们一些特别时光和关注。
- 要记住性虐待的可能性，并且，如果孩子一直露骨地谈性，或这种行为变得越来越过分，就要寻求专业帮助。在这种交谈中，你需要按照孩子的思路，说些这样的话：“你似乎对人体有点困惑。”

5 岁以上大孩子露骨地谈论性……讲黄色笑话的年龄

一个 5 岁的男孩喜形于色地说他要给我讲个笑话。他一边蹦蹦跳跳，一边磕磕巴巴地讲着：

"咚咚！咚咚！

"谁呀？"我亲切地问。

"尼古拉斯。"

"哪个尼古拉斯？"

"没穿内裤的女孩不应该爬树。"他说道，咯咯地笑成了一团。

小孩子的"粗俗笑话"很少能让其他人感到好笑，除了讲笑话的孩子自己之外。这些笑话有时会让人觉得有些尴尬，而且常常显得毫无意义，但它们确实是有意义的。我们可以认为，这个男孩意识到了男孩和女孩之间令他难以理解的差异，以及为什么会有这种差异。他既好奇又不好意思问。告诉我这个笑话，可能是他问我有关"没穿内裤女孩"的信息的一种方式，并告诉我这是引起他的关切的一个原因。

在童年后期，随着青春期临近，孩子们可能会再次将笑话，特别是"黄色笑话"，作为与成年人沟通的一种方式。弗洛伊德说过："只有当一个笑话能帮助我们时，我们才会笑。"

幽默是大孩子生活中重要的一部分，对于那些能适应相互之间善意的取笑和嘲弄的男孩子来说，更是如此。随着他们越来越了解自己的性别，他们会相互或对你讲一些粗俗的笑话。有时候，他们只是在复述自己听到的笑话。一个 9 岁的女孩，走到父亲身边说：

"你听过这个笑话吗？到树林里去，到树林里去……"

“不要，不要，我要告诉牧师。”

“我就是牧师。”

她的父亲有些吃惊，应道：“哦，这个笑话是什么意思？”他的女儿诚实地答道：“我不知道，但是很好笑。”

这个故事说明了大孩子讲的笑话的震惊效果比其内容更重要。这位父亲突然因此而开始注意自己的女儿。他为她的笑话感到震惊，这在很大程度上与其相对无害的内容无关，而是因为跟他讲这个笑话的是他的女儿。

5 岁以上大孩子可能会将“黄色笑话”作为缩小家里和外部世界之间距离的一种方式。我们可以认为，这个女孩子是在用这个笑话对父亲说：“我在外面听到了这个笑话，我不明白它的意思，但我很好奇。”

如何对待孩子露骨地谈性

- 要承认 5 岁以上大孩子的粗俗笑话也许会令你震惊，并且要记住，让你感到震惊可能是孩子试图引起你的关注并让你跟他们解释一些事情的一种方式。
- 要尽量对这种沟通作出回应，而不是对笑话作出回应。你可以想一想孩子是不是感到你最近不像往常那样关注他们了。如果是这样，你可以通过说你意识到最近没有很关注他们，而漫不经心地回应他们的笑话。
- 要想一想笑话的内容。他们是不是在就性或人体方面的事情向你寻求更多的信息？

总结

- 从某种意义上说，将孩子的某种行为视为问题行为并没有什么错，但是，你要努力弄明白为什么它对你有这么大的影响。
- 孩子们知道父母在意他们的身体，所以，当他们有无法用言语表达的担忧时，他们也许会利用身体上的其他孔洞而不是嘴巴进行沟通。
- 对于5岁以下的小孩子来说，尿床是他们重新退回到婴儿期的一种尝试，是他们对付焦虑的一种方式。
- 对于5岁以上的大孩子来说，尿床也许是他们表达自己某种说不出来的焦虑的一种方式。
- 5岁以下小孩子的随地大便，可能是他们努力应对让他们不知所措的愤怒的一种方式。
- 5岁以上大孩子的随地大便，极其严重地表明孩子正处于复杂的困惑和冲突中；这可能是他们处理与权力、控制以及愤怒有关的强烈感受的一种方式。这样的孩子很可能需要专业帮助。
- 恐惧是孩子向大人表示他们的生活中有一些事情让他们感到不知所措、无法解释或神秘的一种方式。
- 精神分析师亚当·菲利普斯谈到过我们担心的事情往往正是我们期待的事情！
- 恐惧集中在一个可以确认的客体上，并且是真实的。焦虑与恐惧有相同之处，但是，当客体变得模糊不清，并且这种恐惧不真实时，就是焦虑型的恐惧。

- 一旦一种恐惧开始主宰一个孩子的生活，我们就会把它看做更严重的情况——恐惧症。
- 患恐惧症的孩子，是在把他们对自己的不喜欢之处，或者害怕别人对他们的不喜欢之处，投射在其他事物上。
- 2~5 岁的孩子对两件事情很着迷：其一是，他们自己的身体以及身体的运作；其二是对大人产生影响。说脏话，就表明了他们对这两方面问题的关注。
- 我们不必对 5 岁以上大孩子露骨地谈论性作太表面化的理解；孩子们还会用它们来表达他们说不出来或理解不了的其他需求。
- 讲粗俗笑话或性笑话，也许是孩子努力让你倾听他们的一种方式。

第 6 章

当孩子似乎在变坏时

撒谎、偷东西、欺负人和交坏朋友

"很多过失行为都可以被理解为人们在努力彼此亲近。"

——约翰·鲍尔比①

撒谎

撒谎是父母们最难将其理解为一种沟通的行为之一。当发现孩子在对你撒谎时，你不仅会感到震惊，还可能会生气、伤心、不解和失望。

9 岁的谢莉和她的母亲第二次来见我。她母亲愤怒地说，自

① John Bowlby，1907~1990，英国精神病学家、心理学家、母爱剥夺实验和依恋理论的创始人。——译者注

从上次和我见面之后，谢莉又对她撒过两次谎。在第一次撒谎后，母亲搬走了女儿卧室里的电视一周作为一种惩罚。但是，两天之后，谢莉对放学后为什么回家晚了再一次撒了谎。

谢莉一直羞愧地蜷缩在椅子里，但她突然笔直地坐起来大声说："不过，我认为，因为我吃蛋糕而搬走我的电视，太不公平了。"

她的母亲以同样大的嗓门反驳说："我并没有因为你吃蛋糕而搬走你的电视。我惩罚你，是因为你在吃蛋糕这件事上对我撒谎；我无法忍受的是你撒谎。"

谢莉刚才毫无悔意，而这时开始号啕大哭起来。

"那，你也撒谎，"她抗议道，"我知道你撒谎，大人确实也撒谎。"

当然，谢莉说的没错。不光政客们会欺骗大众。在某种程度上，我们都会在生活中的一些事情上说谎，无论是为不去做自己不想做的事找借口，还是为了让他人对我们刮目相看而入不敷出。D·H·劳伦斯说，我们需要撒谎，就像我们需要穿裤子一样。大人们之所以发现自己很难接受孩子撒谎，原因之一或许就是，孩子们的谎言正如一面镜子，反映出了我们需要欺骗。

孩子为什么撒谎

- 你小时候在什么情况下会撒谎？
- 你还记得自己当时为什么撒谎以及撒谎时的感受吗？
- 当时你是怎样撒谎的？

正如大人会以不同的方式骗人一样，孩子们也如此；而且，不同年龄的孩子说的不同谎言，会传递出截然不同的信息。然而，所有孩子的谎言都有一个共同点，即孩子通过说谎来检验自己的环境，也就是说，孩子是在问："大人们真的在听我说话吗?"

孩子说谎的几种常见类型

- 就微不足道的小事说谎。
- 吹嘘式谎言——对自己的经历或成就撒谎。
- 解释自己感受的谎言。
- 分离式谎言。

就微不足道的小事说谎

7 岁前

"你刷牙了吗?"

"刷了"……但牙刷是干的，而且牙膏盖也不像往常那样被扔到洗手池里!

当你的孩子就一些微不足道的小事撒谎时，你更可能会生气而不是担心。你也许会被这种毫无意义的谎言激怒："她知道自己会被发现的，太明显了，这么容易被查出来，但她还要这么干。"一位母亲气急败坏地大声说。4~7 岁这个年龄段，通常是孩子就微不足道的小事撒谎的高发时期。在这个年龄，这种谎言可以被理解为孩子的一个发展阶段。在这个年龄段之前，你的孩子认为你知道他们和他们的世界的一切，在他们告诉你之前，你几乎能魔法般地感知并满足他们的需要。这给了他们极大的安全感。然而，孩子们对独立的追求，使得他们开始渴望拥有你不知道的秘密生活。弗洛伊德说过，孩子们第一次成功地对父母撒谎时，就是他们首次独立的时刻。正如我在前面说过的那样，这向孩子证明，他们的父母并不会读心术。

如果你的孩子在 7 岁之后仍然经常就小事对你撒谎，那就不大可能是一个发展阶段了，而更可能是他们在向你表达他们的感受。在孩子们感觉到自己已经完成了一个发展阶段之前，他们无法进入下一阶段；你的孩子是在告诉你他们觉得自己还没有彻底完成目前的这个成长阶段吗？另一方面，他们也许是在告诉你，他们觉得你对他们造成了干涉。这或许是他们在告诉你，他们觉得你对他们的事情知道得太多的一种方式；如果是这样，你就要问自己：你的孩子需要多少与其年龄相符的自由？由于你的孩子现在已经 7 岁了，你是不是应该在一些方面“放手”？

童年中期的谎言

让我们回到 9 岁的谢莉的例子。最令她母亲担心的是，谢莉的撒谎与她行为上的一个变化有关。她向来意志坚定，喜欢与人争论，但她妈妈说：“我对她管得很严，她知道我说到做到。”现在，她感觉谢莉正变得“鬼鬼祟祟”，因为她会在自己要去哪里以及要去见哪个朋友的事情上撒谎。最近一次让人无法忍受的是，谢莉说要去体操俱乐部却没去，而是被发现与朋友一起在当地的公园里和几个六年级男孩子聊天。

> 大孩子也许会用撒谎作为建立自己的独立的一种重要方式。他们需要有一些不为你所知的秘密。

孩子撒谎带来的一个问题是，父母们常常会把撒谎看做是孩子迈向不法行为的头几步之一。当然，谢莉有作出不法行为的危险。然而，我们需要记住大孩子的发展任务。他们正处于和父母分离的过程中，正努力形成一种独立的、个人的生活，而拥有个人的生活就意味着有秘密。

想一想：

- 孩子撒谎时，你有什么感受？
- 孩子撒谎，会让你对孩子有怎样的担忧？对你自己作为父母有怎样的担忧？

如何对待就小事撒谎、大孩子的撒谎

你对孩子的撒谎和有秘密如何回应，将在很大程度上受到你的父母对你的此类行为如何反应的影响。你需要好好想想你的父母对你撒谎是如何反应的，以及你对他们的处理方式有什么感受。

- 你确实需要接受，你的孩子会不时地对你撒谎。还要尽量记住，认真地对待撒谎和将撒谎看做是孩子的人品问题是不同的。有些谎言你需睁一只眼闭一只眼，而有的谎言则需要你与孩子当面对证。每个家庭都不得不自己决定哪些谎言需要认真对待。
- 要尽量记住，孩子们撒谎的关键问题在于会让大人措手不及。撒谎往往出乎意料，并会让父母大吃一惊。尽管重要的是要尽量有一个如何对待孩子撒谎的基本原则；但记住你在愤怒中也许会作出让自己事后后悔的事，也是很重要的。总的原则是，鼓励和激励比惩罚会更有用（见第 4 章）。

- 即便你决定不当面拆穿一个谎言，你也可以通过一些方法让孩子明白你知道他们撒谎了。比如："我很肯定你没有刷牙，我希望以后不要再发生这种事了。"

- 你可以理解大孩子可能需要时不时地对你撒谎，但这并不意味着你就该对此采取放任态度。这是你需要认真考虑哪些谎言应该认真对待的时刻。

吹嘘式谎言

对经历或成就撒谎

9 岁的简在学校里引起了轰动，她邀请几个孩子参加她的生日派对，并跟孩子们描述了派对上的魔术表演以及谁将参加，让孩子们非常兴奋。由于没有及时接到请柬，好几个父母都给简的母亲打电话核实这件事。不过，还是有两个女孩来了，当然并没有组织什么派对。简的父母很震惊。为什么简要撒这样的谎呢？他们甚至都不曾讨论过要为她举办生日派对。

在其他孩子的眼里，简有点"古怪"，是个局外人，很少有同学邀请她参加派对。简很伤心，她不知道自己为什么不受欢迎，便试图通过为同学们做一些好事"买来"友谊，比如组织一场生日派对。在几天之内，这种做法似乎很管用；对即将到来的派对的描述，让简成了大家关注的焦点，有那么一会儿她感觉

“好极了”，因为得到了同龄人的喜欢和重视。

科林，8 岁，经常吹嘘他那些昂贵的圣诞节礼物和生日礼物。当他说起自己最近一次激动人心的假期经历时，其他孩子都羡慕得喘不过气来。“当其他孩子说他们圣诞节得到了什么礼物时，我感觉自己像个笨蛋……所以，我说我们要去迪斯尼。我知道这是在撒谎，不过，当时每个人都在认真听。”实际上，他说的礼物根本就不存在，而假期即便有，也比科林说的普通得多。然而，科林觉得通过让同学们羡慕，可以让自己受欢迎。他内心里觉得是自己“不够好”，才让同学们不喜欢、不赞赏自己。他不得不给自己“镀一层金”。

在学校的最近一次家长会上，黛西的父母极为震惊。11 岁的黛西一直跟父母说她的考试成绩很优秀，说她最后名列班级第二名。实际上，黛西的学习成绩差不多是中等水平。她试图用引人注目的成绩让父母对她刮目相看，以赢得他们的爱、赞扬和认可。她觉得，父母对自己的爱、赞扬和认可是以优异的成绩为前提的，而不是因为她是他们的女儿就可以无条件得到的！

从出生那一刻起，孩子们最常因为两件事情而得到赞扬，其一是孩子的长相——“多漂亮的宝宝啊”；其二是取得的成就——“她 11 个月就会走了……18 个月就会说话了……上学之前就能认字了”。有时候，孩子们会陷入迷茫。他们会慢慢相信，只有取得了这样的进步，自己才会被赞扬和喜爱。这种孩子生活在一个没有安全感的世界里，由于害怕失去父母的爱和赞同，他们为成功而给自己施加了巨大的压力。

当成功是一种负担时

在学校的一次颁奖典礼结束后，一个非常聪明的10岁男孩被父母带来找我，他既苦恼又不安。在这次颁奖中，他得了班里的大部分奖项。"现在，我得永远这样了，"他抽泣着说，"我得永远在任何一件事情上都得A。"他的成功已经开始成了他的一种负担，而不是动力。在他的成功和父母是否爱他之间，他看到的是直接对等的关系。当然，他的父母从来没有想要向他传递学业上的失败意味着父母不再爱他的信息，但这个男孩感受到了一旦得一个A就要永远得A的巨大压力。这并不是因为只有他取得好的学习成绩才能得到赞扬，但是，我们需要记住，父母们总是会传递不止一种信息。这些父母很看重学习成绩，于是，他们的孩子就会误以为，对于父母来说，学习成绩就是一切，或者至少是最重要的。总的来说，孩子们希望取悦自己的父母；而当他们觉得只能按照一个设定的脚本以某种方式才能让父母高兴时，就会出现问题。

想一想：

- 你认为自己在多大程度上只有在孩子们按照你设定的脚本去做时才赞扬他们？
- 你有多么经常因为给孩子没有明显原因的、意外的情感或物质奖励，而使他们惊喜？
- 你因为孩子是他们自己，而不是因为他们可能取得或没能取得的成绩，是怎样赞扬他们的？

容忍我们自己“能力有限”

接受自己不可能样样精通，是我们成长的一部分。探究一下为什么孩子们觉得自己应该样样擅长，是很有趣的。对一个孩子来说，或许样样擅长就能使自己完全成为父母所期望的那种人。每个孩子在成长过程中在某种程度上都不得不接受自己——无论在多么轻微的程度上——是一个让父母失望的人。孩子们也许会发现很难忍受自己“能力有限”，这并不奇怪，因为他们周围的大多数人，无论是哥哥姐姐还是成年人，在各个方面都会比他们更有能力。孩子们（以及大人）有时会撒谎来掩饰自己“能力有限”。在 2 岁左右的孩子身上，或当一个孩子弄掉了什么东西或摔倒在地并说“我是故意的，我就想……”，甚至有时会再做一遍来证明时，可以清楚地看到这一点。一个经典的例子是，一个 3 岁的孩子哭着跑到妈妈身边说：“妈妈，有个小女孩把我的短裤尿湿了！”你的孩子很可能会羡慕比他们大的人具有的技巧和能力，而且，这种羡慕会导致他们对于长大变得不耐心。孩子的这种羡慕和对长大的渴望，给你提出了一项重要任务。你必须让孩子容忍自己目前的年龄，并且帮助他们期待着长大。你必须帮助孩子不要失去自己年龄应有的乐趣和兴奋——而且，不要把“现在”仅仅看做是等待自己有能力的一段时间。

吹嘘式谎言可能是孩子在告诉我们，他们害怕如果自己不那么完美就会遭到排斥。而且，还在告诉我们，他们如何看待周围那些认为他们“能力有限”的大人。想一想你们在家里对“能力有限”的态度。是不是容许一种性别的人可以能力有限，而另一性别的人则不行，比如，是不是妈妈不会倒车没关系，而如果爸爸把车牌撞瘪则令人震惊？你对自己的错误会作出这样的反

> 孩子们需要的一个理念是，尽管一个人要尽自己的最大努力，但无能为力是任何人都不能避免的。

应吗？例如：“我真蠢……我太笨了……我觉得自己是个傻瓜……我不想让自己看起来像个傻瓜……我不喜欢说我不知道……”或者你会生气地反问，“我怎么能知道……应该有人跟我说的？”这样的反应也许是在告诉你的孩子，犯错误是不应该的。

如何对待吹嘘式谎言

- 要向你的孩子保证，不知道没关系；即使父母和老师也曾年幼过，也曾不知道过，并且也曾不得不努力学习和掌握技能。
- 要给你的孩子讲一些能说明你小时候努力接受自己能力有限的故事。
- 要跟你的孩子讲一讲你作为一个成年人的无能为力的故事。要解释一下你对自己的能力有限有什么感受。

解释自己感受的谎言

当我见到艾丽时，她 7 岁了。她的老师为她担心已经有一段时间了，但是，她被介绍到我这里来，是因为发生在教室里的一次相当戏剧性的突发事件。一个周一的早晨，她非常悲痛地到了学校，告诉老师说她的仓鼠死了，而且她的母亲把它扔到了垃圾桶里。这只仓鼠是她过生日时父亲送的，之后不久父亲就离开了家。老师对艾丽的悲痛给予了认真对待，并且全班在“新闻时间”为这只仓鼠举行了一个小小的告别仪式。在接下来的几天，艾丽仍然很难过，老师便跟她的母亲提起了这件事。结果发现，艾丽没有仓鼠，而且也从来没有过，更不用说最近死了一只！

有时候，孩子们会完全凭借想象编故事，作为解释他们无法理解的苦恼或体验的一种方式。艾丽知道自己不快乐，她知道自己感觉失去了亲人，但她无法用言语表达出自己的这种感受。她编了一个自己能讲得通的故事。这是能将她的感受与自己说得出来的体验联系起来的一种解释。成年人也常常用比喻来解释自己对一件事情的感受，比如：“我感觉好像压路机从我身上碾过去了。”艾丽的做法也是这样，但因为她是个孩子，所以她略去了“好像”这个词——对她来说，感觉这件事好像真的发生过。

如何对待解释感受的谎言

- 重要的是，不要因为孩子用撒谎来解释自己的感受而惩罚他们。
- 要向孩子解释，他们是在表达自己的感受。比如，在艾丽的例子中，她感觉好像自己心爱的宠物死了一样，并且没有人在乎或理解她的痛苦。

分离式谎言

对父母们来说，更难理解的也许是孩子的“分离式谎言”。有时候，压力很大、感觉非常不快乐的孩子，会显得对生活中的事情处理得很好。然而，他们往往会有一个令人恼火并让人不解的缺点。他们会撒谎，而且甚至在谎言被拆穿之后仍坚持谎言。他们有一种天赋，能在被质疑时仍坚持一个貌似合情合理并令人信服的谎言。如果你能说服他们承认一个谎言，他们或许会道歉，但却会很快再犯同样的错误并再次撒谎。那么，这样的孩子是在努力传递什么信息呢？

重要的是，要认识到，这种孩子相信自己在说实话。你很可能也有过小时候有一个想象中的朋友这样的经历，比如，克里斯托弗·罗宾[①]的“宾克”。你的孩子可能也用过想象中的朋友作为自己不端行为的替罪羊。同样，在极大的压力之下，一个大一点的孩子也许会将自己的一部分分离出来，几乎就像从自己身上分离出另外一个人一样。被分离出来的很可能是孩子理解为“不好的”那部分，即自己不可爱的那部分。孩子的想法是，如果他断绝与自己不可爱的那部分的关系，那么，他的父母就只会看到他身上可爱的地方了。如果你问这种孩子是否在撒谎，他会很诚实地回答“没有”，因为他已经把确实犯了错的那个人分离出去了。

在第 1 章，我就谈到过，撒谎的孩子或许会觉得他们自己出了“问题”，如果要维持父母对他们的爱和关心，就必须把自己身上不可爱的地方弥补并改正过来。我去见一个 12 岁的女孩艾米，她一直在同一所学校上学。在这所学校度过的几年里，每个班主任老师都怀疑她偷东西。每当被问到时，艾米都很合作、乖巧、坦率，并坚定地看着老师的眼睛，否认自己偷东西。没有任何证据能够证明艾米偷了东西，而且，艾米在任何情况下都显得那么可信。老师们有理由相信，如果她对这么严重的错误撒谎，

---

① 克里斯托弗·罗宾，是著名的剧作家 A. A. 米尔恩创作的故事和诗歌中的一位小男孩，他是小熊维尼的朋友。“宾克”是小罗宾幻想中的朋友。——译者注

不可能不表现出任何焦虑的迹象。

在艾米被送到我这里来的一两个月前，她偷东西时被逮住了。起初她否认偷东西，但当证据确凿地摆在她面前时，她承认了，并且马上道了歉，尽管她的老师们都说不相信她真心悔过。

艾米被带到我这里来，不是因为她偷东西，而是因为她看上去很消沉。她确实很消沉，因为她开始意识到自己确实一直在偷东西。她意识到没有两个艾米，即偷东西的坏艾米和不偷东西的好艾米。以前，她一直相信有两个艾米，并且跟那个偷东西的坏艾米脱离了关系。她在撒谎时显得那么可信，因为她真的相信自己说的是实话。

如何对待分离式谎言

- 分离式谎言是童年时期一种最罕见的说谎方式。重要的是要记住，这种孩子已经把自己同撒谎行为分离开了，虽然他们显得似乎是在“努力逃脱惩罚”，但他们也许真的没有意识到自己在撒谎。
- 分离式谎言是孩子们在表明自己极其烦恼。大人需要认真对待孩子的分离式谎言，并寻求专业帮助。

偷东西

如果你的孩子被发现偷东西，你也许会感到非常惶恐，特别是如果这种事经常发生的话。你可能会害怕自己作为父母做错了什么。你还可能会为孩子的未来感到害怕——孩子会不会成为小混混、少年犯、抢劫列车的匪徒？尽管大多数孩子偶尔都会偷东西，不管是被父母禁止吃的饼干、糖果，还是大一点的什么东西，但是，不断地或持续地偷东西，则可能是一种绝望的沟通方式。

偷东西意味着什么

“我需要一个东西，所以我偷了它。”

“你需要什么东西？”

“我不知道，不是这个东西……不是我偷的这个东西……好像是内在的什么东西。”

9 岁的阿莫斯努力地解释着自己为什么不断偷东西。他知道自己偷东西的关键不在于他偷了什么，而在于那些促使他偷东西的感受。总的来说，孩子们会因为下面原因中的一两个原因而偷东西：

- 孩子们偷东西，是在努力找回他们感觉自己已经“失去”的情感体验。在母亲去世后两三年，阿莫斯开始偷东西。让人们担心的是，正如人们在这种情况下经常担心的那样，他偷的都是一些完全没有价值的东西，比如几段线绳、橡皮筋、粉笔头等。这样一个孩子是在试图告诉你，他对自己有怎样的感受。当一个孩子失去情感上的某些重要东西时，他很可能会为这种丧失而自责。我究竟做错了什么，让我失去了所爱的人或曾有的关爱？我不值得被人爱吗？我像一小段线绳、橡皮筋、粉笔头那样无用吗？
- 孩子们会为了努力填补情感空缺而偷东西。我们要记住，孩子们几乎总会用行为来告诉我们他们需要什么。

- 温尼科特说过，偷可以被理解为“一个希望的标记”。可以说，你偷的东西越有价值，你对未来的希望就越大。偷东西的孩子很可能对自己理应拥有的好东西还抱有一些希望，希望自己有权力得到爱、关心、时间、赞美。这种孩子是在努力为自己争得在这个世界上的位置。与这种孩子处境相同却没有偷东西的孩子，可以被理解为他们觉得自己没有价值，并且没有任何要求别人的权力。正如约翰·鲍尔比所说的那样，很多过失行为都可以被理解为人们在努力彼此亲近。
- 孩子们以偷东西来搞清楚是否有人关注自己。当一个孩子侥幸偷东西成功时，对这个孩子来说就是一次可怕的经历，因为这证明没有大人管他。

如何对待偷窃

- 一时冲动偷东西的孩子，与有偷窃习惯的孩子是不同的。要尽量向孩子解释，你理解他们是在用偷东西的方式来告诉你他们有不为人知的烦恼和忧愁。
- 如果你的孩子偷东西，你要发自内心地关爱他们，让他们感受到你的体贴，并给他们特别对待。这看起来也许是一个让人震惊的解决办法，但是，如果你记住孩子偷东西是在说“我需要爱和关心”，一切就不难理解了。宠爱孩子就是在告诉孩子：“你很宝贵，你很可爱，你很重要，因为你是你。”宠爱孩子，可以是你对孩子说“你现在与本来的你有点不一样，但无论如何我们都爱你，无论你什么样，我们都爱你”的一种方式。这样的信息向孩子表明，他们的行为是他们自身的一部分，你对他们的爱是不变的。这与说“我喜欢你，但不喜欢你的行为”不同，因为孩子可能往往将你的话听成你在说“我不喜欢你”。要通过向孩子解释，偷东西对他们没有用，因为这并不能让他们得到自己想要的，来为孩子的偷窃行为设立严格的限制。要向孩子解释，他们是因为心里感觉很糟才偷的，但是当偷东西被抓住时，他们会对自己感觉更糟。

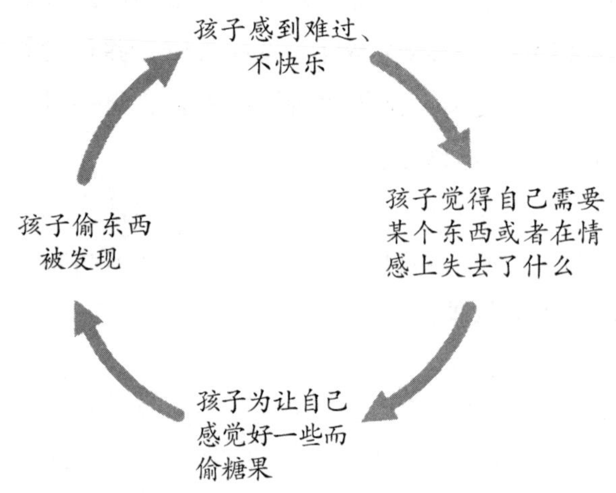

- 无论你的孩子年龄大小，如果他们在一段时间内经常偷东西，就需要寻求专业帮助。

一个特殊问题

无论你多么清楚大多数孩子在某些时候都会偷东西，当发现自己的孩子偷东西时，你都会非常担心。如果你觉得自己的孩子完全是抑制不住地偷东西，在某种程度上似乎是强迫性偷窃，而完全不考虑有什么后果或惩罚时，你就会更加担心。强迫性偷窃是孩子在告诉大人，他不再相信或信任大人会满足他的需要的一种方式。他能让自己的需要得到满足的唯一方式就是偷东西。这种孩子需要专业帮助。

偷窃的另一种类型

我最近见了一位有着 6 个兄弟姐妹的大学生。她的母亲是一个单亲妈妈，为了维持家里合理的生活水准，母亲需要工作很长时间，经常半夜才回到家，当然很累，并且回到家后往往还有很多事情要做。斯蒂法妮描述了他们任何一个孩子要想与母亲好好地待一会儿或交谈有多么难，尤其是像她这样大一些的孩子。周末则是忙着做各种家务活和各人自己的活动。

她回忆了自己小时候在一个假日的星期一被母亲带着去当地一个博览会的情形。家里的其他孩子都由于各种原因去不了。她描述了自己独占母亲关注的那种快乐，以及当她和母亲往家走时她开始感到多么不安和不开心。回到家后，她把自己赢来的两只石膏小兔子藏在了抽屉的最下面。

我们逐渐理解了，斯蒂法妮害怕自己（或许还有她的兄弟姐妹）只能以其他兄弟姐妹为代价，才能得到与母亲好好待一会儿的时间，得到母亲的关爱、理解和谈话的机会。这让她觉得自己所有的喜悦都是偷来的。她没有觉得大人想主动地满足她。当她在博览会上度过了一个美好的下午之后往家走的时候，她感觉自己就像一个偷了东西的罪犯，不仅是从被剥夺了这个机会的兄弟姐妹那里偷来的，也是从忙碌的母亲那里偷来的——她剥夺了母亲的工作时间。

作为一个年轻的女性，斯蒂法妮发现自己很难享受成功的恋爱关系，就毫不奇怪了。她一旦与一个人变得亲密起来，就不由自主地有一种强烈的内疚感，觉得自己是从别人那里偷来了这种关系。

因为我嫉妒妈妈而偷东西

在你的孩子还是一个婴儿时，他得到的所有好东西——食物、安慰等等——都来自于你。成长的一部分在于，我们会意识到，除了爸爸妈妈之外，其他人也能给予我们好东西。最终，我们会明白，我们可以满足自己的需要。然而，梅拉尼·克莱因谈到了一些没能成功度过这个发展阶段的孩子可能会出现的困惑。

“我得到的所有好东西都来自妈妈。”

“妈妈拥有世界上所有的好东西。她控制着它们。”

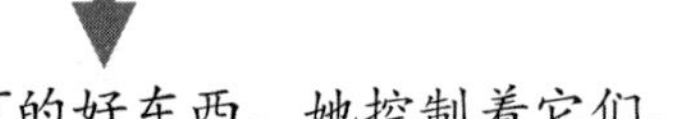

“因此，我只能从妈妈那里得到好东西。我无法自己拥有它们。”

“我嫉妒妈妈。”

“我感到愤恨。”

嫉妒和怨恨

我已经说过感受是成双出现的。嫉妒的另一面是愤愤不平的被剥夺感。嫉妒的孩子生活在一种“没有资格”的状态中，并且会发现很难度过必要地依赖大人的阶段。成年人都知道，我们很难亲近并信任自己怨恨的人。这样的孩子害怕依赖他人，在与他人的关系中，他们可能会采取一种“我不在乎别人，别人也不在乎我”的态度。他们很少对别人表现出关心，对别人和别人的东西也缺乏尊重。这种故作勇敢也许会导致孩子偷东西，也就是说，完全不经允许就拿走自己想要的东西。这样的孩子可能是在表达一种真实的痛苦，一种因为他人拥有太多而产生的被剥夺感。

如何对待出于嫉妒的偷窃

- 这是一种严重的混乱状态，如果你感觉自己的孩子属于这种情况，就要寻求专业帮助。这种孩子可能是在向你表明他们有点感觉受到了别人的虐待。风险在于，他们的偷窃可能会导致他们对他人做出更令人担忧的虐待行为。

恃强凌弱

“我很粗野。”9 岁的杰玛说，她以一种威胁而挑衅的姿势在空中挥舞着双臂，“我很粗野。”

“你很粗野。”我承认道。

“是的。”又一个夸张的姿势，这次离我的脸更近了。

“如果你不粗野，你会怎样？”

眼泪溢满了杰玛的眼眶，她的脸红了。“嗯，”她双手搓着脸说，“我以前喜欢别人，但没有人喜欢我，所以现在我很粗野。”

“别人喜欢你粗野吗？”

“不喜欢，但我再也不用哭了。”

没有人喜欢看到一个孩子受欺负，而且，如果自己的孩子被指责欺负了别的孩子，父母们常常会感到很惊慌。然而，可以说，作为人类，我们有欺负别人的基本需要。我们用各种方式试图让他人做我们想让他们做的事情；在家里，我们称之为管教。我们也许会用魅力甜蜜地迫使别人，或更强烈一些，用强制手段。大多数成年人会坚称他们觉得保护社会弱势群体是自己的义务，确实，在很多方面这似乎也是人类的一种本能。但同时，谁能说自己从来没想过欺负一个人呢，尽管他们没有将这种愿望付诸行动。

极少有父母能够容忍自己的孩子欺负别人；而更少有父母能够容忍自己的孩子被欺负。无论自己的孩子是被欺负的还是欺负人的，大人们都常常对恃强凌弱充满恐惧、绝望和愤怒。或许，之所以会有这些感受，是因为我们将自己在人际关系中的感受与恃强凌弱关系中的两种主要感受——控制和恐惧——联系了起来。

理解恃强凌弱

- 你记得自己小时候欺负过别人吗？那是一种什么感受？
- 你见到过别人被欺负吗？你有什么感受？
- 你小时候被人欺负过吗？为什么受欺负？你告诉谁了？
- 你作为成年人，在某种关系中，比如，在职场上，受过欺负吗？这与小时候被欺负的感受是否有所不同？如果不同，那是一种什么感受？

一个 10 岁的男孩保罗，因为经常欺负 7 岁的弟弟伊恩而被带来找我。保罗似乎从来没有接受弟弟的到来，并且抓住每个机会让弟弟的日子不好过。他还几乎总是对父母很粗鲁、好斗，经常突然大发脾气。全家人对这种行为已经艰难地忍受了好几年，但来寻求我的帮助是因为学校通知说有家长投诉保罗欺负其他孩子。

在第一次与他们一家见面时，保罗给我的印象是一个口齿清楚、善于表达的孩子。我注意到，当他向父母说什么时，他都会极力强调。在正常的随意交谈中，当父母不同意他、在回应时犹豫一下，或者如果保罗仅仅觉得父母没有听或没有认真对待他时，他就会更坚定地重申自己的观点。在有些情况下，他会跺脚、砸拳头，而且几乎会大叫起来。

当我问保罗是什么使他这么生气时，他说："没有人听我说，我一点都不重要。"

"那你认为你大叫的时候别人会多听你吗?"我问道。

我们可以将欺负人看做是劝说别人接受自己观点的一种极端而不恰当的方式。在这次见面中，保罗在感觉到自己没有希望被倾听时，就开始变得霸道起来。我们开始将他的问题更多地理解为"没有人听我说"，而不是因为父母生下了弟弟让他感到自己受到了威胁。保罗觉得父母从来没有倾听过他那种被弟弟夺走了地位的强烈感受。他的生活变成了试图逼迫父母理解他的感受。面对父母双亲的强大以及他们那粗暴的行为，他感到既无助又脆弱。他试图通过成为一个强大而有力的恃强凌弱者来克服这些感受。脆弱而恐惧的保罗，变成了恶毒、强大的保罗。

欺负人是为了转嫁痛苦

欺负人的孩子在某些方面往往会使自己成为受害者。那些感到害怕和焦虑的孩子，可能会寻找另一个孩子来为他承担这种感

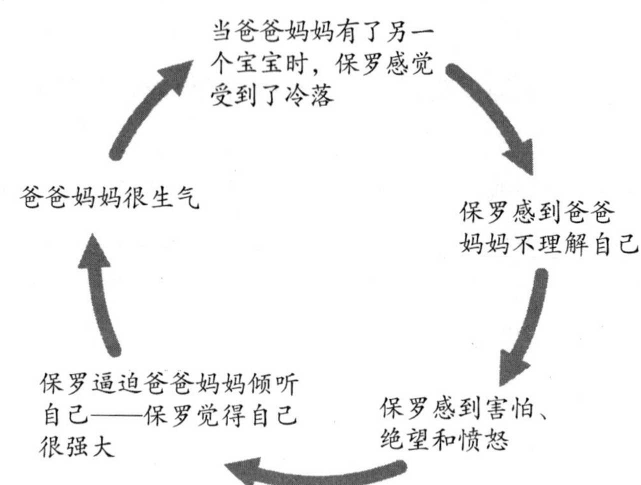

受。从这个意义上来说，在恃强凌弱者-受害者的关系中有很多感情成分。

凯文 7 岁时，他的父亲终于永远离开了家。在此之前，父亲经常好几个星期不回家，而凯文的母亲对于丈夫的不回家早已不闻不问了，而不是“大吵大闹”。在父母分手后，父亲来探望的日子总是令凯文很失望，他兴奋地等着父亲来，但父亲却从来没有出现过。

在那一年，凯文从一个相当安静、听话的孩子变成了一个施虐、恶毒的欺负人的孩子，他没有明显缘由地捉弄其他孩子。在一次尤其恶毒的攻击之后，他被问到从欺负其他孩子中得到了什么。

> 毫无疑问，欺负人的孩子想成为受害者的朋友。双方陷入了彼此之间一种错综复杂的关系中。他们想成为朋友，但却找不到成为朋友的方式。

“因为我感到难过……他现在也难过了。”凯文回答。

凯文想让被他欺负的孩子和他一样感到难过。他清楚地表达出了欺凌行为中的一种核心关系——权力-控制关系。凯文感到害怕、孤独、孤立，他认为通过让另一个孩子感觉到同样的感受，他会感觉好一些。当然，有那么一会儿，他确实感觉挺好，他觉得自己很强大，但这是一种虚假的胜利。当他的恐惧感再次袭来时，他会渴望欺负更多的孩子。

恃强凌弱反映出的家庭关系

孩子的欺凌行为有很多面目。我在前面已经说过，欺负人的孩子自己也往往是受害者。在一个直接受到言语侮辱或身体虐待的孩子身上，这是很明显的。不太明显的，是孩子身边的成年人对待彼此的方式对孩子造成的影响。

> 孩子们与朋友的关系，很可能是他们如何看待自己父母关系的翻版。每当父母们向我抱怨自己的孩子们之间相互打架、互相欺负时，我问的第一个问题便是父母之间有多么经常争吵，甚至打架。在有意或无意中，你的孩子会注意到你与你的配偶的关系中即便最微妙的变化或裂痕。有时候，他们会把自己看到的你们对待彼此的方式付诸自己的行为。

> 在你和配偶的关系中，你们的分歧与和睦的平衡并不太重要。重要的是孩子看到的达到平衡的方式。父母应该让孩子知道，两人关系中权力的平衡是变化的。目标更多地在于其变化性而不是平衡。

当然，在父母的关系中出现不一致是很正常的。重要的是不一致和一致之间的平衡。孩子们不断亲眼见证着父母之间权力平衡的转换，这常常表现在他们随时准备挑拨父母相争，比如，在妈妈已经拒绝给零花钱后，对爸爸说："爸爸，可以给我点零花钱吗？”

孩子们对于父母在两人关系中达成平衡的方式，可能既好奇，又困惑。

如果父母中一方不断地抱怨另一方的权力，那么，孩子就无法理解人际关系的变化性。所以，他们就会感觉恃强凌弱可能是童年时期的一个普遍问题。孩子们就既会试验掌控，又会试验服从。

一种理解方式

孩子们会用行为试验、了解并理解那些令他们困惑的情形。通过将大人们那些看似难以理解的行为重新演绎出来，孩子们就可以逐渐理解这些行为。马修，12 岁，因为对母亲和女老师的粗鲁和攻击行为而被带来找我。在我们第一次见面时，他的母亲就忍不住说：“他那么粗鲁，那么好斗……我真感觉被他欺负了。”当我问家里还有谁会被认为好欺负人时，结果表明，马修的父亲是一个很关心、体贴家人的人，但却很难表达自己的温柔和善意。比如，如果母亲生病了，父亲在表达对她的关心时，会用一种厌烦和生气的语调说：“噢，去，上床去，去吧，这里的事情我来办，马上躺到床上去。”

马修在成长过程中接受的观念是“男人欺负女人”。当他对自己的女老师和女同学粗鲁地说话时，他的行为就被理解成了是在欺负她们。马修对她们这样理解他的行为感到很困惑。对他而言，他是在练习如何成为一个男人，而不是如何成为一个欺负人的人。

同样，一个经常看到母亲被欺负的女孩，也许在成长过程中会接受“为了男人，女人要牺牲自己的需要”的观念。在以后的人生中，她表现出的行为可能会让人们认为她觉得自我牺牲是很了不起、很特别的事情。这与她的想法相去万里，她只不过是在试验做一个女人。

当孩子感觉受到父母欺负时

在我们第一次见面时，9 岁的詹妮弗画了一张长着一口令人恐怖的牙齿的人脸。

“这是一张可怕的脸，”她说，“我妈妈的可怕的脸。”

“你的妈妈长着一张可怕的脸？”

“有时候，我妈妈那可怕的脸真的很吓人。我妈妈那可怕的脸把我的魂都吓飞了。”

詹妮弗似乎完全无法交到朋友。其他孩子都因为她专横的行为而躲着她，因为她专横的行为很快会演变成言语辱骂和身体上的欺负。家庭咨询让我们看到了一个拼命想做到最好，却在无意中欺负自己孩子的母亲。她自己的母亲是个冷漠而专横的人。她决定要与自己的孩子建立一种更亲密、温暖的关系，她也确实这样做了。然而有时候，在有压力或在极度担心是否能“做对一切”的情况下，她会像自己的母亲那样做，要么大发脾气，要么要求（也就是强迫）孩子把自己遇到的麻烦告诉她。不用说，在这种时候，孩子们不情愿那么做。

家里人都觉得“妈妈脾气很坏”。有时候，孩子们很怕她，并且詹妮弗的父亲一直都在努力地平息事端，但同时他也对妻子的大发脾气感到非常苦恼和无助。詹妮弗并不认为自己欺负人；她只是在模仿自己母亲的行为，努力让别人做她想让他们做的事。

> 在日常的家庭生活中，发生着很多恃强凌弱的事情，但人们却不把它们称作欺负人。孩子欺负父母，父母欺负孩子。父母们常常把自己的“欺负”行为称为管教和控制。孩子欺负父母的行为被当做是不断地提要求、烦人和叛逆。

随着孩子逐渐长大，他们会认为父母似乎让人感觉权力极大。童年时期的任务之一是找到解决父母权力问题的办法，有些孩子或许会认为迫使父母屈从于他们的意愿是一个合适的解决办法。在家里，父母和孩子的共同任务是努力使自己得到恰当的倾听，感觉到被认可，有存在感，并且自己的需要被认可——即便并不总是被满足。父母和孩子都会认识到，在这一过程中必然会遭遇许多挫折。而且，由于根本就没有完美父母（或者完美孩子）这种事，所以，恃强凌弱几乎注定会发生。一些家庭成员会努力坚持让别人做某些事情，把自己的喜好强加于他人，而有些家庭成员则不会。能把一个有说服力的人和一个欺负人的人区别开来的，是对方的回应方式。父母，或者实际上是孩子，如果能坚决抵制一种欺负人的无理要求，就能阻止对方成为一个欺负人的人。所以，我们可以把欺负人看做是一种强制的要求和一种恰当的回应之间的关系。

叛逆是重要的，因为在童年早期努力让自己的需要得到满足是你的孩子的一项使命。3~8 岁的孩子会非常努力地让父母的意愿屈从于自己的意愿。如果你总是做你的孩子想让你做的事情，那么，你就必然会使自己的孩子变成一个欺负别人的人。重要的是，对于孩子们的要求，你要满足那些你想满足的、你认为合理的要求，并且要和善而坚定地对待其他要求。如果你的孩子感到放心并且相信你会倾听他们的要求并作出恰当的回应，他们就不大可能像那些感觉自己没有被倾听的孩子那样不得不依靠恃强凌弱的手段。

为什么有些孩子比其他孩子更常被欺负

为什么有些孩子似乎很招人欺负呢？正如一位老师所说的那样："他仰面躺到地上，他们当然欺负他！"而且，大人也会被那些好像不由自主地就会惹恼其他孩子的孩子激怒。

唐纳德·温尼科特说过"阻碍价值[①]的症状"。那些招人欺负的孩子是在使自己遭人厌烦，而这对他们来说可能是一种很重要的沟通。我们需要再次记住，大人眼中的问题行为在孩子看来往往是一种解决办法。那些难对付且令人担忧的行为，可能是孩子用来帮助自己处理生活中的问题的一种工具。正如一个12岁的孩子最近对我说的那样："当他们欺负我时，他们知道我的存在，我不再像不存在似的。"

那些不断设法激怒别人的孩子，也许正体验着一种真正的恐惧——可能是我们所有人都真正害怕的——害怕不被关注、被忽视。这个12岁的孩子有一种强烈的孤立感，他宁愿要遭同龄人厌恶的那种满足感，也不愿要不确定他们是否注意自己的那种焦虑感。这听上去很严酷，但若不是自愿，没有哪个孩子会注定被人欺负。对这个12岁的孩子来说，他觉得主动遭人厌恶要好过不被同龄人重视。

被欺负的孩子可能宁愿感到遭同龄人厌恶，也不愿感到被他们忽视，但是，这两种体验都不会使他们快乐。然而，并非所有被欺负的孩子都是自己招人欺负的。那些在任何方面与别的孩子不同的孩子，无论是肤色不同还是戴着眼镜，都可能会被别的孩子欺负，只因为他们和别的孩子不一样。因此而被欺负的孩子或

① 阻碍价值，指遭人厌烦而引起重视。——译者注

许会有这样的想法：和别的孩子不同不仅会遭人冷落，而且正如一个孩子所说的那样，“懦弱。……他们认为因为我胖所以我软弱”。

如果你的孩子受到欺负

任何一个孩子都不应该因为被欺负而感到羞耻。要鼓励你的孩子说说发生在他们身上的事情。你需要向孩子保证，被欺负并不是他们的错，而且没有人应该被欺负。你的孩子需要在帮助下尝试理解在这种欺负–被欺负的关系中自己有哪些原因。这是一件很棘手的事情，因为被欺负的孩子对于自己受到责备很敏感。要问孩子是否知道他们身上有哪些方面使其他孩子想要欺负自己。当问 8 岁的乔斯这个问题时，他的父母很受触动。“嗯，我有点笨手笨脚……然后我就生着气走开了。”他回答说。他们没有意识到自己那协调性不好的儿子在和其他孩子在一起时感到多么沮丧。不难理解，乔斯的笨拙以及随后的大发脾气，将使他成为其他孩子欺负的对象。在了解到这个情况之后，父母就能够帮助儿子提高运动技能，并帮助他找到对待沮丧感的其他办法。

无论是在家里还是在学校里，确保不发生恃强凌弱的事情是成年人的责任。如果你的孩子告诉你他被同学欺负了，就要尽快告诉相关负责人。你的孩子最初也许会反对，但他们也会为大人的干预感到放心。

学步期的孩子会欺负人吗

那么多孩子都能很容易地与小朋友交往，以至于我们可以认为这是人的本能，但却忘了孩子必须学习如何与其他孩子交朋友。从家里一个特殊的人物，转变为群体中众多孩子中的普通一员，这是一个非同寻常的转变。与学走路和学说话一样，交朋友也是孩子的一个重要发展阶段。每个孩子掌握这项能力的时间和步调是不一样的。有些孩子总是更喜欢独自为伴——这并没有什么错——但是，到 8 岁时，大多数孩子都会与其他孩子形成某种形式的友谊，所以，那些不能与其他孩子相处的孩子需要被认真对待。喜欢独自为伴与被孤立是不同的。

大多数父母都希望自己的孩子被看成是善于交往、友好的孩子，即使不是出于其他原因，这也表明作为父母的你干得不错。所以，当幼儿园老师抱怨 3 岁的哈里欺负其他孩子时，他的母亲大吃一惊。他咬人、抓人、抢其他孩子的玩具，而且最近被发现踢一个试图反抗他的孩子。当她描述哈里与其他孩子相处总是多么难时，她变得越来越苦恼。当哈里第一次参加游戏小组时，有几次他被看见冲到别的孩子身边把人家推倒在地。哈里经常因为自己的行为遭到严厉斥责并被告知要“好好玩”。

现在，“好好玩”[①] 是一款很好的游戏，孩子们总是被鼓励玩这个游戏！然而，对于像哈里这样的孩子来说，这个游戏完全没有抓住要点。在 18 个月大的时候，孩子们几乎没办法让他人知道自己的愿望。他们可能还根本不具备必要的语言能力。所以，一个 18 个月大的孩子在看到自己喜欢的孩子时把他们推倒，以此作为与对方的一种交流方式，是很常见的。因此，我们可以把孩子的欺凌行为看成是一种不知该如何表达自己友谊的方式。这是一种试图与人亲近的不恰当的方式。

---

① 一款游戏，以幼儿为对象，目的是让孩子在游戏过程中学会分享、摒弃暴力、与人友善等。——译者注

> 有趣的是，欺负人的方式是会传染的。对于孩子的欺凌行为，你很可能想通过欺负他们以使其改变行为的方式。任何孩子都不应该被允许欺负别的孩子。作为成年人，我们可能无法阻止欺凌行为，但是，营造一个不鼓励、不容许欺负人的环境，是我们的责任。然而，我们应当时时像担心受欺负的孩子那样，为欺负人的孩子感到担忧。欺负他人的孩子是在要求大人认真对待自己，是在让大人关注自己的苦恼。当一个孩子被阻止欺负别人时，他们总是会感到很宽慰。

我们开始理解，哈里小时候错过了一个学习阶段。他很快就知道了把别的孩子推倒是“淘气”行为，但在成长过程中却没有了解到接近其他孩子的更恰当的方式。在过去的18个月里，他们家里还发生了一系列造成压力的事情：因为父亲失业而搬家，以及奶奶去世。我们开始将他对其他孩子的一些“欺凌”行为，理解为他向同龄人发泄自己压力的一种方式。可以理解，他的父母在过去的18个月里压力很大、很痛苦，或许哈里因此感到父母陪他的时间少了，并且也不像以前那样关注自己了。

如何对待孩子欺负别人

- 要尽量避免生气和惩罚孩子，因为这样做只会使欺负别人的孩子感到内疚。
- 要尽量帮助你的孩子谈谈被他们欺负的孩子。被他们欺负的孩子身上有哪些方面可能是他们喜欢的？他们身上有被欺负的孩子可能喜欢的地方吗？这样，你就是在帮助孩子思考他们与被自己欺负的孩子之间的关系。
- 孩子欺负人是否与作为父母的你和配偶之间的关系

有关？

- 欺负他人的孩子常常会感到困惑和无能为力。如果你感觉讨论并无益处，或者如果你的孩子既无法跟你、一位亲戚或家里的某个朋友谈，那么，寻求专业帮助可能是明智的做法。

不喜欢孩子的朋友时，你是怎么做的

泽恩的父母对他们 8 岁的儿子与同班的一个男同学之间的交往很担忧。无论在家里还是在学校，泽恩都一直表现很好，但自从和博伊德交朋友之后，他变得越来越好斗，而且，正如他的父亲说的那样："他说话也开始变得越来越不堪入耳了。我们感觉博伊德正在把他引入歧途。"

12 岁的阿格尼丝的父母也遇到了类似的问题。他们一直对女儿保持着相对的单纯，在某种程度上仍然更像个孩子而不是一个十几岁的少女感到很高兴、很放心。当阿格尼丝开始上中学之后，她与一个来自完全不同家庭背景的女孩伊莱恩成了好朋友，并且伊莱恩很快就唤起了阿格尼丝对化妆品、流行杂志以及男孩子的潜在兴趣。两个女孩子倒是都没出现过任何麻烦，也确实没有过任何出格的举动，但是，阿格尼丝的父母很担心。"我们就是不喜欢那个女孩，"她的父亲说，"最终会怎样？喝酒？吸毒？"

我们一直认为孩子们正在学习作出选择，而朋友则代表着他们在家庭之外第一次作出的重要选择之一。在出生后的头几年，孩子们实际上不选择自己的朋友——他们往往会把你们的朋友或者至少是你认识的那些成年人当成自己的朋友。这种情况可能会持续到他们上学之后的头几年，但是，到了四年级，孩子就会开始从你们的交际圈之外选择朋友。所以，在某种意义上，选择自己的朋友，是一个孩子迈向独立的头几步的标志。

朋友对孩子们来说意味着什么

对孩子们来说，朋友并不仅仅是成长道路上的伙伴。正是通过交朋友，孩子们了解到有许多种行为方式、许多种兴趣、人们生活的许多种不同的文化，以及有许多种做孩子的方式。

孩子们常常会模仿自己朋友的行为。我们可以理解泽恩和阿格尼丝的父母担心他们正在迈出违法行为的头几步；但是，尤其是在泽恩的例子中，他很可能只是对成为博伊德会有什么感受感到很好奇。我们可以把博伊德看做是泽恩选择的同胞兄弟。对于泽恩来说，似乎博伊德可以行为出格并逃脱惩罚，而他想知道那是什么感觉。

> 我们需要记住，朋友是孩子们选来的兄弟姐妹。孩子们常常会选择一个朋友来帮助他们搞清楚自己与一个兄弟姐妹的关系，或者帮助他们理解有一个兄弟姐妹或不一样的兄弟姐妹会有什么感受。

泽恩有个专横、不容人的哥哥，在家里，哥哥比泽恩更加叛逆。在与博伊德的友谊中，我们可以认为泽恩是在练习最大限度地做哥哥那样的人，也就是说，做我哥哥那样的人会有什么感受？

泽恩的父母担心的是现在在教泽恩言行举止的人。但是，阿格尼丝的父母真的害怕女儿正被伊莱恩“引入歧途”。对于5岁以上的大孩子来说，朋友在许多问题上都有一定的象征意义。他们可能会选择一个与自己相似的朋友，以便在家庭之外发展共同的兴趣。同样，他们也可能选择一个与自己很不同的朋友，以便给他们一种做不同于自己家里的某个人的间接体验。

阿格尼丝之所以被伊莱恩吸引，也许是因为她在伊莱恩身上看到了自己想要成为的那种女孩；伊莱恩使她有信心尝试做父母不希望她成为的那种女孩。阿格尼丝知道父母很为她担心。她还知道伊莱恩一贯被老师和同龄孩子看成是“坏伙伴”。所以，我们可以想一想她通过这种友谊试图在传递其他什么信息。

阿格尼丝是她这个年龄孩子的一个典型。她想形成自己的兴趣和隐私。然而，她还想让父母对她的世界感兴趣。我们已经讨论过孩子们会怎样以让父母担忧作为确保父母关注并想着自己的一种方式。或许，与伊莱恩的友谊是阿格尼丝想让父母关注自己的一种方式。然而，她失败了，因为她的父母对这种友谊有成见，以致于他们没有足够的兴趣关注阿格尼丝世界的其他方面，而这才是她真正想要的。

- 或许你宁可因为孩子的行为而责备“坏伙伴”，也不愿承认孩子身上也许有你不喜欢或不赞同的一面，以及你不愿承认自己无法控制局面。
- 交“坏伙伴”也许是5岁以上的大孩子否认自己身上有那些为父母所不能接受的方面的一种方式。
- 监督孩子交朋友与替他们选择朋友，这二者之间有细微的区别。当然，你越抱怨孩子的某个朋友，这位朋友对你的大孩子就越有吸引力。

当你不喜欢孩子的朋友时，你应该怎么做

- 不要因为自己不喜欢孩子的朋友就认定这个朋友是坏伙伴。孩子们常常能很快地识别出自己和朋友身上的优点，要比大人快得多。你或许无法理解他们之间的友谊，但并不一定意味着这种友谊对你的孩子来说完全是有害的。

- 对像泽恩这样年龄小的孩子来说，你可以明确地告诉他们，在外面他们可以像他们的朋友那样行事，但在家里你不能容忍他们的某些行为。对于 5 岁以上的大孩子，你也许可以促成一次交谈，在交谈中，你可以鼓励孩子想一想他们行为的后果。在阿格尼丝的例子中，母亲和她谈了把自己打扮和化妆成比实际年龄大很多的好处和坏处。
- 尽量不要过分焦虑。要看到，到目前为止，你可能一直在帮助自己的孩子作出正确的选择，而且这种状况没有理由不继续。如果你过分焦虑，你的孩子就会感觉到，并且他们也会变得担心和焦虑。要尽量信任你的孩子，而且你还要信任你自己：如果他们确实因为交友不慎而遇到了麻烦，你将能够帮助他们回到正确的轨道上来。

总结

- 绝大多数人都会承认，即便只是偶尔为之，他们也会在生活中的某些方面努力制造一种假象，也就是说，基本上每天都会撒谎。
- 就小事撒谎的孩子是在要求独立。弗洛伊德说过，孩子们第一次成功地对父母撒谎时，就是他们首次独立的时刻。这向孩子证明，他们的父母并不会读心术。
- 5 岁以上的大孩子也许会用撒谎作为拥有个人的生活的一种方式。
- 有时候，孩子们会陷入迷茫。他们会慢慢相信，只有取得了好的成绩，自己才会被赞扬和喜爱。这种孩子生活在一个没有安全感的世界里，他们为了成功而给自己施加了巨大的压力，并且可能会对自己的经历或成就撒谎。

- 吹嘘式谎言或许也是一个孩子掩饰自己能力有限的方式。
- 有时候，孩子们会完全凭借想象编故事，作为解释他们无法理解的苦恼或体验的一种方式。
- 分离式谎言是童年时期一种最罕见的说谎方式，是孩子们在表明自己极其烦恼。大人需要认真对待孩子的分离式谎言，并寻求专业帮助。
- 孩子们会因为感觉自己失去了情感上的某些重要东西并想要努力找回而偷东西。
- 孩子们会因为感到需要填补情感空缺而偷东西。
- 孩子们以偷东西来弄明白是否有人关注自己。
- 或许，在偷窃行为变得有强迫性之前，它可以被看做是童年时期的一个普遍问题。
- 欺负人是试图劝说别人接受自己观点的一种极端而不恰当的方式。
- 欺负人的孩子在某些方面往往会使自己成为受害者。那些感到害怕和焦虑的孩子，可能会寻找另一个孩子来为他承担这种感受。
- 毫无疑问，欺负人的孩子想成为受害者的朋友。
- 从某种意义上来说，恃强凌弱可能是童年时期的一个普遍问题。孩子们既会试验掌控，又会试验服从。
- 在日常的家庭生活中，发生着很多恃强凌弱的事情，但人们却不把它们称作欺负人。孩子欺负父母，父母欺负孩子。父母们常常把自己的“欺负”行为称为管教和控制。孩子欺负父母的行为被当做是不断地提要求、烦人和叛逆。

- 那些招人欺负的孩子是在使自己遭人厌烦，而这对他们来说可能是一种很重要的沟通。
- 有时候，孩子们会选择一个朋友来让自己体验做不同于自己的某个人。
- 我们需要记住，朋友是孩子们选来的兄弟姐妹。孩子们常常会选择一个朋友来帮助他们搞清楚自己与一个兄弟姐妹的关系，或者帮助他们理解有一个兄弟姐妹或不一样的兄弟姐妹会有什么感受。
- 孩子们的友谊所包含的内容往往比大人看到或理解的更多。

第7章

父母和老师

理解孩子在幼儿园和学校里的问题

“上学对孩子的生活来说是如此普通和平常，以致于成年人很容易忘记或低估这段经历会对孩子们造成多么强烈的影响。”

——本书作者

工作是任何一个成年人每天生活中习以为常的一部分，但是，它仍然会让人感到快乐、无聊、压力、沮丧、劳心费力、有趣，等等。上学就是孩子们的“工作”。这也是你的孩子与外界的第一次主要接触，并且是你让他为自己的一生作好准备的重要一步。你自己也要作好准备；至少你会时不时地想你的孩子上学之后生活会是什么样，而你或许已经主动地为那一刻作好了计划。

然而，许多父母似乎对孩子上学头几周感到很矛盾。首先，孩子该上学的日子似乎猝不及防地就到了。我还清楚地记得自己年轻时作为一名负责学前班老师的那些日子。在秋季开学后第二周的那个星期一，我听到4岁半的彼得与他妈妈在大声争吵，他上学已经一周了，妈妈是来接他的。我上前去了解情况，发现愤怒得满脸通红的彼得断然拒绝坐他的婴儿车。他的母亲看起来很困惑，解释着平日里让他走路去任何地方有多么难。孩子刚开始上学对父母来说往往会是一段困惑和焦虑的时期，正如彼得的母亲很快就发现的那样。一个在八月份还喜欢被推着逛商店的4岁半的孩子，到了九月份，在一周之内很快就变成了一个独立且坏脾气的学童。

父母和老师

在你的孩子开始上学后，你可能会对把他们交给一个不熟悉的成年人照料而焦虑，想知道老师是否理解你的孩子，能像你那样读懂他们发出的一些小信号吗？老师知道你的孩子是特别的，与所有其他孩子都不同，因为他是你的孩子吗？老师会好好呵护他，认真对待他的欢乐和苦恼吗？

对于这些问题中的绝大多数，答案都是否定的。孩子的老师不会像作为父母的你那样与你的孩子有同样的情感联结，或同样的敏感。那不是她的工作。她的作用是提供一个温暖、让孩子信赖的环境，使你的孩子能在这种环境里培养自信、发展能力、探索世界，并且还能认识到好东西不仅可以来自父母，还可以来自其他人。

班主任常常是孩子在外面世界遇到的第一位重要的成年人，

而且，孩子会体验到对班主任的爱和恨，就像对你的体验一样。如果你的孩子很适应学校生活，你虽然会感到很高兴，但对这位因为每天与孩子相处很长时间而显得与你同样重要——如果不是更重要的话——的成年人感到些许嫉妒并产生竞争心理，也是很自然的。

“詹姆斯小姐说，詹姆斯小姐说……现在我们整天听到的就是这些。”

（一位学前班孩子的父母）

矛盾的是，如果你的孩子不喜欢他们的老师，你会感到焦虑和沮丧。但是，如果老师好像不喜欢你的孩子，你就会感到非常愤怒。你对孩子的老师有怎样的感受，以及对待这些感受的方式，都极大地受到你自己上学经历的影响。

> 你记得自己上学的第一天吗？当你的孩子开始上学时，你会再次体验自己开始上学的时候。你的孩子去了学校，你作为父母也回到了学校。

在莎士比亚的《暴风雨》中，米兰达跟父亲说她对新的意中人腓迪南讲了自己小时候被放逐海上的经历，然后说：“我不知道自己当时是怎样大哭的，我要再哭一次。”

学校对于成年人来说是一个权势的象征，我们不能低估它的特殊意义。对于一个很有成就、很善于表达的父母来说，一听到要与校长直接讨论自己的孩子在学校的问题就脸色发白的情形并不少见。许多父母都会承认感到很害怕：“问题是，她（校长）认为自己是在跟一个成年人交谈，但我心里却是个吓得发抖的6岁孩子。”

开始上幼儿园

一群妈妈被要求谈谈她们对自己的孩子开始上幼儿园的主要担忧，不出所料，她们给出了各种回答：“他能适应吗？”“他会有朋友吗？”“他会受欺负吗？”等等。然后，当请她们回忆对自己上幼儿园时记忆最深刻的一件事情时，所有的妈妈讲的事情都说明她们的体验与自己对孩子在幼儿园的主要担忧有关。也就是说，与幼儿园有关的童年问题也有共通性，我们会在本章后面集中讨论这些问题。再说一次，你对这些问题如何回应和处理，可能在很大程度上取决于你自己的童年经历，其好处是你的经历会使你对孩子在幼儿园里可能会遇到的问题保持敏感。

> 你小时候的幼儿园经历可能会给你留下难以磨灭的印象。可以肯定的是，你最糟糕的经历会使你对发生在孩子幼儿园里的事情变得很抵制。比如，如果你在幼儿园里受过欺负，那么，你就会强烈反对孩子幼儿园里发生的欺凌行为。

该不该送孩子上幼儿园

我记得，在我还是一名实习老师的时候，被一位指导老师说的一句口头禅逗笑了，她说：“孩子们都很独特，必须区别对待。”现在，我意识到再也没有比这句话更正确的了！孩子们的成长速度各不相同，所以，很难有对待整个年龄段的孩子——比如“5 岁以下”——的解决办法。还有一个事实是，在英国，各种幼儿游戏班和幼儿园在对学龄前儿童的教育方法上存在很大差异。

想一想：

- 你希望幼儿园为你的孩子做些什么？
- 在选择幼儿园时，你可能想要关注幼儿园把什么视为“成就”。这家幼儿园重视什么？玩耍和社会交往活动？学业成绩？两者兼有？还是别的？

要记住，对作为父母的你来说，送孩子上幼儿园也许是必要的、有意义的，但对你的孩子来说，这是一个巨大的转变。

从在家里是父母们关注的中心，到不得不学会和许多小朋友分享一两个成年人的关注，这是一个巨大的转变。我们需要记住，从孩子的角度来看，教室里的孩子实际上都是与他们竞争的同胞。

学会分享

孩子上幼儿园的一个好处，有助于增强他们的分享意识。但要想分享，我们必须确保自己拥有的已经足够多。所以，情感脆弱或不成熟的孩子可能还没有为集体中的这种分享作好准备。通过让孩子慢慢地在家里越来越多地体验分享，他们才会在帮助下更健康地成长。

学会玩耍

唐纳德·温尼科特谈到过成长中的学步期孩子如何从独自玩耍阶段——也就是一个人在大人面前玩耍——过渡到和同龄孩子相互玩耍。他所说的相互玩耍，是指要学着给予和得到，分享的不只是玩具和器具，还要分享想法和想象力。相互玩耍正是学步期孩子了解与他人相处的方式。幼儿园是孩子们发展这些能力的一个宝贵场所。

了解大人

小孩子会认为一切好东西都来自于父母，并且对自己父母的技巧、能力和知识有一种近乎魔幻般的信念。在幼儿园，孩子可能会明白好东西不仅来自父母，而且还可以来自其他成年人。他们会认识到，老师知道一些与自己的父母不同的新东西，这对于一个即将迈向更广阔世界的孩子来说是一个很大的安慰。因为随着你的孩子接近 5 岁生日，他们必须迈出开始上“大学校”的重要一步。

很难适应幼儿园生活的孩子

考虑到上幼儿园是一个影响巨大的转变，大多数孩子在从家到幼儿园的转变中都相对比较顺利，就很令人惊讶了。在从一个世界迈入另一个世界时，大多数孩子都会不可避免地体验到从不同的价值观、不同的期望到日常习惯的差异的冲突。比如，在家里，端着托盘在电视机前吃午餐或许是可以接受的，但这在幼儿园却不会被接受。或者，你在家里也许可以把薯片从袋子里倒进碗里吃，但在幼儿园的操场上你或许只能就着袋子吃。然而，总的来说，除了偶尔尿床、发脾气、拒绝进食、过于疲惫之外，大多数孩子的这一转变都会比较顺利。

有一些孩子真的很难适应。当然，这在很大程度上取决于两个世界的相似性：比如，毫不奇怪，一个刚来到这个国家的 5 岁亚裔孩子，入学时自然很难适应一个人人都说英语的班级。

控制与沟通

老师首先要为整个班级负责，因为这个原因，孩子们在幼儿园的行为必须被视为是需要得到控制的。这并不意味着老师不努力把孩子们的行为理解为一种沟通——事实上他们的确在这样做——但是，他们还会在一定压力下感到要阻止孩子扰乱班级秩序，以及（或者）招惹其他孩子。当 5 岁的萨莉被带到我这里来时，她的老师就既担心她对其他孩子的影响，也担心着她。

萨莉上学已经有一个多学期了。每天早上，她都哭、发脾气，并且说出一大串身体上的不舒服，她觉得这就意味着自己可以不去幼儿园了。她的父母和老师都和善而坚定地对待这个问题，坚持萨莉必须去幼儿园。在教室门口和母亲分别时，她总会哭叫。通常，萨莉会在母亲离开后平静下来，不过在一天中会时不时无缘无故地变得很苦恼。有时候，老师会允许她回家。

为父母担心

萨莉是家里三个孩子中最小的，她和第二个孩子相差 9 岁。她的父母婚姻不幸福已经有几年了，并且父母双方都忙于工作，或许这是他们不愿意正视自己婚姻中的问题的一种方式。萨莉由一位住在家里的保姆照顾，在她开始上学之后，保姆离开了，换了一位新的换工①。

最后的结果表明，萨莉是在担心爸爸妈妈在她在幼儿园的时候会不快乐。她的行为在很大程度上可以理解为对长大和独立的一种拒绝——她在拒绝进入自己人生的下一个阶段。当我们理解了萨莉对自己在家里所扮演角色的看法后，这就讲得通了。她曾经在无意中听到父母很坦率地说："我们只是为了孩子们才待在一起。"在潜意识中，萨莉担心自己长大后家里就没有孩子了，她的父母就会分手。

爸爸妈妈记得我吗

6 岁的杰罗米的故事则很不同。他在家里是一个活泼、健谈、天真的孩子，而且没有排斥过上学。尽管他在家里很少说起学校里的事情，但直到期中与老师见面之前，他的父母完全没有理由为他担心。在这次见面时，班主任告诉他的父母，杰罗米在班里很退缩、很安静，常常注视着空中发呆，而且很难融入其他孩子。正如他的老师所描述的那样："他似乎有某种隐隐的担忧。"

尽管萨莉和杰罗米的行为很不一样，但可以理解为他们沟通

---

① 尤指外地来的以帮做家务换取食宿的年轻女佣工。——译者注

的是同一个问题。作为家里两个孩子中的老大，杰罗米与父亲的关系特别亲密，这种关系是随着弟弟在杰罗米 2 岁时的出生建立起来的。他的母亲一直有严重的疾病，父亲承担了照料杰罗米的大部分工作。他的父亲工作地点离家很近，在杰罗米上学之前，父亲白天有时会匆匆地回家看他，有时给他打电话，保持经常的联系。杰罗米上学后，他不知怎么就觉得自己被父母忘记了。他似乎不确定自己不在家时父母心中会有他的位置、会想起他。我们开始理解了父亲在白天给杰罗米通电话对他来说有多么重要。通常，电话都是由杰罗米打给父亲的，在潜意识中，这似乎是他检验自己没有被忘记的一种方式；当他上学后，当然就不能再给父亲打电话了。

如何帮助像杰罗米这样的孩子

像杰罗米这样的孩子害怕的是，只要他们的父母相互关心，他们就会被父母“看不到，想不起”。他们需要父母不断地向自己保证即便看不到他们，也不会忘记他们。

- 我们审视了为什么杰罗米会觉得父母可能会忘记自己。他是在努力让自己注意父母在那段时间不同寻常地相互关注的事实吗？
- 杰罗米的父母给予了他帮助，他们告诉他，他们知道他担心自己被忘记了，但这种担心并不是事实。
- 在晚上，他的父母尽量在谈话中不经意地提到几句类似于“工作时，我在想你，我在想你多么喜欢吃烤豆子”之类的话。
- 在午餐盒里发现父母放着的一张小纸条，或一个能给自己带来惊喜的小礼物，会让有些孩子感到很安慰。这可以是一句简单的“我爱你”或“想着你”，或者你的孩子可能需要一些更具体的话，比如“当你在学校里吃午餐时，我在做什么什么”之类的话。

假如孩子忘记了爸爸妈妈

有趣的是，有些很适应学校生活的孩子也会表现出和杰罗米类似的焦虑。有一次，我在一位朋友的家里，她 5 岁半的女儿放学回来了。她坐下来，喝着橘汁、吃着饼干，情绪明显很低落。她的母亲注意到了，问道：

“你似乎有点不高兴，曼迪。”

“是的，”她说，两行眼泪顺着脸颊流了下来，“有时候，我在学校里太高兴了，把妈妈和爸爸都忘了。”

幸运的是，曼迪的母亲马上向她保证，尽管曼迪或许会忘记她，但妈妈们的职责是始终记着自己的孩子。当孩子们因为玩得开心而忘记父母时，他们会因为两个原因而变得极为苦恼。首先，他们可能会担心父母也会如此，也就是说，父母也许会在他们不在时玩得非常开心以致于忘了他们。其次，他们可能会因为自己忘记父母而感到内疚。这是“魔幻思维”的又一个例子，他们会将忘记父母与“摆脱父母”，甚至“消灭父母”搞混淆。所以，虽然你作为一个成年人会将“忘记”自己的孩子理解为暂时把注意力集中于其他事情，但对你的孩子来说，忘记你可能感觉就像是对你的一次主动攻击。

学校对8岁以下的孩子意味着什么

5~8岁这几年，以孩子成长的潜伏期而著称。5岁以下的孩子对自己的身体和父母的身体、身体构成、吃进去的东西以及从身体里排出来的东西都很着迷和好奇。这是因为，身体是一个婴儿和学步期的孩子唯一真正知道的东西。这种对身体的兴趣，包括对性的好奇，以及对婴儿从哪里来的极其关注。在潜伏期的这几年里，对性的好奇心被掩盖了起来，幼儿园和学校为孩子的好奇心提供了一个关注的焦点，以及一个进行令人兴奋的探索的源泉；他们可以安全地呆在教室里了解世界。他们可能会以极大的热情投入到学校生活中去，不仅渴望了解事实，而且渴望了解道德、规则以及社会和环境问题。

学校还为潜伏期的孩子提供了了解友谊并发现与家庭不同的影响的机会。他们会开始形成牢固的友谊，并注意到朋友的生活方式与自己的生活方式的不同。

那些不学习的孩子

一个能力足够并很适应学校生活，但却似乎无法取得学业进展的孩子，有时会让父母和老师同样感到非常担心。这样一个孩子，对于前面讨论过的父母的期待来说，或许是一个真正的挑战。这样一个孩子对老师来说也是一个真正的挑战——如果一个孩子不学习，那就暗示着老师没尽到职责。

要学习，孩子就需要一个探索世界的“安全基地”和好奇心的通行证。

安全基地

“安全基地”这个词，是玛丽·爱因斯沃斯[①]于1967年首先采用的，她用这个词来描述婴儿把母亲“当做出发去探索的安全基地”。她相信，绝大多数孩子是从知道自己被两个彼此相爱的人爱着的认识中，得到这个安全基地的。这两个人，即父母，或父母的替代者，可能并不生活在一起。那些彼此能始终表达尊重和温暖的离异父母，也能很好地为孩子提供一个安全基地（如果离异父母之间有毫不掩饰的敌意，情况就会复杂得多）。这也许有些理想化，但是，当然，孩子生活中的这样一种气氛并不排除在家里会存在困难。亚当·菲利普斯说：“作为一个人是一件很复杂的事情，没有什么能确保你生活得幸福。”然而，尽管生活会有坎坷，但当父母的关系足够好时，孩子们就会有最佳的机会去学习。

为什么安全基地很重要

- 安全基地能够给孩子一种良好的自尊感，也就是说，我很可爱，我很能干。
- 安全基地能够鼓励一个孩子去实现：“等我长大了，我

① Mary Ainsworth，1913~1999，美国著名心理学家，最重要的贡献是对早期情感依恋的研究。1989年获美国心理学会颁发的杰出科学贡献奖。——译者注

要成为像爸爸那样的人"，"等我长大了，我要成为一名像妈妈那样的教师"，等等。孩子们能看到长大并获得成年人的技能——比如读写能力——的好处。

- 安全基地使得孩子不必全神贯注于自己的父母在想什么。他们可以自由地对其他事物产生好奇心。

孩子们很关心自己父母的想法，因为他们依赖于父母。孩子们越感到自己身边的成年人认可并接受自己作为一个人有自己的权力，有自己独特的思考方式、感受方式和表达自己的方式，他们就越有安全感，就越能自由地学习。只有当孩子被倾听和赞赏时，他们才能学习。只有当那些对一个孩子来说是真实的东西对其他人也真实的时候，这个孩子才能与世界、生活、共同的体验以及有意义的关系联系起来。

好奇心的通行证

孩子们需要感觉到能自由地问问题——让他们的头脑随心所欲地探索他们世界中的问题。这种说法也许听起来有些离奇，而且可能还会引起困惑，但是，如果家里有一个秘密，那么，孩子很快就会明白不要问有关这个秘密的问题。最后，他们可能无法质疑任何事情，因为他们害怕自己会发现不能知道的事情。

在被带来找我时，乔治 6 岁。他被认为有着天才般的智力，但在学习上却几乎没有进展。他的老师注意到一个问题，并且也得到了他父母的确认，即，虽然乔治能够很容易地吸收信息，但却极少问问题，而这是一个聪明的孩子在努力扩展自己的知识时应该做的。

乔治的家庭情况很复杂。他的父母离婚了，但仍然在一起生活。他的父亲有一位每周二和周四晚上都要与其一起度过的情妇。出于一些家庭原因，他的父母不想把他们离婚的消息公开。他们向乔治解释说，父亲每周二和周四晚上不在家是因为“爸爸在工作”。在2~5岁期间，乔治接受了这个解释，但是当他开始上学，并且开始对工作以及工作时间有了更多了解之后，这种解释就完全说不通了。

> 通常，当一个孩子显得不好好学习时，在很大程度上并不是孩子无法好好学习，而是他在学习别的事情，在学习一门不同于学校功课的课程。

一个像乔治这样的孩子，也许想研究“为什么爸爸离开家”——他的好奇心用在了这个方面。他的“数学”问题也许是“我的生活中还需要加上什么”；他的“历史”问题是，“为什么生活中有些事情会发生在我的身上，有多少是我的错?”心理学家迈克尔·艾根谈到过孩子们的“正式”与“非正式”发展。正式地，孩子应该按照学校的课程学；非正式地，孩子会有自己要学习的课程。

理解学习的过程

有时候，在没有考虑孩子学习过程中的不同学习阶段的情况下，我们就认定孩子有学习问题，甚至学习障碍。学习过程和进食过程是很相似的。我们摄入某种东西，把它变成我们自己的，并以一种不同的形式将它传递出来。在考虑一个孩子不学习时，重要的是要理解孩子在学习过程中的哪个阶段遇到了困难。是在吸收信息的过程中、处理信息的过程中，还是在以一种有意义的形式再现信息的过程中？如果你想一想自己无法进食的那些时刻，那么，你就很可能会发现孩子何时在学习上遇到了困难：

- 当有身体方面的问题时，也就是说，孩子无法正常地听或看，或者有某种具体的学习障碍，比如阅读障碍①。
- 当孩子情感混乱时：比如，如果他们有某种隐隐的担忧，或者对自己生活中的不幸耿耿于怀和焦虑时。
- 当孩子就是“不饿”时——不能过分强调大人或其他孩子激励一个孩子学习的能力。实际上，也不可能“强迫”一个孩子进食。有时候，孩子可能就是不饿。如果孩子把“拒绝进食”作为沟通的一种方式，那么，在这种沟通得到倾听之前，大人几乎不可能激励孩子“吃”东西。
- 当孩子已经“饱”了的时候——学校的学习安排以及父母在家庭作业上给孩子的过多压力，后果是显而易见的。
- 当“食物”或提供“食物”的人没有吸引力时。如果一个孩子与一位善于鼓励和回应的老师有良好的关系，并在一个有吸引力的干净整洁的环境中得到精心准备的资料和设施，那么，他就有了最佳的学习环境。
- 当食物具有联想意义时。比如，有些人会把番茄汤联想为冬天里一道让人感觉很温暖的佳肴，而有些人可能将它与生病联系起来，因为他们小时候生病时这种食物总是被端上来。一个12 岁的女孩在寄宿学校第一次吃傍晚茶时，挨着她坐的同学说烤面包片上的荷包蛋“看起来就像死眼珠子”，把她吓坏了。当要求一个孩子大声朗读时，就是在要求他大声读出与那些字句和故

① 阅读障碍，是指由于某些复杂的遗传因素和环境因素的影响，部分儿童虽然拥有正常智力、情感以及相应的教育及社会文化机会，但在阅读方面却显著落后的现象。——译者注

事相关的所有联想。一个遭到父亲虐待并遗弃的16岁女孩，描述过自己在为准备普通中等教育证书考试而学习《李尔王》[①]时遇到的困难。这种感觉总是很怪异的，并且正是我们很难理解另一个人的原因。

过分好动的孩子——“他就是不听”

“问题是他就是不听，不管怎么说，一半的问题都出在这里，你能看出来他就是不能集中注意力。”对于因为注意力不集中或分心行为而被送到我这里来的孩子，我几乎能够料到在对他们的描述中会有这句话或类似的话。如今，要求对注意力缺乏多动症进行诊断已很常见了，虽然我并不怀疑这些孩子确实存在生理和神经学方面的问题，然而，我在这里要讨论的是注意力不集中和过分好动的情感方面的原因，以及孩子通过这些症状可能在向我们沟通什么。那些无法静下来的孩子，无论是在教室里乱跑，还是坐在椅子上动来晃去，或者是坐立不安、神情恍惚或做小动作，都让老师和父母既恼火又担忧，特别是在大人觉得这个孩子是“不肯”而不是“不能”认真听或安静地坐下时。

---

① 《李尔王》是莎士比亚四大悲剧之一，讲述一位老国王打算根据他三个女儿所说的爱他的程度来分配他的领土。大女儿和二女儿口蜜腹剑，骗取了领土。其实三女儿才是唯一真正爱父亲的，但因为她说她爱得恰如其分，所以什么也没得到。结果悲剧发生了，李尔王和他的三个女儿全部丧生。——译者注

理解孩子的坐立不安

“人们不理解我的脚，我的脚不停地动，是因为我心里很难过。”

（一个刚刚失去亲人的10岁孩子）

当被问到如何处理心理创伤或焦虑时，成年人经常会说：“哦，我让自己不停地忙。我尽量让自己不去多想它。”对孩子们来说，也是如此。

有时候，过分好动的孩子是在努力向老师和其他成年人表明自己家里的生活什么样。学习变得几乎不可能，因为孩子的大部分精力都用在了多动上。他们无法集中注意力，因为他们在非常努力地使自己的注意力不要集中在某件事上！

忙个不停，尽量不去想某件事，由一个孩子表达出来可能就是过分好动。通过“不停地动”，孩子可能是在逃避痛苦而难以面对的想法和感受，好像他们感觉这样就能把这些想法和感受赶走一样。

消沉时抱有希望

当你消沉时，你周围的人很可能一眼就能看出来——因为你很可能会无精打采、毫无生气而且提不起精神。孩子们的消沉与成年人不同——消沉的孩子可能会紧张、警觉并且动个不停。为什么呢？消沉的孩子希望有人能倾听并理解他们；而消沉的成年人往往感觉没有希望，觉得没人能倾听并理解他们。

消沉的孩子的行为，会误导成年人，因为这种沟通也许并不明显。孩子可能会被当做是在“寻求关注”而不被理会，而事实上他是在“寻求依恋”。

> 孩子们的消沉与成年人不同，因为孩子们往往执着地希望事情能有转机。

过分好动可以被理解为没能建立起依恋感，即没能建立起我们在本章前面所说的“内在的”安全基地。用一个9岁孩子的话来说就是：“我进入了太空。我的意思是说好像我在月球上。我的意思是说好像我很沉重，但我希望感觉到自己的重量。”

这个过分好动的男孩觉得自己悬在空中，他没有与一个大人建立起安全的情感依恋，因而无法以一种有意义的方式探索他的世界。

要当心安静的孩子

然而，过分好动的孩子对自己的处境所抱有的希望，要比那些安静而退缩地坐在教室后面的消沉孩子大得多。后者也许不想寻求并引起老师的关注和理解，因为他已经失去了改变处境的希望，并且不再寻找能帮助自己的成年人。

不倾听的孩子

8岁的诺拉因为不倾听而让父母和老师都心烦意乱。当被要求做一件事情时，她看似注意了并会点头，但却很少能完成任务。对任何这样一个孩子，我的第一个问题会是：“谁倾听她了呢？”

> 只有得到别人的倾听，我们才能学会倾听他人。

当诺拉的父母认识到他们很少倾听她时，他们很震惊。诺拉的哥哥姐姐都快20岁了，在吃饭时，家里这四个成年人往往围着餐桌交谈，偶尔对诺拉说些奇怪的话，而对于诺拉必须说的任何事情，他们都敷衍了事。

焦虑有时是有益的

那些无法好好学习的孩子应该被理解为是在向我们沟通他们遇到的问题，并且应该得到认真对待。将“不学习”理解为一种沟通，有助于我们不将孩子的表现视为一种病态，我们可以对孩子这样说：“你没有任何问题，你的头脑也没有任何问题，你是在努力告诉大人一些事情。”我已经谈到过孩子们会不由自主地对父母头脑中的想法感到好奇。那种焦虑的、占据全部精力的好奇，与那种相对轻松自在的好奇，是有区别的。可以说，我们只有在遇到问题时才会想起自己的父母，所以，快乐的孩子能自由地学习其他东西。

让孩子为上幼儿园或上学作好准备

在公交车上，我无意中听到两位母亲的对话：

“汤姆明天要去初中参加一个面试……太吓人了！”

“为什么会吓人呢？”

“他以前从来没参加过面试。”

“但为什么会吓人呢？”

养育本身就是一件矛盾的事情。从孩子出生的那一刻起，你就与自己的孩子紧紧地联系在一起了，为的是让孩子有安全感，并与你亲密。

想一想：

- 你自己当时对上学是怎样准备的？
- 什么会让你在开学的头几天更快乐？

> 从出生的那一刻起，你就在帮助自己的孩子与你分离并进入他自己的世界、过他自己的生活。开始上幼儿园是孩子的婴儿时期结束的一个明显标志。

你很可能对孩子开始上幼儿园或上学感到很矛盾，并且孩子会感觉到你的矛盾心理。这就需要你努力保持一种平衡：既要让你的孩子知道你会想念他们，也就是说，没有他们在家，你一天的生活会有所不同；又要鼓励他们走出去，快乐、自信地进行这次新的冒险。让你的孩子知道你会想念他们、他们在学校时你会一直挂念他们，与向孩子表明没有他们你不知道该怎么办，是完全不同的。如果像上面引用的公交车上那位母亲那样，向孩子传递的信息是离开家的每一步都是令人担忧甚至吓人的，那么，如果孩子非常焦虑并且不能很好地面对就不奇怪了。另一方面，如果你给孩子提供明确的界限、共情，并且与孩子的学校保持很好的联系，那么，就有可能为孩子的茁壮成长提供最佳条件。

“很奇怪，你想让他们去，你为他们高兴，这是一大步……但是你又不想他们去……我知道我正失去对他的控制。”

（一个11岁孩子的母亲）

明确的界限

- 记住，你的孩子并没有选择去上学。学校是大人强加给孩子的。也许有必要向你的孩子解释他们必须上学，而且他们必须每天都上学，至少要上到中学毕业。一个 5 岁的孩子，在开学第二周的星期一早晨被母亲叫醒：“快点，索菲，该起床上学了。”孩子带着惊异的神情盯着母亲说：“我已经上过学了。”
- 你可能需要再三重申一个明显的事实，提醒你的孩子每天放学后都还会回家。
- 要告诉孩子，你一整天都会想着他们。要向孩子解释，你多么希望孩子在学校过得愉快，同时你在家里也会过得很愉快，并且你期待着晚上见到他们。

共情

- 你的孩子对上学很可能会感到既兴奋又焦虑。这是童年时期的普遍现象。如果他们显得特别焦虑，要向孩子解释，开始一件新的事情总是既令人兴奋，又会引起焦虑的。要跟孩子谈谈你自己第一天在学校里的感受。要告诉他们你在一天中会做些什么，以便他们能对你这一天的情况有一个清晰的印象。
- 在口袋或书包里放一个从家里拿的小玩具，会让有些孩子感到安慰。同样，在孩子的午餐饭盒或书包里放入一张便条，也会很有帮助。

与学校保持联系

- 要尽可能提前多了解孩子的学校和老师。如果可能的话，要跟有孩子在那里上学的父母聊一聊。
- 要去参观学校，开始不要带孩子去。如果可能，要观察一个班上课的情况，或一次集合。要跟校长和老师们谈一谈。这所学校让你感觉好吗？
- 当孩子们知道接下来会发生什么事时，他们会有一种安全感。如今，通常的做法是让孩子们在开学时先参观一下学校。要让孩子知道在哪里挂衣服、厕所在哪里，并帮助他们理解教室里的规矩。

你对孩子老师的感觉

你的孩子会很快学到你对他们老师的感觉。我记得我在刚开始做老师时，与一位5岁男孩发生了冲突，最后他突然大声喊道："没错，反正我爸爸说你只是一个黄毛丫头。"

重要的是，要跟孩子说班主任是个关心体贴、平易近人的人。要向你的孩子解释，如果他们在学校遇到了问题可以告诉老师，老师会像妈妈在家里那样努力帮助他们。

在家里

- 当你的孩子放学回家时，要听他们说说这一天过得怎么样，但要尽量避免问直接的问题。问孩子们问题，通常会导致简短而冷淡的回答，或者得到孩子们认为你想要的答案，比如：

“你在操场上玩得愉快吗？”你的孩子也许会觉得自己不得不说“愉快”，因为他们应该在操场上玩得愉快，或者给你一个简单而冷淡的回答，因为是在回答问题。像这样问：“游戏时间过得怎么样？”才更像是让孩子与你交谈。

- 要记住，孩子们可能刚开始在学校会适应得很好，在几个星期以后或许会经历困难。孩子们常常会在认识到一种体验已经变成现实后，开始对之产生怀疑。上学几个星期，或许会让他们感觉很有趣、很兴奋；但当他们意识到要上那么多年之后，可能会更多地变成一种焦虑。

升入中学

孩子上中学是家庭生活的一个里程碑。每个人都知道正在发生一件重要的事情，然而却没有人完全理解这件事情有多大。在小学的最后一个学期，布赖恩没完没了地说自己九月份要上中学了。他非常兴奋：“哇，现在这个学校已经让人烦透了，在那所学校，你能做许多很棒的事情，比如参加社团、学外语……”

在漫长的暑假过到一半时，布赖恩发现自己很难入睡了。他在白天变得焦躁不安，并且动不动就对兄弟姐妹们发脾气。当他的母亲建议去给他买新校服时，他的焦虑立刻显现出来了。如果他错过了公交车怎么办？如果他找不对教室怎么办？他听说那里“作业巨多”，而且“如果做不完就会被课后留校”。功课也许会太难，他怀疑自己能否应付得了。他的一大堆担忧似乎没完没了，而他的父母同样没完没了地安慰他。

然而，很明显，布赖恩在开学的头几周里一直在努力应付，直到他因为一个似乎很小的意外事件苦恼地回到家里——尽管他非常认真地作了准备，但还是把一只运动短袜落在了家里。他害怕告诉体育老师，就从另一个男孩的包里拿了人家的短袜。当然，他被发现了，并且在那一周被罚留校一次。

布赖恩的母亲对那位老师感到很愤怒。她觉得他对这个焦虑的新生反应过度了，而且她第二天就迫不及待地跟学校打电话说了自己的看法。她说，自己家离学校有些远，所以课后留校是一种很严重的惩罚，因为这意味着布赖恩在天黑之后才能回到家。但当她被告知这只是布赖恩参与的一系列轻微的欺凌事件中的一件时，你可以想象到她有多么震惊。

当我与布赖恩和他的父母见面时，我有了一些新的理解。布赖恩回忆了他当时在怎样努力地找老师的办公室，但却迷了路。他在走廊里向一群从他面前经过的高年级男孩问路，而他们却故意给他指错了房间。显然，与布赖恩在小学是一个更有责任心的大孩子截然不同，在这所大型综合性学校里，他觉得自己是那么小、那么无助。我们开始理解，他的“欺凌行为”与其说是一种欺负人的行为，倒不如说是他在一种觉得自己容易受到伤害的情形中拼命地保护自己的行为。我们可以看出他对不得不从一个教室赶往另一个教室上课的困惑，而在小学里只有一个固定的教室和一位老师。

但是，处于挣扎中的不止布赖恩一个人；他的母亲很快承认，她给学校打电话“太过分了”，并且现在为自己的行为觉得很尴尬：“我那时就像是一头发怒的狮子，实在没有必要。”她承认自己对于布赖恩上中学感到焦虑，因为她知道自己将对他的生活控制不了那么多了。“一天中有一半的时间，我不知道他在做什么，或他的朋友是谁。”她伤心地说。

帮助孩子完成向中学的过渡

孩子们知道，从小学升入中学是他们人生中的一件大事。但是，不要以为他们会因为这是一次影响深远的经历就理解正发生在自己身上的事情。

- 要尽量确保你的孩子尽可能多地了解他们上学头一天和头一周的实际情况。他们会听到许多让他们感到既兴奋又焦虑的传言。
- 要跟孩子讲讲你当年对上中学的感受。听你讲一讲你当时的担心是什么、你喜欢什么以及你是如何对待的，会帮助他们感到不那么孤单。要允许孩子行为的反复。他们也许会对周围的一切都不感兴趣，觉得他们世界中的一切似乎都错了，而且他们可能总是摆出一副殉道者的样子。这既是应对困惑、压力和焦虑的一种方式，也是退回到不成熟行为的一种方式。要记住，在潜意识中，他们知道自己的下一个重大转变是要离开家。
- 你对孩子要去上中学处理得有多好，在很大程度上依赖于你对他们确立自己的独立生活的感受。现在就是你开始规划当孩子们长大后，你将如何生活的一个好时机。

家庭作业问题

如果20年前写这本书，我们或许会认为没必要单独讲家庭作业。因为家庭作业过去一直是中学期间的问题，但是现在的孩子们也许从上三年级起就会有家庭作业。事实上，我最近听说一个学龄前的孩子被要求找三片秋天的落叶，并将它们画出来，作为家庭作业。

与以前任何一代孩子相比，现在的孩子面临着更多的测试和评估。我们能够理解老师们迫于压力才鼓励学生做家庭作业。然而，我们需要记住的是，家庭作业其实是学校的作业。我在本章已经谈到过，在孩子们心中有两个世界：学校世界和家庭世界。当学校世界通过家庭作业进入家庭世界时，孩子可能会感到困惑。然后，孩子用来做家庭作业的房间还会有交叉，无论是厨房案台、孩子的卧室或者是餐桌。这些房间在孩子的心中通常是和家里的事情联系在一起的。

因此，当父母们告诉我家庭作业是他们与孩子之间发生摩擦的一个主要原因时，我并不感到奇怪。许多父母说他们花了半个晚上的时间甚至整个周末，努力让孩子做家庭作业，或者帮助孩子做家庭作业。他们的孩子要么是不情愿，要么很苦恼，要么很焦虑。家庭作业或许很重要，但当它主宰了家庭生活时，就会显得似乎学校里的事情要比家里的事情更重要。

- 你可以通过给孩子提供良好的设施并在他们需要时给予帮助，来鼓励并支持孩子做家庭作业。
- 尽量不要让做家庭作业演变成你和孩子之间的一场战斗。你可以平静而明确地向孩子指出，你确实希望他们完成家庭作业，并且希望他们在某个时间之前完成。
- 如果你的孩子一直拒绝做家庭作业，你可以向他们明确说明你不会在家庭作业问题上和他们争斗。相反，你会给他们的老师写一个便条，说明他们没有完成作业，并让老师处理这个问题。
- 不要害怕跟孩子的老师讨论给孩子的家庭作业的数量。

当你的孩子去上学时，你会做什么

有了孩子后，一件有趣的事情是你的生活被孩子安排了。别人安排你的生活，会导致你对自由的恐惧，导致一些母亲把孩子上学后的这种分离描述为“一种破裂”。你的孩子上学去了，而你现在又做回了自己，你想用这些时间做什么？你的孩子现在有了另一件占据其身心的事情，而这给了你精神自由的可能。

沉迷于养育的事情

父母们经常跟我谈起孩子上学之后，他们为何没有更多的时间。接送孩子上下学、做家务、遛狗，更不要说全职工作了，所有这些事情似乎把每天接孩子下学前的时间都占满了。这里的风险在于，作为一位父母，你可能把一天的时间都用在等待——在心理上或实际上——孩子放学回家。当然，从某种意义上说，你会始终这样做。然而，如果你把孩子不在家的时间全部用来为孩子操心，那就太可惜了。重要的是，你要承认你和你的孩子正在开始分离。你现在有了精神上的自由，来开始为自己思考和规划了。家里小一点的孩子、外出工作等等事情，也许使你很少有时间能抽出身来，但是，你可以开始考虑自己除为人父母之外的其他角色了。

最后，当心私下传话！

我在当老师时，总是用一个承诺来结束对新同学父母的欢迎致辞——“如果你不相信孩子们说的关于我们的话，我们就不会相信他们说的关于你们的话。”

孩子告诉你的学校里的事情，常常类似于一个传话游戏。如果你听到的事情让你担心，尽量不要过度反应，而要温和地询问班主任。把问题谈出来是更有建设性的做法，而不是让问题在你心中积累成焦虑。

总结

- 当你的孩子开始上学时，你也回到了学校。你对孩子老师和学校的态度，会不可避免地受到你自己的学校经历的影响。可以肯定的是，你在学校最糟糕的经历会使你对发生在孩子学校里的类似事情变得很抵制。
- 你可以通过精心准备，帮助自己的孩子完成从家到学校的过渡。
- 要学习，孩子就需要：首先，一个探索世界的安全基地；其次，好奇心的通行证。
- 通常，当一个孩子显得不好好学习时，在很大程度上并不是孩子无法好好学习，而是他在学习别的事情，在学习一门不同于学校功课的课程。

- 有时候，过分好动可以被理解为没能建立起安全的情感依恋。
- 只有得到别人的倾听，孩子才能学会倾听他人。
- 老师和父母或许会发现他们很难看出孩子消沉。孩子们的消沉与成年人不同，因为孩子们往往执着地希望事情能有转机。
- 孩子上中学是家庭生活的一个里程碑。
- 你对自己孩子学校的心态，会受到你对孩子的长大有何感受，以及失去了对孩子某些方面的影响有怎样的感受的影响。
- 家庭作业其实是学校的作业，这可能会让孩子感到困惑。
- 父母可以通过鼓励来支持孩子做家庭作业，但是家庭作业不应该主宰家庭生活的每个晚上（在有些家庭中会是整个周末）。
- 由于你的孩子上学去了，你将如何运用自己的时间？

第 8 章

相信善良

离婚的影响

“无论对孩子还是大人，离婚都会引起许多问题；对父母来说，也许最具挑战性、最常被提起的问题是：‘我们怎样才能帮助孩子妥善处理？并且我们怎样才能不让离婚破坏一切？’”

——本书作者

“我的妈妈和爸爸结束了……（困惑地摇了摇头）……我的意思是说，我的意思是说……分手了。”6 岁的大卫说。

大卫带着一种令人困惑的满足感看着我。6 岁的他措辞很准确，但父母的离婚仍让他很困惑、很痛苦。而且，不只是他——他的父母也极有可能觉得“很难过”，并且感到一切都“结束”了。当发生离婚时，家里的每个人——尤其是孩子——原本理所当然地认为是永恒的事情，结果被证明并非如此；无论是孩子还是父母，都不得不对原以为可靠的、可预见的一些事情说再见。他们不得不接受自己生活中发生的不可逆转的改变，而且情况再也不像从前那样了。

在第7章，我谈到孩子们需要一个“安全基地”，以便由此出发从身体、心智以及情感上探索世界。传统上，我们把这个安全基地理解为父母双方彼此相爱并且爱孩子。由死亡、疾病、分居或离婚导致的这个安全基地的破坏，无论对于成年人还是孩子都可能是灾难性的。父母和孩子都会有一种感觉好像生活在沙堆之上的困惑和迷茫。正如我在前面说过的那样，现在的家庭是多种多样的，有单亲家庭、继父母家庭、夫妻共同抚养孩子但不住在一起的家庭、同性恋家庭、爷爷奶奶或其他亲戚养育孩子的家庭；而且，从为孩子提供“一个安全基地”这个意义上来说，这些家庭越来越像传统意义上的家庭一样得到同样的认可。然而，对于自身就处于离婚危机中的痛苦的父母来说，他们几乎难以承受再考虑并容忍孩子的痛苦。

有一位母亲，她的丈夫在一个周末突然离开了家，她发现自己在难以承受的痛苦之中，面对躺在地上哭喊“我要爸爸，我要爸爸”的4岁孩子，只会严厉地说：“马上起来，你这是在自找不痛快。”这样一位母亲也许会发现，试图为孩子建立另一种“安全基地”几乎令人望而生畏到了不可能的程度。然而，如今各种类型家庭取得的相对的成功，给我们提供了乐观的理由，而且有时候也许还为离婚父母的孩子重建一种陌生而又熟悉的新的安全基地提供了仿效的榜样。

> 重要的是要记住，婚姻并不一定等同于“家庭”或“家”。这是三个经常重叠交叉但同时又独立的概念。

一次失败的婚姻

如果我们的婚姻不如规划的那么美好，或者婚姻中的各种计划没能实现，我们会极其伤心、痛苦和失望。我曾经问一位在离婚后变得很消沉并且有一种强烈的失败感的年轻母亲："如果你不觉得自己很失败，你会有什么感觉?"

"失望，"她抽泣着说，"非常失望。"

一位43岁的离异父亲在认真考虑最近的一段新的情感关系。他结过两次婚，第一次是在他20多岁的时候，另一次是在他30多岁的时候。他已经六年没有性关系了，但现在却被自己办公室里的一位显然对他颇有好感的年轻女性所深深吸引。他用一句话概括了自己的担忧以及不愿"深陷其中"：

"我无法再面对一次失败的婚姻。"

一个十几岁的女孩在谈论自己与第一任男朋友之间在当时看来只好顺其自然的关系。当被问到是什么在阻止她结束这段恋情时，她说："那样我就会有一次失败的恋爱了。"

如果说问题总是成双的话，那么感受也是如此。离婚似乎必然会伴随着一种失败感和自尊感的缺失。离婚也许使人无法避免痛苦的失望，但还有其他一些方式来看待离婚，而不是以成功和失败论之。

- 支持一对夫妻为了共同养育孩子而不离婚，同时又不增加他们对孩子的内疚和焦虑，几乎是不可能的。帮助一对夫妻为了孩子而生活在一起，只能说明他们的分手不符合孩子的最大利益。

- 情感关系不会失败，而是开始、发展和结束。
- 婚姻没有失败。它们开始，往往伴随着极高的希望和期待；它们发展，通常伴随着相当程度的混乱；它们结束，有时候是过早且出人意料地以一方离世或离婚宣告终结。

有人说，父母如何看待自己离婚的经历，将影响他们帮助自己的孩子“妥善处理”的能力。下面两种思考方式有着很大的不同：

“我哪里做错了？我是一个坏妻子、一个坏妈妈。我想这使我成了一个坏女人。”

“离婚不是我们计划好的，我们宁愿没有离婚，但确实是离婚了，我们将不得不妥善处理，不，是从中吸取教训……但我想我们双方都不希望出现这种情况。”

重要的是我们要记住，尽管大人之间的关系会破裂、会离婚，但父母和孩子之间的关系却不会因为离婚而发生改变（婚姻解体了，养育却并没有终止）。你可以决定不想再与自己的配偶保持一种夫妻关系，但你仍然可以与他（或她）共同养育孩子，即便你们现在不生活在一起。

离婚是大人的决定

“这并不是孩子们的错，他们只是这一切的受害者。”

（一位有三个孩子的离婚父亲）

我们还需要记住，离婚和分居是大人的选择；孩子没有选择，却不得不承受父母的选择的后果。其风险在于，就在你想要并需要帮助你的孩子面对你们的决定时，你自己很可能正感到困惑和痛苦。在这样的时刻，孩子们就相对比较容易迷失在情感的混乱中。

朵拉，9 岁，她的父母在她 5 岁时就分居并离婚了。双方都很快再婚了，而且新伴侣都各自有自己的孩子。不到两年，父母双方又都与自己的新伴侣有了孩子。到与我见面时，朵拉已经有了九个兄弟姐妹，有异父异母同胞，也有同父异母或同母异父同胞。她的父母住在两个城市，探望时间难免很难安排，而且执行起来也会出现混乱。要尽量兼顾这种复杂的家庭生活，确实需要精心安排。朵拉感到自己不知怎么就完全“迷失”了。对父亲的探望经常在最后一分钟不得不被取消；有一次，父亲没能出现在约定的见面地点，朵拉和她的母亲不得不在等了一个多小时之后回了家。虽然事后父亲给了一个很合理的简单解释，但可以理解，由于不再确信父亲的爱和关心，朵拉有种被抛弃的感觉，并且无法理解父母生活的复杂性。

朵拉是一个文静、内敛的孩子，她与我很少有眼神交流，并且她似乎对我理解她的处境的努力很怀疑。有一个星期，在她与我连续见面六个月左右的时候，她的母亲提出要把下次见面的预约时间从一大早改到午饭时间，我同意了。然而，她的母亲后来忘记了这次调整，按照以往见面的时间带着朵拉来了，结果发现咨询室的门锁着。她很快想起来了，并向朵拉作了解释，到午餐时间又来了。朵拉告诉了我当她发现我不在那里时，她有多么失望。

“我以为你去逛街了……并且……把我忘了。”

“那么，当妈妈向你解释时，你有什么感受？”

“很好，我感觉很好，‘因为你没有忘记我’。”

“那么，你对我没有忘记你的那种好感觉有什么感受？”

朵拉慢慢地抬起头，盯着我的眼睛。

“我不相信善良，克利福德夫人——那没有用。”

正如孩子们在离婚事件中的感受一样，在生活中的某些事情面前无能为力，就像父母离婚的孩子们那样，就一定意味着要成为一个受害者吗？可以说，重要的不是我们的生活中发生了什么事，而是我们对如何回应的选择。

> 离婚对于相关的孩子和大人都会引起许多问题。对父母来说，也许最具挑战性、最常被提起的问题是：“我们怎样才能帮助孩子妥善处理？”矛盾之处在于，在你努力帮助孩子妥善处理时，你可能会发现自己作为大人也要努力做到妥善处理。

作为一位心理治疗师，我同处于离婚前、离婚后以及离婚期间的许多家庭打过交道，我非常清楚，要支持父母为了共同养育孩子而不离婚，同时又不增加他们对孩子的内疚和焦虑，几乎是不可能的。帮助一对夫妻为了孩子而生活在一起，只能说明他们的分手不符合孩子的最大利益。但是，治疗师的作用不是要维持婚姻，而是更重要的，帮助他们弄明白他们有多想待在一起，以及如何做到这一点。

我们该跟孩子怎么说

大多数分手的父母都认为：“最糟糕的是该如何告诉孩子。”正如一位父亲说的那样：“你如何能找到一个好方法跟一个人说你正在摧毁他的世界？”告诉孩子你们要分手是一项令人痛苦而艰难的任务，也许这就是大人对孩子可能的反应往往会做出极端估计的原因。我们要么会认为孩子的整个世界会被彻底摧毁，要么认为孩子相对来说不会受到太大的影响，并且会很快“重新振作起来”。无论是认为孩子行为的每一个变化都是离婚造成的，还是大胆地断言孩子不会受到影响，甚至会更快乐，都是于事无补的。当然，孩子们会出现极端行为——有些孩子也许会受到精神创伤，而有一些孩子似乎会更满意，因为他们终于摆脱了家庭战争。孩子们处理生活事件的步调各不相同也是事实。有些孩子会立刻作出反应，而有一些孩子或许会在很长一段时间内对父母的离婚泰然处之，直到另一件事引发一场危机。

当然，每个孩子对于父母的分居和离婚可能会作出不同的反应。你不应该对孩子会作何反应匆忙下结论，但你也要记住，离婚对任何一个孩子都会造成极大的影响。

为什么需要告诉孩子

你确实需要告诉孩子！伦敦国王学院于 2001 年对父母离婚的孩子所作的一项研究表明，在父母离异的孩子中，有四分之一的孩子说父母离婚时没有告诉他们。只有 5% 的孩子说父母给他们作了详细解释，并给机会让他们问问题。大多数孩子都说他们对父母的离婚感到困惑和难过。

这项研究还表明，由于离婚的父母对孩子在“两家”生活抱有积极态度，所以，有超过一半的孩子生活在两个家庭中。那些积极参与作出这种安排的孩子，以及那些说自己能跟父母讨论有关“两家”生活的问题的孩子，对于在两个家庭之间搬来搬去更可能有积极的感受。小至 5 岁孩子的看法（通过画画和画家庭图表达的）与大孩子口头表述的看法是类似的。

> 孩子需要明确地被告知自己的父母正在离婚。否则，你就是在剥夺孩子了解自己生活中真实情况的权利。孩子需要知道真相，以便他们调动自己的力量来应对生活中的变化。他们需要哀悼家庭的解体，并清醒地承认父母不会再重新走到一起了。

然而，你需要记住，无论你就离婚的事情给了孩子多么貌似合理的原因，围绕这个话题的暗流总会在家中涌动。你采用什么样的方法告诉孩子，将取决于你们自己——孩子的父母——如何处理这件事。那些总是相互诋毁，试图让孩子站在自己一边的势不两立的父母，与那些努力保持统一战线，把孩子的需要放在第一位，并尽量不在孩子面前过分暴露两人的分歧和敌意的父母，是完全不同的。离婚和分居就像婚姻和恋爱一样，每个人的情况各异且都是独一无二的，但是，作为一个总的原则，要记住以下两点：

- 你们最好一起跟孩子说你们就要离婚了。这会向孩子强调，你们计划继续一起养育孩子，尽管你们不再是夫妻。
- 同时，重要的是要认识到，对孩子来说，你们离婚的任何理由都是不可接受的。

一起跟孩子说

为了让孩子理解这种情感体验，你们需要告诉孩子事实。也就是说，在像离婚和分居这种情感经历中，没有绝对的事实。重要的是，你们要事先彼此沟通，并且要在对孩子说什么的问题上达成一致。如果你们无法面对面地沟通，那么就应该尽量通过书面方式来解决这个问题。这也许听起来很直接明了，但可能并不那么容易做到。

孩子可能会坚持要你们给出一个理由，这时候父母可能就很难做到恰如其分。当父母中有一方并不想离婚时，他或她也许会反对这种“统一战线”的做法。虽然这是可以理解的，但这也是把孩子的需要放在第一位的时候。如果你们不在孩子面前统一说法，而是表现出自己是受到伤害的一方，你期待得到什么结果呢？

> 在跟孩子谈时，你们最好尽可能简单而诚实。孩子们不需要知道大人的婚姻为什么破裂的所有细节。

“不是你的错”……这是大人的事

“他们总是吵架，我以前希望他们分手。我希望爸爸离开，那样他们就不会再争吵了……但是，我从来都不是当真的，我从来没当真。”一位9岁的女孩在谈到父母即将分手时，抽泣着说道。

“我跟他们说，‘我不知道为什么你们两个不分手。你们总是吵架，你们最好分开。’”

“我没想到他们真会这么做。我真的接受不了。”一位12岁的男孩在谈到父母的离婚让他感到多么突然时这样说，尽管有时候他希望父母分手。

即便与上一代相比，如今的家庭也已经大不相同了。父母与孩子之间的界限模糊多了，但是，在这个时候需要意识到，家庭里面的事情，有些是大人的，有些是孩子的。

- 你的孩子需要一个明确、直接的信息——“这不是你的错，跟你没有任何关系，这是大人的事。”这也许会让孩子感到无能为力和愤怒，但他们也会感到自己不必要的负担得到了解脱，不会再无缘无故地觉得这是自己的错。

- 你的孩子的痛苦可能是不可避免的，但这种痛苦可以被缓解而不是加剧。当一个 4 岁的孩子问“为什么爸爸不来看我”时，如果绝望的、被抛弃的妈妈回答：“因为他不想来看我们，我也没有办法。”这种回答是没有任何益处的。
- 我们需要记住，没有什么魔法语言。不管你如何安慰，孩子们都不大可能相信你。你们需要记住，这是一项长期的任务，需要你们两个人共同努力才能使孩子不再深信父母的分手不管怎么说都是他们的错。
- 在跟孩子谈的时候要真诚，意味着在告诉孩子时不仅要采取适合孩子年龄的方式，而且还要是最有益于孩子的情感健康的方式。“爸爸不再爱妈妈了。他真的还喜欢妈妈，但他遇到了另一个更愿意在一起生活的人。”这样说，要比毫不掩饰地说“父母中一方不再爱另一方了”给孩子造成的伤害小一些。

尽管父母此时感到很矛盾、很困惑，但最重要的是，孩子需要父母向他们保证父母双方仍然爱他们，父母都仍然想见到他们，以及——或许这是最重要的——父母不会要求他们在父母之间作出选择。

当父亲或母亲突然离开家时

道别会让我们难过和生气

有时候，父母中的一方会突然离开家或者双方处于势不两立的状态，就没有机会让孩子作好准备。作为父母中被抛弃的一方，你的首要任务，是尽一切可能劝说你的原配偶与孩子联系，并帮助他或她向孩子解释发生了什么事情。这么说太理想化、太轻描淡写了！你很可能会感觉自己完全没有希望帮助困惑而难过的孩子们。在这种情况下，更重要的是将关注的重点放在孩子因为见不到父亲或母亲是多么沮丧和痛苦上，而不是关注对方离开的事实及其原因。

为什么不该在孩子面前指责前配偶

父母是孩子的一部分；如果一个孩子觉得父母中的一方或双方都“坏”，那么，他们就极有可能觉得自己的某些方面也是“坏的”。正如任何一位了解过儿童受虐事件的人都知道的那样，孩子们会竭尽全力为自己的父母掩盖并辩护。让孩子知道你的前配偶的行为多么恶劣，也许会让你心里舒服些，但你的孩子却会很痛苦。

当知道前配偶不愿意联系时

有时候，你在分手时就知道离开的那位父母不大可能与孩子有太多联系。作为留下来和孩子一起生活的父母，你有一项艰巨的任务。孩子的整个世界完全被颠覆了，你无法指望他们能理性地思考。你很可能要充分体验孩子的痛苦、愤怒、沮丧和被抛弃感。

“这不公平……他们的母亲离开了……可我却要忍受他们所有的恶劣行为……你会认为这是我的错。”

（一位有两个孩子的离异父亲）

孩子们可能会害怕对离开的那位父母生气，因为害怕他或她再也不回来。

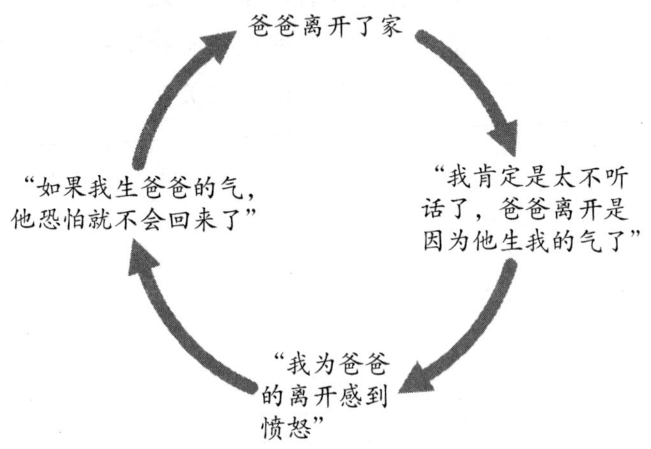

有时候，最有益的做法不是为离开的那位父母解释或找借口，而只需要接受孩子的感受，比如：“跟爸爸联系不上让你很难过、很生气。”

孩子们对离婚和分居的反应

我们需要记住，离婚是一件无法预料的事情。你不应该假定孩子对这个消息会作出怎样的反应，但你很可能从两个问题中让孩子把自己的震惊和困惑表达出来：“发生了什么事?”，以及“现在会有什么事发生在我身上?”重要的是要告诉你的孩子，你知道他们无法理解为什么会发生这种事，并且要承认并接受他们既痛苦又困惑的感受。

孩子完全不理解

在一条繁华的商业街购物时，我在一家商店门口遇到了三个女孩。两个大一点的女孩的年龄可能有 9 岁和 11 岁，她们一脸焦虑地看着那个正在伤心地哭泣的大约 4 岁的小女孩。当我走到商店门前时，我的目光与两个大一点的女孩的目光相遇了。我问她们出了什么事。她们看起来既尴尬又不安，因为小女孩哭着说“爸爸不再爱妈妈了”。

“我肯定他还爱你们。”我走上前去安慰她。

“不，”她抽泣道，“他不爱，他会待在……”

汤姆，12 岁，父母分手时他极为震惊。这是个极为正常的家庭，汤姆在寄宿学校上学，没和父母住在一起。但在假期，他在家里的生活似乎非常幸福。他对父母婚姻的极度不幸福毫无察觉。“他们说他们喜欢彼此，但并不爱对方。他们说对对方的喜欢程度不足以让他们一起生活。所以，我在放假时不得不轮流跟他们住。我将永远无足轻重。”

上面这两个孩子都没有意识到父母会分手，他们的震惊和难以置信是很明显的。在这两个例子中，他们的父母都努力简短而诚实地向他们解释双方不想再生活在一起，但会继续爱自己的孩子。对这些孩子来说，这样做毫无意义。

如果“爸爸不再爱妈妈了”，那么，孩子就会担心爸爸不再爱作为父母的一部分的自己了。正如一个 7 岁的孩子所说的那样：“也许我有臭味。我喷了妈妈的香水，但也许我有臭味。”

有趣的是，父母在提起家里的孩子时总是会用集合名词来指代，比如“孩子们”、“女孩们”、“男孩们”、“双胞胎”、“小东西们”，或者如一个对自己的四个孩子感到精疲力尽的父亲常常说的“那四个”。从某种层面上来讲，这是可以理解的，但从另一个层面来看，它凸显了我之前提到的那种想法：痛苦中的成年人常常很难认识到家里每个孩子的不同感受，成年人往往会说“孩子们”的反应。

想一想：

- 有多少人在经历离婚，就有多少种离婚体验。
- 从我的工作经验来看，虽然所有孩子对父母离婚的感受会有一些共同之处，但每个孩子的体验都是独一无二的。有些孩子似乎能泰然处之，但有些孩子会伤心欲绝。

独有的体验

心理学家默里·考克斯强调过《哈姆雷特》中王子在父亲去世后开始发疯的一幕场景。王子的母亲，乔特鲁德，试图安慰他。她指出，许多年轻人在哈姆雷特这个年龄失去了父亲，但又重新振作了起来，而没有像哈姆雷特这样发疯，她又说：

“为什么好像唯独你这么特别？”

“不，母亲，我知道不是好像，而是就是。”

或许，父母面临的一项艰难任务就是在家里尽量接纳这个事实。要尽量记住，在父母因为离婚而智穷力竭的时候，关注每个孩子的独特感受是一件劳神费力、压力很大的事情。以一种无例外的方式考虑“孩子们”的反应，会更容易一些。

当一个孩子承受所有的悲伤时

彼特、菲利普和简在其父母离婚18个月后，同父亲一起来见我。起初，父母“共同照顾孩子”，他们在工作日期间和母亲住在一起，而周末则和父亲住在一起。一年后，母亲在工作中升职了，这意味着她要到别的城市去工作，而父亲决定再婚。这时，父母都认为，在上学期间同父亲住在一起，而假期和母亲住在一起，对孩子们是最好的。

彼特和简似乎对父母离婚造成的巨大变化已经适应了。家庭的解体让他们很难过，但他们似乎很快适应了新的生活。像许多孩子一样，彼特和简都觉得父母各自的家都真心地欢迎自己，这使他们很快安定了下来。然而，当再次发生变化，并且他们的母亲搬走之后，他们既焦虑又苦恼，但是，由于母亲每天给他们打电话，而且有时周末来看他们，他们很快又安定了下来。

对于8岁的菲利普来说，生活一直艰难得多。父母离婚后，他就一直心烦意乱。作为一个性格外向的孩子，他兴趣很广泛，参加着幼童军、体操俱乐部等等。父母离婚后，他立即拒绝参加了，他最后抽泣着说：“我不想让人知道我的家庭破裂了。”他变得安静而孤僻，吃不好，睡不好，而且学习也受到了影响。

几个月过去了，他似乎初步适应了新生活，但会在周五晚上母亲离开时黏着母亲不放，在周日晚上父亲要离开时又缠着父亲不放。他的母亲说他“经历着这些变动，似乎并没真正喜欢或不喜欢任何事”。

最终，菲利普开始小偷小摸，先是从家里偷，后来从学校偷，最后从当地的商店偷，致使他被带到了我这里来。菲利普的父母非常努力地理解他、安慰他。他们对菲利普为什么会受到这么大的影响感到很困惑，想知道这是否与“中间儿综合症”[①] 有关。他们对另外两个孩子适应得比较好感到很宽慰，而对菲利普则感到既愧疚又沮丧。

“菲利普难过，因为他想他妈妈”

家庭咨询刚开始，彼特和简很快就主动说，他们来见我是“因为菲利普，他不听话”，后来变成了“菲利普难过，因为他想妈妈”。

“只有菲利普想妈妈吗？”我问道。

“是的，”彼特回答得很快。“嗯……不……其实不是——”他艰难地咽下了后面的话，“——但菲利普想妈妈。”

或许彼特给我们提供了一条线索！有时候，一个孩子能替其他孩子承受所有的痛苦、悲伤和焦虑，通过变成家里“不快乐的那一个”（或甚至是“快乐的那一个”），其他孩子就能自由地继续他们的生活。从某种意义上说，菲利普可以不受限制地忧伤。他的哥哥和妹妹则避免了忧伤。彼特和简不需要考虑父母离婚造成的令人不愉快的那些方面，因为菲利普为他们做了。

随着时间的流逝，这种平衡由于彼特和简的悲伤多了一点而得到了调整，使菲利普得以从“问题”角色中解脱了出来，他开始能更快乐一点地生活。彼特能主动告诉我，作为家里最大的孩子，他觉得他得为自己的难过“保密——以防弟弟妹妹更难过”，

---

① 有儿童心理学专家指出，排行老二的孩子，相对而言缺乏安全感，因为相比之下，这些“中间儿”没有老大或老小那么“受关注”。——译者注

而简则说："我不难过，因为如果想到妈妈的话我会难过，所以我就不想。"

"那么，当你看到菲利普难过的时候你有什么感受？"

"嗯，因为那是菲利普在想他妈妈……"

"他妈妈？"

"也是我妈妈。"她平静而伤心地说。

在8个月之后的一次随访见面中，我看到这家人已经处理得很好了。用彼特的话来说就是，现在每个人都能"感受自己的感受"，生活对每个人来说似乎都变得更容易、更快乐了。

一种丧亲之痛

作为成年人，我们都知道一个人即将死去与一个人将要住在另一个地方并和我们保持联系——即便不是经常联系——之间的区别。但在离婚中，不论是大人还是孩子都会体验到一种类似于丧失亲人的强烈的丧失感。而且，目前的家庭的确已经不复存在了。然而，为了帮助孩子，我们需要以不同的方式对待离婚带给孩子的丧亲感和亲人去世引起的丧亲感。

- 当父母中一方离世而使孩子失去父亲或母亲时，我们知道，要帮助孩子接受他们将再也不能在这个世界上看到这位父亲或母亲了。我们会帮助孩子逐渐放下悲伤，并继续自己的生活。我们会努力帮助孩子理解，尽管去世的那位父母将永远是他们的一部分，但他们与这位父母一起生活的日子已经成为了过去。
- 孩子们因为父母离婚而遭受的丧失感是不一样的。他们可能会觉得自己失去了一位父母，但是，他们当然没有失去；他们失去的是与这位父母一起生活的方式。他们这时必须在帮助下形成与这位不是每天都能见到的父母一起生活的新方式。

- 离婚后，孩子必须适应与离去的那位父母在一起时的新方式。“尼尔现在和妈妈住在一起……当我去和妈妈在一起时，我要和妈妈一起睡在那张大床上。我希望尼尔睡在那张长沙发上。”

> 你的孩子可能觉得好像自己失去了父亲或母亲一样。重要的是要提醒孩子，父母还是同一个父母，只是与那位父母一起生活的方式变了。

不用说，当这个 6 岁的孩子发现尼尔和妈妈一起睡在大床上，而自己睡在“长沙发上”时，她很难接受。父母离婚后，孩子的这种丧失感会像丧亲之痛一般强烈。然而，你不应该鼓励自己的孩子“放下”离开的那位父母，而应该鼓励他们与之建立一种新的关系。

对于没跟孩子生活在一起的那位父母来说，会普遍感觉自己“失去”了孩子，如果继父母大量地参与孩子的养育，就尤其会如此。

孩子所处成长阶段的影响

孩子们对离婚的反应，不仅取决于他们的个性和家庭关系，还取决于孩子的年龄。

3 岁及 3 岁以下孩子：依恋的重要性

对于不到 3 岁的孩子来说，最重要的成长任务是巩固对一个“足够好”的父母的依恋感。也就是说，学步期的孩子正在形成自己对“安全基地”的观念。当与父母分离时，他们会有焦虑和不安全感——一个跟家人一起郊游的 3 岁孩子，也许特别喜欢和一个疼爱自己的姑妈在一起玩，但却会经常“去看看我妈妈”，这是对自己的“锚地”是否消失的一种快速核查。这与 4 岁的简的情况完全不同。在父母分手后的一年里，不管什么时候离开家这个安全的港湾，简都会变得极其焦虑且没有安全感。即便是探望像外祖母这样熟悉的人，也总是以她叫喊着被拖出车为开端，然后她会歇斯底里地试图跑出屋子，哭着说：“我要回家，我要回家。”有一天，当一位来访者平静地说了“你可以回家，简，你可以回家，等我们都喝完茶”之后，她异乎寻常地很快安静了下来。

这个孩子的安全感已经被损坏到了如此地步，以至于只有和母亲呆在自己的家里，她才会感到安全。这个“安全基地”在很大程度上来说是一种实在的东西。正如我已经讨论过的那样，离婚让孩子们最难以接受的往往是他们理所当然地当做永恒的事物，结果被证明并非如此。他们处理意料之外的事情的能力或许暂时是有限的、脆弱的，但不一定会永远如此。

像简这个年龄的所有孩子一样，在父母离婚时，她需要母亲加强她的归属感，这不仅需要母亲陪在简的身边，而且还要保持简的生活规律。这样，简才能通过预知自己的生活中将要发生的事情，开始建立起安全感。比如，“午饭后，我们会去公园，然后我们会回家喝茶。”给孩子讲讲他们自己的故事也会有帮助。

孩子们喜欢听他们“自己的故事”，他们是如何出生的，名字是如何取的，等等。这种历史感有助于孩子感觉到与现在的紧密联系，并使他们有能力探索未来。

4~8 岁的孩子：自责

“我不做家庭作业，而且一直跟姐姐争吵，并且……我猜这就是原因。”伊恩是一个好斗且不快乐的 8 岁孩子，他的老师说他“总是制造麻烦”。他的父亲发现自己一个人很难养育好伊恩和他的姐姐，并且对伊恩令人烦恼的行为感到很困惑：“他知道自己逃脱不了，他知道会被逮住。”

当我问伊恩认为母亲为什么会离开家时，他想了一会儿，说：“我表现不好……好像是我太吵闹了。”

在离婚时，父母向伊恩解释了母亲离开的原因。然而，对伊恩来说，那些原因好像解释不了母亲的离开，尽管父母给他说了事实，但伊恩形成了自己的见解。我在前面几章中谈到过，某些年龄段的孩子往往会把自己看做自己世界的中心，而且会认为自己生活中的所有事件都是自己造成或导致的。伊恩令人难以忍受的行为，可以被理解成他是在向大人问一个问题：“这是妈妈离开的原因吗？我是这么做的吗？事情是这样的吗？”他被惩罚的越多，他的感觉就越“坏”。伊恩的父亲必须努力反复传达一个明确的信息：“离婚不是你的错，跟你一点儿关系都没有，这是大人的事情。”

比较的重要性

8~11 岁的孩子："我只想要回以前的那个家"

10 岁的卡萝尔很愤怒。她的愤怒蔓延到了生活中的各个方面——门被踢开、被摔上，鞋子被用力扔进柜子里，食物被风卷残云般狼吞虎咽下去。最轻微的挫折也会导致她大发脾气。她的母亲说她有"一副永不满意的表情"。卡萝尔的父母在她 7 岁时分手了。她的父亲由于工作原因离家越来越远，父母"相互不再了解"，而且双方都发展了新的恋情。卡萝尔极为怨恨双方的新伴侣，她母亲的男朋友最终在我们见面前六个月搬了出去。她周末和父亲一起度过，尽管父亲慷慨地送给她许多昂贵的礼物，并且还经常带她郊游，但她在父亲家里的愤怒丝毫不比在远没有那么富裕的母亲家里少。

起初，她的父母认为她会随着时间的流逝而平静下来。然而，当她的行为在父母分手一年之后仍令人担忧时，母亲开始寻求专业帮助。在我第一次和她们见面时，卡萝尔的母亲明显感到很无助和力不从心。她焦急地列举了自己努力为卡萝尔做的所有事情。她描述了父亲对女儿的溺爱，最后很无力地说："我们做的任何事都是错的，我们不知道她想要什么。"一直坐在椅子里怒目而视的卡萝尔，这时愤怒地插话说："我只想要回以前的那个家——我只想像其他人一样跟爸爸妈妈生活在一起。"

"这不公平，不公平，我不想让人知道我的家庭破裂了，这不公平"，一个 9 岁的孩子哭喊着。这个年龄的孩子会醉心于跟人比较，谁有什么，以及自己处于什么地位。离婚对这些孩子的影响，往往会反映在他们关注的这些事情中。虽然他们可能会感到内疚和伤心，但离婚对他们的影响主要是一种愤怒和不公平的感觉。即便在现在这个离婚相对比较常见的时代，这样的孩子也会感到自己被挑选出来受到了不公正对待。

这个年龄的孩子需要时间和空间来生气，并且你要允许他们生气；但他们还需要在大人的帮助下知道自己为什么生气并且不乱发脾气。比如，当卡萝尔因为妈妈用炸鱼条而不是香肠给她作茶点而大发脾气时，她的母亲平静而坚定地说："卡萝尔，你生气的是我和爸爸没生活在一起，而不是因为你想要香肠而不是炸鱼条作茶点。"这似乎给卡萝尔提供了一个向母亲发泄自己对于父母离婚的愤怒的机会，而且也给母亲提供了一个机会，提醒卡萝尔一直生气并不能让父亲回到她们身边。

以买东西为补偿

9 岁的贝思的父母在大约六个月前分手了，她的父亲因为她令人担忧的行为而来找我咨询。贝思的母亲突然离开了家，并出乎意料地去了西班牙，和她的新男朋友住在一起。她定期与贝思通电话，但她们只在贝思去西班牙度假时见过一面。她的父亲介绍了贝思怎样显得"一直闷闷不乐"。他主动告诉我，在母亲突然离开家之后的头几周里，他通过给她买新衣服、新玩具来宠着她，努力使她高兴起来。"但现在"，他说，"她想要更多。她似乎从不满足。这些天来，她似乎认为应该给她买她想要的任何东西。"

当他带贝思来见我时，父女俩在咨询室里就争论了起来，因为他拒绝给她买最新款的布拉茨娃娃[1]。

“这太不公平了，”贝思喊道，“别人都有。”

“哦，都谁有？”她的父亲问道。

“嗯，塔姆辛和索菲有一个，而且他们的父母没有分手。”

我们开始理解了贝思的困惑。像卡萝尔一样，她相信母亲的离去是极其不公平的。她误解了父亲慷慨地给她买礼物的做法。她相信自己有权比其他孩子得到更多，因为她失去了母亲；她相信足够的物质的东西最终会填补母亲的离去给她留下的情感空白。

12 岁和 12 岁以上的孩子：痛苦和失落

孩子们会以自己独有的方式和时间处理自己的痛苦，但到了 12 岁，许多孩子都能够告诉你他们对自己生活中的事件有什么感受了。

“你们分手让我真的感到很伤心。我为自己伤心，但更为弟弟妹妹们伤心，他们不会有我那样的幸福童年了。”

（四个孩子中的老大对她的母亲说）

“你们分手太不公平了。我们不会再有以前那样的圣诞节了，一切都不一样了。”

（一个 8 岁的男孩）

① 布拉茨娃娃稍不同于芭比娃娃，打扮前卫，服装以高低皮靴、热裤背心为主，这些娃娃肤色不同，种族不同。——译者注

“有两个家真是太酷了。你和妈妈现在更幸福了，真好，我不用再为你们担心了。”

（一个12岁的男孩对自己的父亲说）

然而，你需要记住，在有压力以及不开心的时候，大孩子（以及成年人）可能会退回到用行为来表达自己的感受。你或许会发现，你的12岁的孩子的行为方式偶尔会异常令人难以接受，并且更像小孩子。

社会和其他因素

“但是，不只是伤心和生气，还缺少了一些东西……还有其他孩子。”这个10岁的男孩每周来见我时，都会因为父亲的离去而冲我发火。我认为最重要的是让他把这种怒气发泄出来，并帮助他把这种愤怒与他那同样深切地感受到的悲伤联系起来。他一直在向我描述在一个周末从父亲那里回家后同母亲发生的一次争吵。对我来说很明显，母亲成了他发泄对父亲的愤怒的出气筒。我想起了“离别会使我们悲伤和愤怒”。

他使我很快地想起，他要处理的不仅仅是这些感受。原本确定而稳固的情感生活，现在变得不稳定了。他现在感觉一切都失去了控制，并且要对父母双方都忠诚。还有，他原本衣食无忧、极其富足的生活，现在变得拮据了许多。他的家——他知道的唯一的家——已经被卖掉了，他和母亲搬进了一个不那么富足的社区里一座小得多的房子。他非常清楚自己社会地位的丧失与他逐渐丧失的自尊之间的联系。他将自己看做与朋友们“不同”的人，并且“不如他们条件好”，因为他没有昂贵的游戏机和名牌服装。他突然变成了“单亲家庭”的一员。

他需要处理的不仅是这些对自己“特有”的事情，还要处理社会对这样一种家庭的看法。他的母亲习惯于在早上收听英国广播公司早间的纪实节目。一天，在吃早饭的时候，他突然问道：“妈妈，单身父母家庭和单亲家庭一样吗？我们是这样的家庭吗？”他开始害怕自己和自己的家被归入了一个在节目中被描述为“不被同情”的群体。

父母怎样才能帮助孩子

“我知道我做的是正确的，我们不能再继续这样彼此令对方窒息了，但这些孩子……他们被毁掉了……我们在毁掉他们的人生。”一位离婚中的母亲说。

> 夫妻们会为待在一起或分手找到各种理由。他们不会为了孩子而待在一起，在这种情况下，孩子无一例外都是夫妻由于其他原因而待在一起的一种掩饰。“为了孩子而在一起”，可能是他们逃避思考待在一起的其他原因的一种方式。

大多数经历过离婚的父母，都会时不时地表达他们一直都想或者更愿意为了孩子而生活在一起。有时候，就婚姻寻求帮助的父母们会说这就是他们还在一起的原因。当他们说出这个理由时，我总是很怀疑。

导致离婚的另一方面原因是，无论夫妻双方多么愿意努力，有时候夫妻关系就是不行。作为人类的一员是一件很复杂的事情，而且并不是总能按照个人的意愿安排或控制的。从我的工作经验来看，就离婚而寻求帮助的父母们往往会陷入两种思维方式中：

- 对离婚给孩子造成的影响过于焦虑。
- 过于轻视离婚对孩子的影响。

对作为父母的你来说，这种艰难的平衡在于要承认你的行为会对孩子造成影响，但还要知道，在这件事情上痛责自己并不能帮助你承受孩子的困惑和痛苦。在这种危机时刻，比较有效的做法或许是就行为及其后果进行思考，而不是思考事情的对与错。如果你们离婚，就会对孩子产生一系列后果；如果你们待在一起，对孩子会有另外一系列后果。

没有人能选择自己的父母；我们只能接受自己与生俱来的东西，并尽自己最大的努力。所以，父母怎样才能帮助孩子妥善处理父母的离婚呢？这是一项艰难的任务，因为这时你可能也想知道自己该如何妥善处理。你还会担心自己说出或做出让孩子相信你和配偶还会重新回到一起的事情来。

这是一段你也许会感到自己作为父母很绝望、很无能的时期。然而，如果你能设法向你的孩子表明你理解这对他们来说有多么难，但他们仍有可能快乐地生活，那么，你就是在帮助孩子妥善处理这件事了。如果你因为孩子的痛苦而感到过分内疚和焦虑，你就很可能会让孩子认为现在的生活只能这样糟糕了。

孩子们永远不应该替父母承担责任，但是，关于在这些新情况下他们的家庭将如何生活，如果能让孩子们参与一些与其年龄相符的有关自己的家庭在新情况下如何生活的规划，就能帮助他们设想未来更快乐的生活。如果孩子们感到全家人在共同努力应对这场新危机，他们也许就不会觉得那么失控和困惑了。对于在一个家庭中处理离婚和分居而言，没有什么神奇的解决办法，但有三个目标有助于争取一个足够好的局面：

- 尽量不要让孩子卷入你们两个大人之间的敌对中。
- 尽量不要把事实和个人感受混淆在一起。
- 对于探视的安排要可靠并始终如一。

不要让孩子卷入父母的敌对中

我在前面提到过不要把孩子拉入大人之间的冲突的重要性，这往往会事与愿违。当然，在某种意义上，孩子们始终都处于这种冲突中，但父母可以有意识地采取措施予以控制。

汤姆，11 岁，他将要和父亲以及父亲的再婚家庭一起过复活节。在应该出发前的半小时，他说自己必须去商店给父亲买一件复活节礼物。因为知道没有足够的时间买礼物，汤姆的母亲马上就被置于了一个两难境地；如果她同意，汤姆的父亲就得在见面地点和两个年幼的继子女等很长时间。她试图让汤姆相信没有这个必要，并且说爸爸只要见到他就会很高兴，但没起作用。

在回忆这个小插曲时，她说："当然，我意识到自己真的很厌烦，因为他没有给我买过复活节礼物，所以为什么他爸爸应该得到一个礼物呢！"这个故事让人很同情的一个结局是，汤姆为父亲选了一本《欢闹》[①]，而在复活节的早上当发现父亲为他买的也是同样的礼物时，他欣喜若狂。"他给我买了同样的礼物，妈妈，他给我买了同样的礼物，我们两个实在太像了。"

---

① 英国流行的儿童连环漫画杂志，充满有趣的故事和笑话，每周一刊，其中著名的角色有淘气阿丹和巴什街顽童。——译者注

对于父母中有监护权的一方来说，要容忍孩子将另一方理想化——正如一个孩子所说的“圣诞老人爸爸”——是非常困难的。在这种时候，重要的是要像这位母亲那样坚守一个事实：孩子很可能对要去探望的那位父母不那么有安全感，而且可能因为害怕把这位父母推得更远，而担心自己对他或她生气或造成打扰。正如一位10岁孩子所说的那样：“在爸爸的家里我很努力。我不想让他失望。我不想让他不高兴，因为……因为……我必须是他最棒的儿子。”

不高兴也没关系

在这个过程中，关键是父母对孩子在探视前后的行为的理解。在汤姆5岁时，每次去看望父亲，他在父亲家的最后一夜以及回到母亲家的第一夜总会做噩梦。他的父亲认为这是由于汤姆跟他在一起时更开心，而不想回到母亲那里。母亲则认为这是由于汤姆和父亲在一起时很苦恼，所以需要减少汤姆看望父亲的次数。幸运的是，双方都克制住了想要指责对方的冲动，并在帮助下理解了问题在于汤姆是在艰难地适应在父母之间的这种过渡。他需要父母双方的安慰，要向他保证他们很高兴见到他，并且当他不在身边时也会想着他。

心里认为爸爸妈妈还在一起

“周六，我去参加了童子军的聚会，妈妈和她的朋友出去了；周日，我和詹姆斯一起踢了足球，妈妈出去买下周参加晚宴要穿的礼服。”汤姆的母亲正在说着自己对失去生活隐私的沮丧。她的孩子每天都给他们的父亲打电话，不仅详细叙述自己当天的活动，而且还包括她的详细活动。当他们和父亲在一起时，也会向妈妈详细叙述父亲的活动。

“我知道，告诉他不要跟父亲说我在做什么会很不好，但我真的受够了。”这位母亲说。她能够理解汤姆这样做是在心里努力把父母当做还在一起的夫妻，尽管他们实际上已经分手了。要求他在对父母中任何一方说话时有所保留，会让他卷入父母的敌对中。幸运的是，汤姆的父母早就知道两人一起作为“养育伴侣”的重要性。

尽量不要把事实和个人感受混淆在一起

“我不知道怎么回事，我只是打电话商量下学期哪些周末他（汤姆的父亲）想要见到孩子们，可他一直说‘哦，那个周末我不在’或者‘我们已经买了那个周末的戏票’，结果我们大吵了一场。我告诉他，我希望自己能自由地做一些社交方面的安排。”

建议父母在为孩子们、金钱等等作正式安排时尽量不要带着个人情感，也许会显得刻意而做作。讨论实际问题，本来就很可能引起强烈的情感，带着隐藏的愤怒、怨恨和内疚。可以说，在讨论孩子探望一位父母的安排时，父母双方不为自己造成了这种状况而感到愧疚和烦恼，几乎是不可能的。

- 有些父母发现，通过书面方式进行安排更简单明了。情绪激动时，我们不但很容易误听、误解对方的话，而且还会误听、误解对方的语调；而把安排写下来则有助于避免误解和困惑。
- 需要让孩子传递的信件，在把信交给孩子时，要以一种愉快而积极的语气说：“你把这个交给爸爸行吗，是关于你下次去看他的”，而不要有些生气地说“把这个交给你父亲”，这会加重孩子对父母已经彼此反感到了不能见面的地步的焦虑。

探视的安排要可靠并始终如一

“圣诞节爸爸要带我去滑雪，真是棒极了，爸爸会教我滑雪。”

“他这样说过吗？”

“是的。”

“最近？”

“是的，爸爸说要带我去滑雪。”

“有时候爸爸有很好的主意，但他并不总能做到。”

“如果他这次做不到，我就杀了他。这是他最后一次机会，我会杀了他。”

一个9岁的孩子和她母亲之间的这段对话，让听到的人很痛苦。这位母亲知道孩子的父亲极有可能会食言，所以，她既要尽力温和地让孩子别抱那么大希望，又要说服孩子的父亲尽早告诉女儿。

- 作为父母，你可能要努力在你的内疚和让孩子感到他们仍然是你生活的中心之间保持平衡。总的来说，优先安排答应孩子的事情，可能是传达这种信息的一种办法。也就是说，孩子们不会主导一切，而且，两个大人也需要过自己的生活。
- 如果无论如何都必须取消某次探视的话，孩子不仅需要失约的父母作出认真的解释，而且还需要从父母对此表达出的失望中得到安慰，并且需要有机会向父母双方表达自己的感受——伤心、失望、愤怒、怨恨以及被抛弃感，等等。

- 一个实事求是的理由，比如："我得工作，我真的很抱歉"，在一开始或许是必要的，但是，孩子还需要知道父母理解他们的感受，而不只是一个理由。
- 要记住：对孩子来说，对取消探视所作的任何解释可能都难以让他们完全接受。

> 虽然可靠和始终如一在任何情况下都是养育的基本要求，但在离婚后，它们变得尤为重要。父母需要不断地提醒孩子自己想见到他们，并且要一丝不苟地遵守约定。

9岁的莫拉格和母亲一起住在苏格兰。在她4岁时，她的父亲及其再婚家庭搬到了伦敦。出于经济状况的限制以及其他各种原因，探视很难安排，但是，每年夏天莫拉格都要去父亲那里待两周。三年来，这一直是她见到父亲的唯一机会，尽管他通过电话和信件与女儿保持着联系。这年夏天，父亲由于家里的各种复杂事务，没办法让她过去。他为此和莫拉格一样着急，但尽量在电话里安慰她。由于他反复强调原因、在女儿的痛苦面前感到越来越内疚并为自己辩解，导致女儿大发脾气，双方争吵了起来。"爸爸不爱我，"她呜咽着说，"他不爱我，否则他会来看我。我一年只去一次，如果他想见我，他就会让我去。"

我鼓励莫拉格的父亲理解女儿的痛苦和愤怒，不要再通过对现实情况作解释来为自己辩护。莫拉格能更多地感觉到父亲心里有自己了，并且觉得与父亲更亲密了，她的愤怒变成了伤心。对她的父母来说，这是一次令人痛心的经历，但他们双方通过承认并感觉到女儿的感受，帮助女儿作出了妥善处理。她的母亲为假期安排了其他有趣的活动，而没有试图让女儿认为这些安排跟探视爸爸是一样的。

在一起是乐趣还是浪费时间

对于孩子们来说，最让人担心的感觉就是父母把和他们在一起看做是浪费时间，而且，孩子们很快会把取消见面安排理解为父母有更好的事情要做。朵拉，本章一开始提到的那个女孩，经常无意中听到她的母亲以“嗯，我要照顾孩子”为由拒绝别人的邀请。朵拉慢慢地形成了一个看法，认为母亲更愿意接受社交邀请，但却因为要陪孩子而受到了限制。一个情感脆弱的孩子可能很快会把“我得工作”理解为“我不想和你在一起”。

参加运动会！

父母对孩子在家庭以外的生活表现出兴趣，会使孩子产生自豪感、成就感和认同感。一般来说，孩子们可以接受父母并不总是能参加诸如学校运动会或颁奖之类的活动。然而，在离婚后，向孩子表明他们仍然是父母生活的中心的一个具体方法，就是父母要把参加这样的活动放在尤其重要的位置。朵拉幼年生活中最精彩的一件事，就是在利兹参加商业会议的父亲专程飞到伯恩茅斯，听她在学校的音乐会上演奏笛子。

拥有的越少，需要的就越多

米尔的母亲是一位客机空乘人员，经常不在家，她把米尔留给工作时间固定的父亲和一位保姆来照顾。在米尔 4 岁时，父母分手了，她和父亲一起生活。母亲对她的探视时间往往不确定，并且经常变化，但她的父亲对此并不太担心，因为“米尔以前就很少见到母亲，对她来说这方面并没有实质的变化”。

听起来或许有些矛盾，但是，米尔在父母离婚前越少见到母亲，在家庭破裂后，她就越需要多见到母亲。那些与父母有亲密、温暖的关系并且经常接触的孩子，已经将这位父母以及双方的关系内化在了自己心中，正如一个孩子说的那样：“妈妈在我心里，我可以问她问题。”当父母中的一位与孩子分开后，这个孩子有可能会快乐地生活，因为他们有一种把这位父母装在了心里的感觉，这给了他们一种支持和安全感。如果孩子与这位父母的关系不那么好，“妈妈在我心里”的感觉就会很脆弱。孩子可能会觉得自己并不真正知道这位父母在看不到他们时会不会想着他们，从而需要经常与之保持联系来加强关系。

> 探视时间确定的好处在于，当孩子们不必为何时能见到另一位父母而心事重重地担心时，他们似乎就能够做自己该做的事，并适应自己的新情况。

当爸爸不来探望时

> “我爸爸再也不来看我们了，他现在把我们全忘了。”
>
> （一个 4 岁的孩子）

有时候，离婚将意味着孩子不得不接受一位父母或许会选择不见他们。原因也许有很多。或许是父母的关系太糟糕或敌意太深，以至于一方或双方不想接触。也许是这位父母无法忍受自己在见到孩子时的感受。也许和新伴侣有更复杂的情况，或者这位父母确实不知道该如何处理这种事情，因而有一种困惑感和迷惘感。有时候，父母中的一方会错误但切实地感觉不见孩子比让孩子在和父母双方保持关系中挣扎更好。而且，正如一位父亲所说的那样："我不去看他们，是因为这只会让他们的母亲添油加醋地说我是坏父亲。"

如果你能设法让孩子们的新生活和探视安排既能接受又很可靠，那么，你的孩子就可能很好地适应。当父母之间有明显的敌意时，事情就会变得更复杂。

把孩子当武器

戴尔夫妇在结婚九年后决定分手，因为丈夫不断地与其他女人私通。妻子以前总是再给丈夫"一个机会"，但慢慢地理解了自己丈夫的风流韵事标志着他不愿为家庭生活承担责任。她觉得他没有承担对家庭和照顾孩子应有的那份责任。他下班后经常招待客户，后半夜才醉醺醺地回到家中。有时候，他甚至不回家，欠下宾馆很多账单。

离婚后，他在周末该探视前妻和两个孩子时一再爽约。当这对父母来寻求我的帮助时，这位丈夫即将搬去和他的现任女友同居，家里的房子将被卖掉，母亲和孩子们要搬到一座小一些的房子里去住。

这对父母都很担心如何以一种建设性的方式把事情告诉孩子们。在一次关于探视安排的讨论中，母亲坚持说自己不会允许孩子们见到前夫的女友，也不能去前夫和他女友的家。当我们分析了这种态度的实质后，她惊讶地意识到这在一定程度上是报复前夫的一种方式。她知道他几乎想不出什么办法来招待孩子们。通过限制孩子们白天和父亲外出，以及不允许孩子们在父亲那里过夜，她是在限制孩子们与父亲的关系。她很快就承认了自己想要惩罚他的愿望，却没有意识到自己是在让孩子们付出代价。

然而，即便在调整得最好的离婚家庭中，孩子们也不得不处理父母之间或明或暗的怨恨。对于一个得到的抚养费很少的母亲来说，当孩子们兴高采烈地说起周末和父亲一起吃的大餐时，母亲很难不表现出怨恨。最令人心酸的是，一位单身母亲努力省钱为孩子买了一个梦寐以求的玩具作为圣诞礼物，却发现孩子在圣诞节前从父亲那里回来时抱着一个同样的玩具！

与其他各种情形一样，孩子们如何反应，将取决于他们的年龄和个性以及在家里的角色。

共同监护——应对两个家庭

“周一到周四，我和妈妈住在一起，然后去我爸爸那里。这没关系，我只是得记住自己在哪里。”

“记住自己在哪里？”

“是啊，不过还好。我既能见到妈妈，又能见到爸爸。但是，比如，我妈妈喜欢整洁，而我爸爸不在乎，所以，我在妈妈那里必须记住收拾好自己的东西。”

（一个 10 岁的男孩）

“在工作日，我和妈妈住在一起，周末和爸爸一起过，这很好，但有时候我会忘记带东西。”

（一个 7 岁的女孩）

“我想和爸爸一起去度假，但我妈妈要举办一个盛大的生日派对，她说我选择怎么做都没关系，但我无法选择，因为我不想让妈妈失望，也不想让爸爸失望。”

（一个 11 岁的男孩）

通过鼓励孩子在父母两个家庭中轮流住，父母可以帮助孩子消除伴随离婚而可能产生的任何丧失感。共同监护，通常是父母双方都非常想让孩子住在自己家里的结果。因为“轮到他了”或“让妈妈休息一下”而去爸爸那里，与“我爸爸因为我要来很兴奋，我妈妈在周日晚上总是呆在家里，因为我要回来”，是两种完全不同的感受。然而，即便在处理得最好的共同监护中，孩子们也需要帮助，才能消除因为没完没了地搬来搬去而可能产生的不安感。

- 让孩子在两个家庭中都拥有自己的房间或特别地方，有助于孩子对两个环境都形成信任。
- 理想的情况是，两个家庭中都应该有孩子的物品，这样，孩子就会最大限度地减轻“就像我的背包一样，我从一个地方被带到另一个地方”的感觉。一开始，孩子们也许会对什么东西应该放在哪里感到困惑，并且可能会不断地改变主意。这对父母来说会比较复杂，但重要的是，孩子对自己的生活中什么东西该放哪里会逐渐形成良好的感觉。
- 一个 10 岁的女孩发现，每个周末装行李箱几乎让她无法忍受，因为这是她的破碎生活的一个象征。一个有完全不同体验的孩子则说："……当我走进自己的卧室时，看见了我的羽绒被和一些东西，我知道自己一直不在，但这里的每样东西还保持原样。"这样一个孩子很可能感觉对自己的生活有更多的控制。

共同监护有很多好处。孩子们不仅能最大限度地参与父母双方的生活并和父母接触，而且父母还能尽力继续共同抚养孩子，并且当一位父母有困难或生病时，时间安排比较灵活。

挑拨父母相争

时不时地，所有的孩子为了自己的利益都会试图挑起父母相争。共同监护就很容易出现这个问题。孩子们为了自己的目的会试图操纵父母，"妈妈说可以"或"爸爸让我做了"。他们还可能会很快知道，照顾父母感受的一种方式是告诉他们希望听到的关于另一位父母的话。

朵拉的母亲非常嫉妒女儿的继母，觉得朵拉的父亲为这位妻子提供的物质条件比给她的好得多。在有压力的时候，她会在朵拉从父亲那里回来时，不断地问有关继母有什么东西的问题。朵拉很快就明白了，如果她说琼有一条新裙子，母亲就会很苦恼，所以，她开始想一些更能让母亲接受的回答，比如："爸爸和琼吵架了，因为琼想要一条新裙子。"尽管这个回答减轻了母亲的苦恼，但却加剧了母亲一直以来对父亲的愤怒，而且让朵拉感到自己在与父母的关系中既强大又恐惧。

在两个家庭中，很可能会有不同的规则和期望，在涉及继父母时尤其如此。在生活中，孩子们一直在不断地适应不同的权威

——家里的、学校的、少年俱乐部里的，等等。尽管孩子们可能会寻求利用两种不同的规则和期望，但这为父母提供了一个让孩子看到做事的方式不止一种的极好的机会。

“可爸爸允许我边看电视边吃晚饭。”

“嗯，很好，爸爸允许，但我不允许。这并不意味着他是对的，我是错的，或者我是对的，他是错的。这只意味着我们不一样。”

再婚

“爸爸要跟克莱尔结婚了，真讨厌，绝对讨厌，完了……现在他们永远不会回到一起了……就是这样……永远……永远不会了。”一个父母在四年前分手的9岁孩子哭着说。

当父母再婚时，会对家庭和朋友造成巨大的影响。每个与他们的离合有关的人都会受到或好或坏的影响。他们自己很可能充满幸福和希望，并且想要其他人都为他们祝福和高兴。坠入爱河一直被描述为一种疯狂，而当人疯狂的时候，往往会认为其他人和他们的感受一样！

> 对父母们来说，重要的是要考虑自己的再婚对孩子意味着什么。即使在父母离婚好几年之后，孩子在有意或无意中还会希望你们回到一起。对孩子来说，只有在你告诉他们要再婚的消息时，你们的离婚才会变成确凿无疑的事情。

一个34岁的男人向我描述了他的妹妹要结婚并且希望由他把她交给新郎的情况。他们的父母早在二十年前就离婚了，从那以后，他们很少见到父亲，因为他去了西班牙。这个男人意识到，这次婚礼是全家人见面的一个好机会，而且认为应该由父亲亲手把女儿交给新郎。他最终说服了母亲和妹妹，但他在婚礼后很难过而苦恼地来找我咨询。他说了他的母亲怎样一直坐在教堂第一排的第一个座位上，他一直坐在母亲身后的第二排。在把妹妹交给新郎之后，父亲径直坐到了我这位客户的后面。“真该死，”他说，“就像我小时候一样，总是夹在他们两个人中间。”他继续描述了自己的父母怎样一整天几乎没有说过一句话。他含着伤心的眼泪，意识到自己在潜意识中是在努力让自己的父母在一次婚礼上破镜重圆！

- 要尽量记住，你的新伴侣和你的孩子，正如一个 9 岁孩子所说的那样，“闯入了彼此的生活”。你选择了自己的伴侣和你一起生活；而你的孩子在这件事上完全没有选择。
- 或许最大的影响因素是离异父母之间的关系。如果你们已经设法做到了共同承担养育孩子的责任，能够在孩子面前做到心平气和，那么，孩子们很可能会在心中觉得自己的父母仍然“在一起”。
- 这也许意味着父母的新伴侣被孩子们视为对父母关系的一种威胁的可能性较小，而且有助于避免孩子们可能会有的一种普遍幻觉，即，如果这个新人不出现，他们的父母就会回到一起。
- 你也许最好慢慢地把自己的新伴侣介绍给孩子们，给孩子们时间和空间来思考和感受正在发生的事情。
- 让孩子们出席甚至参与第二次婚礼是很重要的，因为这会帮助他们感觉到自己在再婚父母未来的生活中仍将是很重要的一部分。

当然，孩子们希望自己的父母破镜重圆并没有错，有些孩子可能需要不断地被提醒这种事情不会发生。然而，对有些孩子来说，这种希望有时几乎会变成他们生活的目的，这是需要引起父母关注的。

重组家庭

> 孩子们对于成为一个重组家庭的一员，有着自己独特的反应。要记住，即使在同一个家庭里，每个孩子的体验也是不同的。

一个孩子受到的扰乱越少，就越容易适应新家。对一个孩子来说，他们是否必须接受你的伴侣和他们的孩子搬进你们现在的家，或者是孩子必须搬入别人的家里，这两者之间是有很大不同的。如果一个孩子生活中的其他重要方面能够一如既往，比如学校和邻居，他或她也许会更容易适应重组家庭的生活。

重组家庭和有血缘关系的家庭是不同的

“血浓于水”的说法并不总是对的，但在重组家庭中基本上是对的。你将不得不接受，你的伴侣不大可能对你的孩子有着和你一样的本能保护意识，而且，这不仅会让你感觉这不同于与你的前夫或前妻一起养育孩子，而且还会使养育变成一项更为复杂的任务。

作为一个继父母，你很可能决心以爱对待你的伴侣的孩子，以使这个新家庭正常运转。正如一位继母所说的那样：“我真的准备好了用一切办法和孩子们一起让这个家成功，而从来没想过他们可能会下定决心让它不成功。”

对自己的反应感到吃惊，在养育孩子的过程中似乎是不可避免的。一旦你每天都和你的继子女生活在一起，你可能会发现自己非常不喜欢他们。或者，你可能会发现自己把继子女当成了家里麻烦的替罪羊，或者怨恨你的伴侣在他们身上投入的时间和关注。当然，你可能会发现尽管自己很焦虑，但你和你的继子女仍会改变彼此的生活！

要成为一个成功的再婚家庭，需要时间、耐心以及两个大人始终如一的善意。随着你将几种不同的关系编织在一起，你会开始意识到没有什么事情是一帆风顺的。在再婚家庭中，总是会有坎坷需要修补。

尽量不要太理想化

“我们以为每个人都会为我们高兴，并且他们自己也会高兴，但并非如此。”一位刚结婚的继母在回忆与自己的两个继子女之间的争斗时，流着泪说。这两个孩子跟他们酗酒的母亲度过了极为痛苦的几年，在母亲离家之后，又同苦恼的父亲一起艰难度日。她原以为这两个孩子会和她一样，将这次新的婚姻当做幸福生活的第二次机会，感觉到喜悦和希望。这样一种希望可能是不现实的。事实是，孩子心中有更多强烈而复杂的感受，其中也许包括有意或无意地渴望破坏你们的新关系，父母们可能不得不找到在这种情况下生活的方法。

所有家庭的成员之间有时都会相互抱有不切实际的期望。再婚家庭中更是如此，因为每一件事情都会受到“第二次机会”带来的喜悦和希望的影响。

从孩子的角度看

孩子们可能正在处理自己无法用言语表达的痛苦而矛盾的感受。孩子们天生就忠诚于自己的亲生父母，而且，继子女们普遍会感到，如果他们喜欢继父或继母，就是对自己的父亲或母亲的背叛。所以，孩子们需要时间和空间来发展与重组家庭中的成员的关系。有些孩子会比其他孩子更难调整，并且他们会从很多方面表现出来，但需要你警觉的最常见的行为有：

- 身份——“在这个新家庭中我是谁？”
- 越来越需要赢或成为第一。
- 攻击性的脾气爆发。
- 退化行为。

身份——“在这个新家庭中我是谁？”

作为父母离婚的一个结果，孩子们与父亲或母亲也许不再能每天接触，有时候甚至是完全不再接触。在再婚家庭中，他们会发现自己不得不和继兄弟姐妹分享这位在自己身边的父母。不仅如此，继兄弟姐妹还会改变他们在家庭中的位置或地位。一个 7 岁的女孩愤怒地认识到：“现在我不再是家里唯一的女孩了。”

越来越需要赢或成为第一

5 岁的比利已经是同龄孩子中的小头头了，而母亲的再婚让他有了两个哥哥。他似乎对这个新家感到很高兴，但在幼儿园里，他越来越热心于在每件事情上都做到最好。如果他输了一个游戏或觉得别人得到的赞扬比他的多，他都会不必要地生气和烦恼。

攻击性的脾气爆发

“马克，我告诉过你三次了……”马克转过身来，对着他那非常震惊的老师愤怒地喊道：“你不是我妈妈，你不能告诉我任何事。”有时候，孩子们会被自己的强烈感受搞得不知所措，以至于他们需要在帮助下考虑这些感受，而不是通过行为将其发泄出来。自从父亲和继母搬到一起住之后，马克在学校对其他孩子和老师就变得好斗而难以相处了。当老师跟马克的父亲讨论他的行为时，老师非常惊讶，因为马克在家里没有这种攻击行为。当我跟马克提出这个问题时，他说：“哦，没有意义，不是吗？什么都不会改变。”马克把对继母和继兄弟姐妹的憎恨转嫁到了其他孩子和他的老师身上。他在学校里把自己对家庭的强烈不满用行为表现了出来。他需要让自己感觉自己的感受——伤心、嫉妒和愤怒。他需要时间和空间来理解自己的感受。他的父母通过让他了解他的感受来努力帮助他，比如，“很多 9 岁的孩子都对自己的继兄弟姐妹有一些说不出来的感受，有些孩子会感到非常嫉妒。”他们帮助他理解他如何把学校和家里弄混了，并且鼓励他跟他们谈他的感受。

退化行为

在母亲的第二次婚礼前几个月，4 岁的崔妮开始上芭蕾课。她那时无可救药地爱上了芭蕾，而且每天都练习。她一到芭蕾学校，就迫不及待地等着开始上课。

在再婚后的头几周，崔妮的母亲就注意到了女儿的一个变化。女儿对芭蕾仍然很兴奋，但到达上课地点后，却不愿意让母亲离开。她会黏着母亲，但同时渴望地看着其他孩子。就在母亲认为她要加入到其他孩子中时，崔妮会犹豫，然后又退回到母亲身边。

即便是成年人，要忍受变化带来的不明确和不确定，也是痛苦的，所以，孩子们发现这极其痛苦就毫不奇怪了。像崔妮一样，他们可能会用行为表现出自己的感受，常常是退回到一个早期的发展阶段。崔妮一直是家里的小宝贝，直到母亲再婚后家里有了继父的一个 18 个月大的女儿。听到她从那时起又开始尿床，我并不感到惊讶。

父母怎么帮助孩子

- 重组家庭的任务之一，就是要接受他们并不是一个核心家庭①。
- 养育会经常被调整中断。
- 家庭成员必须接受，为了每个人都以一种健康而幸福的方式生活，改变是必需的。他们必须开始一起努力，来制订新的家庭规则、惯例和限制。
- 对孩子们来说，学会如何有灵活性、如何妥协以及如何理解自己和他人的观点的最佳方法，是他们身边的大人在这些方面为他们作出榜样。
- 要提醒你的孩子，他们之所以特别，是因为他们自身，而不是因为他们在家中的位置。

---

① 核心家庭指夫妻二人和他们的未婚孩子一起生活的家庭。——译者注

关于作为大人

我愿意把本章结尾留给汤姆的父母。在一次见面时，他们描述了共同分担照顾两个孩子的复杂性。他们解释了在两个孩子6岁之前并且没有自己独立的社交生活时照料起来有多么容易，描述了随着孩子逐渐长大，他们是多么痛苦并且在某种程度上有些怨恨地同意了孩子们的社交生活应该优先于他们自己的社交生活。所以，当汤姆应该在星期六去探望父亲的时候，如果他被邀请参加一个生日派对，那么，需要作出选择的不是汤姆，相反，他的父亲会把带汤姆去参加派对当成自己的责任。

> 父母彼此很容易陷入孩子般的正面冲突中，尤其是在安排与孩子有关的事情时，因为他们自己可能压力也很大，并且不开心。孩子们总是会不可避免地让父母像个孩子一样。

这有可能会给父母的生活带来极大的干扰，而且在某种程度上，还可能使他们各自的新伴侣对此产生怨恨。然而，正如汤姆的母亲所说的那样："我们选择了分手，就必须承担起责任，并帮助孩子们处理由我们的决定带来的后果。他们没有替我们选择分手，我们希望使他们的生活尽可能正常。我们照顾孩子的安排行得通，但它们之所以行得通，是因为大人很努力地使之行得通。"

"最重要的是，"汤姆的父亲说，"我们觉得孩子们永远不应该在我们之间被迫作出选择。在作出安排时，我们非常努力地做到合作和灵活，虽然有时候我们是咬着牙去做的。"

相信善良

你还记得本章前面提到的那个不相信善良的女孩朵拉吗？她是一个很不快乐的孩子，发誓将永远不结婚，“因为我不想让我的孩子们知道离婚这种事”。经过长期的帮助之后，有一天，她说：“你知道，当我妈妈和爸爸分手时，我感觉一切都让人难以忍受。我不喜欢任何人……现在……一切又变得顺利而可爱了。”

“那你为什么会这样认为呢？”

“因为我告诉了你我的感受……而且你帮助我的妈妈和爸爸理解了我的感受，我原以为他们不会理解的。”

总结

- 关于离婚，对父母来说，最具挑战性、最常被提起的问题是：“我们怎样才能帮助孩子妥善处理？”
- 关于离婚，父母必须弄明白他们有多想待在一起，以及如何做到这一点。
- 离婚也许使人无法避免痛苦的失望，但还有其他一些方式来看待离婚，而不是以成功和失败论之。
- 父母一起跟孩子说离婚的事情，会向孩子强调，你们计划继续一起养育孩子，尽管你们不再是夫妻。
- 在努力跟孩子解释为什么要离婚时，父母通常最好尽可能简单而诚实。

- 对孩子来说，你们离婚的任何理由都是不可接受的。
- 重要的是要告诉孩子，你知道他们无法理解为什么会发生离婚这种事，并且要承认和接受他们既痛苦又困惑的感受。
- 你的孩子最主要的想法会是：“现在会有什么事发生在我身上？”
- 孩子们永远不应该被要求在父母之间作出选择。
- 当孩子的整个世界完全被颠覆时，你无法指望他们能理性地思考。有时候，最有益的做法是不作解释，而只接受孩子的感受。
- 对自己的强烈感受和反应感到吃惊，在继父母养育孩子的过程中似乎是不可避免的。
- 父母要尽量客观地看待自己的再婚生活。
- 重组家庭和有血缘关系的家庭是不同的。
- 在一个重组家庭中，养育会经常被调整中断。

第9章

关于永远赢不了

写给职业父母的话

“我被撕成了两半。我爱我的孩子们，也爱我的工作。我不能呆在家里，我们需要钱，我会发疯的，但我到头来还是觉得自己什么事都做不对。我不可能会赢。”

——一个有着三个孩子的职业母亲

变化与机会

如果我们相信自己读过的东西，就会认为1950年代的一切都那么容易。爸爸出去工作，而妈妈呆在家里照料家庭和孩子。当爸爸回到家时，妈妈做好了饭，一家人坐在餐厅里围着餐桌聊聊自己一天的情况。然后，爸爸看报纸，妈妈去洗涮。每个人都很幸福。我们看到的东西大致如此。然而，我们这些成长于1950年代的人也许有其他想法……

一个年轻的父亲在跟我讲他与自己的父亲之间的一次争吵，他的父亲当时正看着他给他几个月大的儿子洗澡。在争吵之前，这对父子就在聊这位年轻的父亲亲手参与照料孩子的事情，正如在家庭中经常会出现的那样，当这位新父亲激烈地抱怨自己的父亲在自己小时候很少参与照料他时，争论便开始了。

“比如，”他说，“我从来不记得你给我洗过澡，你只是在母亲提出要求时才上楼去跟我道晚安。”

“她不让我给你洗澡。”

“什么？”

“她不让我做，我没做过……当然我想做，但那是你母亲的事情。”

从某种程度上来说，当父母各自都有规定的角色时，养育也许会容易一些。但是，这么说并没有考虑到父母各自可能会感觉到的沮丧和失望，因为那个时代的流行文化，这些沮丧或许从来没有被考虑过，更不用说表达出来了。一位很风趣并且在家里非常有权威的78岁的老奶奶，在看电视上有关第一位进入太空的女宇航员的新闻报道。她突然大叫起来：“哎呀，现在的女孩子多好呀！如果我能有这些机会的话……哦，要是我现在还年轻的话，指不定我能干出多大的事。”这一席话让全家人乐翻了天。事实是，1950年代的母亲们对被束缚在家里可能感到很沮丧。那个年代的父亲们对于被迫与孩子们保持距离也感到沮丧。父母双方可能都发现很难抱怨自己的处境，而又不感觉到自己是个“坏父母”，或者被别人看做“不正常”。

选择带来的影响

正如我们在前面几章中已经讨论过的那样，如今的家庭生活是多变的。有在外面做全职或兼职工作的单亲父母；有双方都出去全职工作的父母；有一位全职工作而另一位做兼职的父母；有父亲外出工作而母亲呆在家里的；有母亲出去工作而父亲呆在家里的；有一方或父母双方也许现在都在家里上班的。如今，父母共同分担照顾孩子和做家务的情况更常见了。父母双方的角色和选择余地都更加复杂了。这种选择在带来自由的同时，也会带来一些麻烦和紧张。有些父母，特别是母亲们，试图“拥有一切”，结果往往觉得自己什么都没得到。人们对“超级女人”的狂热崇拜，只会使这种状况更加恶化；“超级女人”的观念认为，女人不仅可以成为恋人、母亲和职业女性，而且能够在这些角色中达到完美的平衡并都取得成功。

雇主们也许发现自己处于进退两难的境地。一方面，他们采取了更多“家庭友善”政策；另一方面，有时候他们似乎变得更加苛求并鼓励人们做更多的工作。我们现在还时常见到有报道说，那些没有孩子的配偶越来越怨恨自己不得不工作更长时间，以弥补家庭友善政策造成的工时损失。还有人抱怨“家庭友善策略”没必要涉及那些照顾年迈的父母或病残的伴侣的员工。

> 在当今社会，职业父母的生活方式被认为发生了巨大的变化，这是由“每个人都能拥有一切”的幻觉所造成的。事实上，我们并不能拥有一切；生活是一系列的选择，不同的选择产生不同的后果。

在别无选择时

在我的工作中，有时候确实会发现好像养育中必然会有内疚，特别是对于那些在外工作的父母们来说。父母们怎么为自己的孩子付出都嫌不够，所以，你总会感到自己做的永远不够。

你有多内疚，很可能取决于你对于重返工作岗位有多大的选择余地。一位想出去工作的父母，与一位觉得自己不得不出去工作以免陷入经济困境的父母，是有很大不同的。

那些并非因为经济原因而出去工作的母亲，比如一位母亲说“哦，即使我不工作，我们在经济上也能过得去……但是，我们喜欢自己的生活方式”，似乎是感到最内疚的。这是一种与由于经济需要只能选择出去工作的父母不同的内疚。他们可能是家里唯一的经济支柱，或者可能需要再有一笔收入以提高家人的生活水准。处于这种情形中的父母，也许很高兴为家庭收入作出贡献，但或许也会由于不能给孩子提供他们觉得孩子真正需要的，而感到沮丧和怨恨。

“我们小时候太穷了……可是我们也很富有，我们得到了那么多的爱和关注。但我却给不了自己孩子这些东西。我知道我应该给他们这些，但每天下班时我那么累。在六点钟之后开始另一份工作——倾听孩子并给他们关注——真是太难了，无论我多么爱他们。”

只是一个家庭主妇

当然，母亲们随时在工作；她们不是在生完孩子后才决定“重返工作”的；有人说，这个决定其实就是是否通过在家庭之外从事一份工作，来延长自己的工作时间。无论你喜欢与否，我们都生活在一个似乎用经济收入来衡量一个人的价值的社会中。在社会看来，一个人的工作越重要，他得到的报酬就可能会越多。而且，我们会对明星、媒体人士以及都市大亨们的巨额收入在向孩子们传递什么信息感到诧异。许多母亲不得不工作，有些母亲则是自己选择了出去工作，还有一些人可能觉得做全职妈妈没有足够的自我价值感。

“我只是一个家庭主妇。”

“噢，我只是在家照顾孩子。”

这种说法的言外之意是：“我没有真正的价值。”如果母亲们因为照顾孩子而得到薪酬，这种“只是一个母亲”的感觉会烟消云散吗？

《第一》杂志于 2006 年 6 月发表过一篇对 1736 名母亲作的一次调查，结果显示，许多在家庭和工作之间疲于奔命的母亲都非常不快乐。超过一半的母亲对于没时间陪孩子感到内疚，三分之二的受访者认为母亲们在孩子出生后的头几年应该呆在家里陪自己的婴儿和学步期的孩子——尽管在整个英国这样做的母亲不到一半。三分之一的母亲想减少自己的工作时间，超过三分之一的母亲说如果可以的话她们会完全放弃工作。而 41%的母亲说，她们对于孩子在自己工作期间得到的照料不是很满意或觉得不放心。

想一想：

- 你希望自己的孩子到你这个年龄时怎样描述你？
- 如果你不出去工作，你的生活会有什么不同？你将如何安排自己的时间？

两样都做不好

本章一开始引用的那段话，表明了职业母亲中存在的一个普遍现象，那就是，觉得“不会赢”，那么，她们努力赢得的是一场什么战争呢？

如果母亲们喜欢自己的工作并为不在家而高兴，她们也许会感到内疚。如果她们并不真正想出去工作，而只是迫于经济压力，她们可能也会感到内疚。或许，她们无法赢得的是“超级母亲”的地位。这是指一个能够从容而胜任地兼顾工作和养育职责的母亲。在工作中，她认真负责、效率很高；在家里，她沉着冷静、温和，并对孩子有同情心。当然，这种“超级母亲”确实存在。然而，如果没有一份很高的收入来花钱得到高质量的帮助，那么对大多数女性来说，想把每件事情都做好的努力就会变成一场噩梦。“我不是一个魔术师，更像是一个希腊摔盘手①。”一个精疲力尽的职业母亲说。

① 希腊人有在喜庆时刻或餐后摔盘子的传统。——译者注

一个足够好的母亲

所以，我们可以认为努力成为完美父母是父母的问题，而不是孩子的问题。我的意思是说，父母们要成为完美父母的动力来自于自己内在的需要，而不是来自于孩子的需要。“足够好”和“完美”之间有很大的不同。你对待这种差异的能力，在很大程度上将取决于你对自己的才干和失望的感觉。

温尼科特曾说过，没有哪个孩子需要一个完美母亲。孩子需要的只是一个“足够好”的母亲。

忙碌的职业母亲最不应该的是因为自己并非“超级能干”而痛责自己。要接受你在尽自己的最大努力，你不可能完美，并且你也不必完美。而且，在任何情况下，没有哪个孩子需要一个完美母亲——这样的母亲只能让孩子体验到沮丧！我们将永远无法了解人生的灰色阴影、无法学会协商、无法学会如何要求我们需要的东西。这是需要关注你无法选择自己的父母这个事实的时候，我的父母也不是我选择的，我们只能接受自己与生俱来的东西，并尽自己最大的努力，而且，这是孩子们必须要做的。

从孩子的角度看……

特别时光或一袋薯片

我们都从有一个人专心致志地关注我们的需要和兴趣的特别

时光中受益良多。“特别时光”指的是父母抽出一小段时间全身心地陪伴自己的孩子，这种理念是由于现代生活中大多数职业父母太忙而产生的。当然，这有许多好处。父母们可能会从“两样都做不好”的内疚中解脱出来，孩子们则会因为父母在这段特别时间里暂时抛开一切只关注自己而茁壮成长。如果你作为父母对此比较擅长的话，那么，特别时光无疑是个好主意。如果你真的很喜欢玩孩子们的游戏等等，特别时光就会给你回报，但许多父母就是不喜欢这样的活动。而且，随心所欲地促进与孩子的亲密感是不可能的。特别时光的理念在于，这是一段专门让父母和孩子亲密和亲近的时间，但是，亲密和亲近必须是发自内心的。

而且，“特别时光”是孩子们真正需要的吗？或许，1950 年代的家庭的优点之一在于，只要孩子们“需要”，母亲很可能就在他们身边。孩子们会做他们的事，而母亲会忙家务。但是，母亲和孩子能够立即见到对方。或许，孩子们最需要的是，当他们需要时，父母能在身边关注他们的兴趣和需求。正如一位母亲所说的那样：“她对待我就像对待一袋薯片，喜欢的时候就掏几片。”这种说法也许会让某些职业母亲感到压力，而有些母亲则可能会因为无须时刻想着安排特别时光而感到松了一口气。

当然，要母亲在孩子一有需要就出现在身边，也许适合孩子，但母亲却无法这样要求孩子。孩子们不断地提要求，让许多母亲觉得受到了欺负。孩子们并不是要欺负母亲，而只是为了生存努力让自己的需要得到满足而已。但是，他们的不断要求和期望有时会让人精疲力尽。已故的休·乔利博士，通过将“有要求即满足”改为“有需求才满足”，帮助母亲们感觉到不再那么被孩子欺负了。

与孩子在一起的特别时光，必须成为真正的“特别”时光。8 岁的坎蒂丝，因为她让人劳心费力的行为和寻求关注行为而被带来见我。她的母亲很困惑；她承认自己每天在外工作时间很长，但是，当坎蒂丝放学回家后，她总会安排两个小时的特别时光给她："我们并不只是做家庭作业，我还和她一起玩棋类游戏。"

"没错，"坎蒂丝伤心地打断了她，"但你总是在写东西。"坎蒂丝似乎很清楚，虽然母亲在陪她，但她的心思仍然集中在工作上。

"我妈妈真的喜欢工作"

孩子们很快会陷入困惑中。如果你不得不花大量时间在工作上，特别是在晚上或周末当孩子在你身边的时候，那么，他们也许会得出结论说你宁愿工作也不愿跟他们在一起。总的来说，孩子们不会公开合理地与你讨论为什么父母必须全神贯注于别的事情而不是自己。他们的感觉很可能会是，如果爸爸妈妈喜欢我，他们就想和我在一起。

- 重要的是，要向你的孩子解释，当你因为工作任务而没有太多时间和他们在一起时，你也很沮丧。要简单如实地解释一下工作情况，但要重点说，不能抽出时间陪他们，让你们双方感觉多么沮丧。要尽量给孩子提供一些可以期待的事情——但要现实。不要承诺下周六带他们去看电影，除非你能确定你的工作压力到那时会消失。在等待看电影期间，要跟孩子这样说："我真的很期待下周六我们一起去看电影。"
- 你可能需要提醒孩子和你自己，你不会因为自己在工作就不再是孩子的父母。显然，你会专注于自己的工作，但你心中仍然有孩子们的"位置"，在任何时候，你都能想起他们的所有需要和能力。记住这一点，也许有助于你减轻内疚感，而且，在晚上跟孩子说一些诸如“我在工作的时候一直想着你”之类的话，也有助于提醒孩子这一点。

被父母依靠的孩子

在大多数忙碌的家庭中，父母通常会依赖一个有责任心的孩子，往往是家里最大的那个孩子，承担一些家务琐事。虽然所有家庭成员都公平地分担责任很重要，但是，如果一个有责任心的孩子成了父母的“支柱”，并没有什么益处。没有哪个人的童年是完美的，但是，在弟弟妹妹面前成了父母替身的孩子，会感到自己的童年被剥夺了。让一个孩子为其他孩子负责，还可能会颠覆家里的平衡；大孩子也许会觉得负担很重并会怨恨，这可能会导致他们欺负弟弟妹妹。反过来，小孩子可能会对大孩子感到愤怒不满，因为大孩子不可能成为一个“足够好的父母”。你需要抵制住让一个孩子“负责”其他孩子的诱惑。更有益的做法是，让所有的孩子都承担起具体的任务和责任。

在有些家庭中，可能不得不依靠一个孩子。对很多家庭来说，他们可能是照顾弟弟妹妹的不二人选。当一个被父母依靠的孩子因为自己的角色而被赋予特权或得到奖励时，他们可能会觉得自己在家里有特殊地位。他们可能会觉得，与父母和自己的弟弟妹妹关系更亲密会有好处。

精疲力尽的父母

> 养育也许需要你作一些自我牺牲，但不应该等同于自我牺牲。有些事情不处理并没有错，尽管感觉好像这样做完全错了。

精疲力尽，似乎是父母们的一个职业病！一位母亲曾对我说她自己是“一个取之不尽的蜜罐”。她觉得自己不得不日复一日全天候地一勺接一勺往外舀蜜。我们都知道，你从蜜罐中舀出的蜜越多，蜜罐就会变得越空。事实是，你越精疲力尽，你就有可能变得对生活越不抱幻想。你会将之归因于家人没有好好照顾你，但首先你要找找自己的原因。

如果父母们都照顾好自己，家里的每个人都会从中受益；而且，作为父母，也许最难的任务之一就是记住养育你自己。

寻求帮助

有时候，让家里人觉得你有些事情不处理，是你向他们传递“我也需要照顾”的信息的一种方式。风险在于，当父母感到力不从心时，他们会通过失望地指责对方来表达这种感受。跟伴侣说“孩子睡觉你从来都不帮忙……”和“我真的很累，你今晚能帮忙安排孩子睡觉吗”，是完全不同的。

高期望没有错，并且很好，只要你能比较容易地做到。如果你无法完全做到，感到内疚是毫无意义的，因为没有人能完全做到；任何一个人能承担的事情都是有限度的，而且，你有时候会比其他时候做到的更多。

一个精疲力尽的父母，可能是让孩子焦虑的一个真正原因。另外，你的孩子很可能会将你的精疲力尽当成他们的错，或者，他们将你的精疲力尽误解为对他们缺乏兴趣或讨厌他们。一个7岁的女孩经常听到母亲在电话上说工作快让她“发疯”了。当女儿问妈妈“我在惹你发疯吗”时，母亲吓坏了，并意识到了自己一直以来多么“疲惫和恶声恶气”。

- 当你精疲力尽时，要向孩子解释这不是他们的错，并且你没有期待他们补救。当你感到自己做错时，要向他们解释，无论他们对此有什么感受，他们都不是问题所在，也不是犯了错。要解释你希望有时间陪他们、关注他们，当你在下班后感觉很累并且对他们容易发火时，你也很失望。

妈妈下班后疲惫地回到家里

妈妈见到你很高兴

你见到妈妈很高兴，并想妈妈陪你，关注你

妈妈抽时间陪你，关注你

妈妈很累，并且知道还有更多的事情要做

妈妈开始忙碌并为催促你而感到难过和沮丧

妈妈对自己发脾气

妈妈对你发脾气

你认为这是自己的错

- 要向孩子解释你打算如何消除自己的疲劳，比如：“我今天晚上要早点睡觉。”让孩子感觉他们可以帮助你消除疲劳，与使他们感觉他们必须消除你的疲惫，这二者之间是有差别的。说“我累坏了，工作了一整天，还要照顾你们这些孩子”，与说“我知道我对你们恶声恶气的。我很累，如果你们能帮我把碗放到洗碗机里去，会有助于我们待在一起更愉快”是有很大不同的。

关于计划成为一名职业母亲

如果你能尽量提前作出计划，平衡家庭和工作的需要可能会更顺利一些。也就是说，这更多地是一种情感上的体验，而不是把一切都安排得井井有条的体验；而且，无论我们多么期待，都无法排除感受的影响！总会有预料之外的事情要处理，但是，尽可能多准备一些措施，有助于减轻我们的紧张。秘诀似乎就在于认真计划，但对于你的计划有可能被打乱，要有足够的心理准备。正如一位母亲所说的那样：“当一个计划无法实施时我们可以应付，当第二个计划无法实施时我们也能够应付，直到第六个计划时我们才开始惊慌。”

在开始作计划之前，需要考虑到几个对任何人决定是否外出工作都会产生影响的潜意识原因。有些人选择待在家里照看孩子，更多地是在逃避工作，而不是因为她们真的想做一个全职父母。还有些人选择出去工作，是为了逃避自己的孩子！我还记得当一位朋友告诉我她怀上了第三个孩子时，我表现出的惊讶。以前，她说过只打算要两个孩子的。

“是的，”她说，“可是要么再生一胎，要么就得去工作！”

外出工作对情感的好处

- 我们不必那么专注于孩子的情感需求。
- 我们通常都理解自己面前的任务，而且会在一天结束时觉得自己很能干。
- 工作能够使父母们确认自己不仅仅是个父母。

待在家里照看孩子的情感隐患

- 我们有可能觉得自己真的无法胜任日常工作。
- 养育中会有各种体验。我们不断地产生各种情感，而且每天可能都需要做以前从未做过的事情。我们或许会感到将自己从与成功、金钱、地位有关的具体竞争中脱离出来了，但是，不管我们是否喜欢，都在进入一个谁是最好的父母的新竞争。

计划的重要性

- 如果你在家里工作，这意味着你保证你的家人可以随时找你吗？你的孩子和配偶也许会发现很难适应“一个在家里工作的母亲，工作时绝对不能受打扰”的观念。因为她在家里，未必就意味着家人可以随时找她。这同样也适用于在家里工作的父亲。
- 谁承担照料你们的夫妻关系的责任、确保你们为彼此留出时间、有社交生活并享受纯粹的成年人的活动呢？当父母双方都有自己的全职工作时，这一点可能会尤其重要。你们优先考虑的事情可能是你们的孩子和工作，而“夫妻时间”很可能会变成一种稀缺品，除非提前作出计划。

- 想想你第一天回去上班的情景。如果你想念宝宝，你会有什么感受？如果你不想念宝宝，你会有什么感受？
- 单身职业母亲需要计划好从哪里和如何得到其他成年人的支持，以及自己的社交生活。

在回去上班之前，要把家庭需要优先考虑的事项列个清单。你会以什么样的顺序安排诸如金钱、和孩子在一起的时间、昂贵的礼物以及度假等等事情呢？你将如何确保这些事项的优先实施？

要承认你有时候会觉得自己很悲惨

现实地讲，如果你们双方都有全职工作，注定会感到沮丧和失望。现实地看待这个事实，会让你感到莫大的安慰。要接受你们中的一方或双方都会时不时地感到苦恼，并觉得自己成了牺牲品。平衡养育和工作注定需要妥协，通过明确说出自己的需要，你们才能达成最好的妥协。说你感到自己支持不住了、成了牺牲品或累得不行了，并不是一种软弱的象征，但是，要尽量记住我在本章前面所说的，不要完全用指责的语气跟你的配偶说。

尽量不要让孩子们卷入你们之间的怨恨中。说“我工作了一整天，但你爸爸从来都不肯把碗碟放入洗碗机”是毫无益处的。你的孩子只会觉得他们必须支持某一方，或成为“父母的父母”。一个 10 岁的男孩说：“妈妈为了我们那么努力地工作，我为她感到伤心。我尽量通过让其他人保持安静来帮助她，但是……”

黄昏和晚上

大多数父母都会同意，在涉及平衡家庭和工作时，一天中压力最大的两个时段，一个是下午4：30~6：30左右，即黄昏；另一个是晚上，这是睡眠经常被打扰的时段。黄昏时，孩子们从学校回到家，你下班回到家，晚餐必须得准备，家庭作业必须得做完，而且还有可能需要接某个参加校外活动的孩子。这两个重要的时段需要事先计划好，而且需要经常讨论和调整相关安排。你需要记住，在黄昏时段的事情很可能每天都是同一位父母在做。当另一位父母回家之后会发生什么事情呢？你会因为自己“疲惫不堪”而在他或她还没来得及脱下外套时，就把孩子交给他或她吗？如果是这样，他或她对此会有什么感受，而如果他或她要求在刚做完工作和承担家里的事情之间先喘口气的话，你会有什么感受？

晚上的时段似乎会加强或破坏父母的关系！父母们需要的睡眠时间各不相同。一些人需要大量的睡眠，而另一些人睡得少也没关系。在养育中，可以确定的是，很可能夫妻两个人都感觉非常非常累，尤其是在孩子出生的初期；而且，两个人都需要有时间睡觉。

职业母亲的优势

一个7岁的假小子一直挣扎在自己那“男孩得到的对待比女孩好”的感觉中。她有两个比她大很多的哥哥，强壮、英俊、聪明，她在家里几乎看不到作为女孩的优势。她的父亲有一份很让人羡慕并令人兴奋的工作，而她在某种程度上有点欺负自己那性情温和的母亲。当她的母亲最终走出家门去工作之后，情况开始有了变化。几个月后，在第一次全家度假归来后，她画了一幅画，母亲身穿比基尼，手拿公文包。“我妈妈是一位夫人，她去工作了。”她写道。

父母和孩子们对于母亲出去工作可能会很矛盾。然而，正如这个小女孩发现的那样，这可以给孩子们提供一个把自己的母亲看做一个独立的人、一个除了做母亲还能做其他事情的人的机会。通过给孩子们提供这样一个榜样，职业母亲就能够特别鼓励女儿成长并获得成年人的能力。女孩们被提供了在未来作为一名女性的更广泛的选择空间，并且可能在很小的时候就能意识到做一个女性有许多种方式。当然，这种想法对于一个六七岁的孩子可能会更有益，而不是一个六七个月大的孩子。

父亲们是否参与照料孩子

男孩子们现在接触到了做一个男人的各种方式。很多父亲非常喜欢分担照料孩子的事情。其他一些父亲则真诚地希望通过参加诸如学校比赛或运动会这样的重要事情，来支持并肯定自己的孩子；还有些喜欢全职父亲的角色。但是，我们需要记住，对父亲角色的这种观念转变，是最近才发生的。许多努力分担照料孩子的事情的父亲，他们自己的父亲没有这样做过，这一点是很重要的，因为男人是从自己的父亲那里学习如何做父亲的。我们不应该认为所有男人或女人都能很轻松或自然地分担照料孩子的事情。就像养育的所有方面一样，这是人们需要学习的东西。我们也不应该认为分担照料孩子是做一名父亲的最佳或唯一的方式。“我要把这个留下来给爸爸看。”一个5岁的孩子在一天与姑姑一起外出时反复说。孩子们特别喜欢把故事和宝贝留下来和父母分享。那些不能参加或不愿意参加孩子的运动会的父亲，当他在当天晚些时候兴趣盎然地听孩子说起运动会的情形时，他在情感上的投入是一样的。确实，没有参加这样的活动不应该被认定是缺乏兴趣，或不想参加，或“没有把这件事放在心上”。对于许多人来说，工作日是漫长而艰辛的，而抽出时间参加学校活动，有时候只会使这一周随后的“家庭时光”承受更大的压力。一位父亲遗憾地解释了自己如何不得不连续两个周六上午加班，以便腾出时间参加三个孩子的学校比赛。另一位父亲非常想去看儿子在学校音乐会上的第一次独唱。在他等候入场时，他全神贯注地想着手头留下的工作，以至于错过了儿子的独唱，只听到了最后几小节！

有些分担照料孩子的方式是有用的，而有些方式则是无用的。父亲和母亲照料孩子的方式是不同的，孩子们与自己的母亲和父亲建立联系的方式也是不同的：比如，在孩子出生后的头9个月里，他们通过身体接触与母亲建立联系的方式，就不适用于与父亲建立联系。对孩子来说，重要的是父母双方在他们的生活中投入了多少情感。

父母二人独处的乐趣

当决定要孩子的时候，你们会认为很有乐趣。风险在于，孩子们有自己的乐趣，而大人和孩子在一起时也有乐趣。容易失去的是两个大人在一起时的乐趣。在忙乱的家庭生活和紧张的工作中，最容易受到损害的好像就是父母二人独处的时间。孩子出生后，你在计划重返或继续工作时，必须要考虑的关键问题是：“谁来照料我们之间的关系？”夫妻双方必须选择自己将照料哪些方面。每对夫妻如何安排这些事情是各不相同的。这是一个确保你们有时间一起做两个人真正喜欢一起做的事情的问题。这还是一个有时间两人单独做一些事情的问题。通过由你们中的一个负责计划你们在一起的时间，无论是安排一个临时保姆，还是留意一下当地电影院在放映什么影片，或是计划一次晚餐或去酒吧里度过一个晚上，你们在一起的时间就有了保证。有趣的是，通过由一个人负责这件事，另一个人不知怎么就也能够自由地想出一些好主意。

两个人该如何度过独处的时间，应该谈些什么呢？经常有父母告诉我，当他们终于有时间单独在一起时，却把时间用来谈论孩子！一对年轻的夫妇兴奋地期待着自己的两个孩子第一次去爷爷奶奶家度过他们的周六夜晚。然而，那天晚上他们并没有外出，因为“我们认为最好守在电话机旁，以防孩子们打来电话”。当然，交流彼此对孩子的关切和关注是非常重要的，但同样重要的是，要专注地想想夫妻二人如何互相照顾。

单身父母

本章在很大程度上是从决定重返工作岗位的有丈夫的母亲角度来写的。当然，所有观点同样也适用于单身的母亲们——以及父亲们。单身父母生活中最困难的一个方面，是要找到其他成年人的支持，还有就是抽出时间，有时候还要付出努力，以享受其他成年人的陪伴。这是一项艰难却很重要的任务。

总结

- 外出工作的母亲们也许会觉得，她们既不是一个称职的母亲，又不能完全胜任自己的工作。
- 那些出于经济原因而不得不出去工作的母亲，也许会因为不能给孩子情感支持而感到沮丧和怨恨；她们觉得，如果自己是全职母亲，就能给孩子所需要的情感关怀。
- 如果母亲们因为照顾孩子而得到薪酬，她们是否会更有自我价值感？
- 温尼科特曾说过，没有哪个孩子需要一个完美母亲。孩子需要的只是一个“足够好”的母亲。
- 有些事情不处理并没有错。
- 如果你觉得自己有些事情处理不了，要向孩子解释这不是他们的错，并且你没有期待他们补救。
- 孩子们需要“特别时光”，还是需要可以随时“满足”自己需求的父母？——或者他们两者都需要？
- 如果你全神贯注于工作，孩子可能会担心你宁愿工作也不愿跟他们在一起。
- 我们不应该认为所有男人或女人都能很轻松或自然地分担照料孩子的事情。
- 许多努力分担照料孩子的事情的父亲，他们自己的父亲没有这样做过，这一点是很重要的，因为男人是从自己的父亲那里学习如何做父亲的。

- 我们不应该认为分担照料孩子是做一名父亲的最佳或唯一的方式。
- 如果你们双方都外出工作，要接受你们双方都会时不时地感到支持不住，并觉得自己成了牺牲品。要努力请求帮助，而不是愤然指责你的配偶不帮忙。
- 养育也许需要你作一些自我牺牲，但不应该等同于自我牺牲；要为自己留出点时间。

[美]海姆·G·吉诺特　著
京华出版社出版
定价：24.00 元

《孩子，把你的手给我》

与孩子实现真正有效沟通的方法

畅销美国 500 多万册的教子经典，以 31 种语言畅销全世界
彻底改变父母与孩子沟通方式的巨著

本书自 2004 年 9 月由京华出版社自美国引进以来，仅依靠父母和老师的口口相传，就一直高居当当网、卓越网的排行榜。

吉诺特先生是心理学博士、临床心理学家、儿童心理学家、儿科医生；纽约大学研究生院兼职心理学教授、艾德尔菲大学博士后。吉诺特博士的一生并不长，他将其短短的一生致力于儿童心理的研究以及对父母和教师的教育。

父母和孩子之间充满了无休止的小麻烦、阶段性的冲突，以及突如其来的危机……我们相信，只有心理不正常的父母才会做出伤害孩子的反应。但是，不幸的是，即使是那些爱孩子的、为了孩子好的父母也会责备、羞辱、谴责、嘲笑、威胁、收买、惩罚孩子，给孩子定性，或者对孩子唠叨说教……当父母遇到需要具体方法解决具体问题时，那些陈词滥调，像“给孩子更多的爱”、“给她更多关注”或者“给他更多时间”是毫无帮助的。

多年来，我们一直在与父母和孩子打交道，有时是以个人的形式，有时是以指导小组的形式，有时以养育讲习班的形式。这本书就是这些经验的结晶。这是一个实用的指南，给所有面临日常状况和精神难题的父母提供具体的建议和可取的解决方法。

——摘自《孩子，把你的手给我》一书的“引言”

[美]海姆·G·吉诺特　著
张雪兰　译
京华出版社　中央编译出版社
定价：21.00 元

《孩子，把你的手给我（Ⅱ）》

与十几岁孩子实现真正有效沟通的方法

《孩子，把你的手给我》作者的又一部巨著
彻底改变父母与十几岁孩子的沟通方式

本书是海姆·G·吉诺特博士的又一部经典著作，连续高踞《纽约时报》畅销书排行榜 25 周，并被翻译成 31 种语言畅销全球，是父母与十几岁孩子实现真正有效沟通的圣经。

十几岁是一个骚动而混乱、充满压力和风暴的时期，孩子注定会反抗权威和习俗——父母的帮助会被怨恨，指导会被拒绝，关注会被当做攻击。海姆·G·吉诺特博士就如何对十几岁的孩子提供帮助、指导、与孩子沟通提供了详细、有效、具体、可行的方法。

［美］海姆·G·吉诺特　著
张雪兰　译
京华出版社　中央编译出版社
定价：27.00 元

《孩子，把你的手给我（III）》

老师与学生实现真正有效沟通的方法

《孩子，把你的手给我》作者最后一部经典巨著
以 31 种语言畅销全球
彻底改变老师与学生的沟通方式
美国父母和教师协会推荐读物

本书是海姆·G·吉诺特博士的最后一部经典著作，彻底改变了老师与学生的沟通方式，是美国父母和教师协会推荐给全美教师和父母的读物。

老师如何与学生沟通，具有决定性的重要意义。老师们需要具体的技巧，以便有效而人性化地处理教学中随时都会出现的事情——令人烦恼的小事、日常的冲突和突然的危机。在出现问题时，理论是没有用的，有用的只有技巧，如何获得这些技巧来改善教学状况和课堂生活就是本书的主要内容。

书中所讲述的沟通技巧，不仅适用于老师与学生、家长与孩子之间的交流，而且也可以灵活运用于所有的人际交往中，是一种普遍适用的沟通技巧。

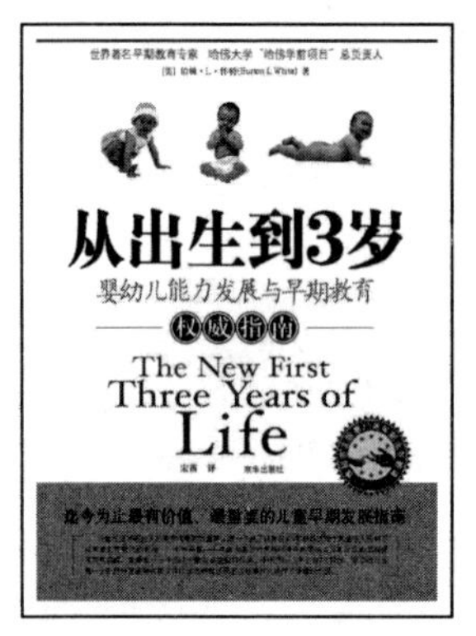

［美］伯顿·L·怀特　著
宋苗　译
北京联合出版公司
定价：39.00 元

《从出生到 3 岁》

婴幼儿能力发展与早期教育权威指南

畅销全球数百万册，被翻译成 11 种语言

没有任何问题比人的素质问题更加重要，而一个孩子出生后头 3 年的经历对于其基本人格的形成有着无可替代的影响……本书是唯一一本完全基于对家庭环境中的婴幼儿及其父母的直接研究而写成的，也是惟一一本经过大量实践检验的经典。本书将 0~3 岁分为 7 个阶段，对婴幼儿在每一个阶段的发展特点和父母应该怎样做以及不应该做什么进行了详细的介绍。

本书第一版问世于 1975 年，一经出版，就立即成为了一部经典之作。伯顿·L·怀特基于自己 37 年的观察和研究，在这本详细的指导手册中描述了 0~3 岁婴幼儿在每个月的心理、生理、社会能力和情感发展，为数千万名家长提供了支持和指导。现在，这本经过了全面修订和更新的著作包含了关于养育的最准确的信息与建议。

伯顿·L·怀特，哈佛大学“哈佛学前项目”总负责人，“父母教育中心”（位于美国马萨诸塞州牛顿市）主管，“密苏里‘父母是孩子的老师’项目”的设计人。

[美] 简·尼尔森　谢丽尔·欧文
罗丝琳·安·达菲　著
花莹莹　译
北京联合出版公司
定价：42.00 元

《0 ~ 3 岁孩子的正面管教》

养育 0 ~ 3 岁孩子的“黄金准则”

家庭教育畅销书《正面管教》作者简·尼尔森力作

从出生到 3 岁，是对孩子的一生具有极其重要影响的 3 年，是孩子的身体、大脑、情感发育和发展的一个至关重要的阶段，也是会让父母们感到疑惑、劳神费力、充满挑战，甚至艰难的一段时期。

正面管教是一种有效而充满关爱、支持的养育方式，自 1981 年问世以来，已经成为了养育孩子的“黄金准则”，其理论、理念和方法在全世界各地都被越来越多的父母和老师们接受，受到了越来越多父母和老师们的欢迎。

本书全面、详细地介绍了 0 ~ 3 岁孩子的身体、大脑、情感发育和发展的特点，以及如何将正面管教的理念和工具应用于 0 ~ 3 岁孩子的养育中。它将给你提供一种有效而充满关爱、支持的方式，指导你和孩子一起度过这忙碌而令人兴奋的三年。

无论你是一位父母、幼儿园老师，还是一位照料孩子的人，本书都会使你和孩子受益终生。

《实用程序育儿法》

宝宝耳语专家教你解决宝宝喂养、睡眠、情感、教育难题

《妈妈宝宝》、《年轻妈妈之友》、《父母必读》、“北京汇智源教育”联合推荐

[美] 特蕾西·霍格
梅林达·布劳　著
北京联合出版公司
定价：42. 00 元

本书倡导从宝宝的角度考虑问题，要观察、尊重宝宝，和宝宝沟通——即使宝宝还不会说话。在本书中，她集自己近 30 年的经验，详细解释了 0 ~ 3 岁宝宝的喂养、睡眠、情感、教育等各方面问题的有效解决方法。

特蕾西·霍格（Tracy Hogg）世界闻名的实战型育儿专家，被称为“宝宝耳语专家”——她能“听懂”婴儿说话，理解婴儿的感受，看懂婴儿的真正需要。她致力于从婴幼儿的角度考虑问题，在帮助不计其数的新父母和婴幼儿解决问题的过程中，发展了一套独特而有效的育儿和护理方法。

梅林达·布劳，美国《孩子》杂志“新家庭（New Family）专栏”的专栏作家，记者。

[美]默娜·B·舒尔　著
刘荣杰　译
北京联合出版公司出版
定价：28.00 元

《如何培养孩子的社会能力(Ⅱ)》

教 8 ～ 12 岁孩子学会解决冲突和与人相处的技巧

全美畅销书《如何培养孩子的社会能力》作者的又一部力作！
让怯懦、内向的孩子变得勇敢、开朗！
让脾气大、攻击性强的孩子变得平和、可亲！
培养一个快乐、自信、社会适应能力强、情商高的孩子

8 ～ 12 岁，是孩子进入青春期反叛之前的一个重要时期，是孩子身体、行为、情感和社会能力发展的一个重要分水岭。同时，这也是父母的一个极好的契机——教会孩子自己做出正确决定，自己解决与同龄人、老师、父母的冲突，培养一个快乐、自信、社会适应能力强、情商高的孩子——以便孩子把精力更多地集中在学习上，为他们期待而又担心的中学生活做好准备。

本书详细、具体地介绍了将“我能解决问题”法运用于 8 ～ 12 岁孩子的方法和效果。

[美]唐·坎贝尔　著
高慧雯　王玲月　娟子　译
北京联合出版公司出版
定价：32.00 元

《莫扎特效应》

用音乐唤醒孩子的头脑、健康和创造力

从胎儿到 10 岁，用音乐的力量帮助孩子成长！
享誉全球的权威指导，被翻译成 13 种语言！

在本书中，作者全面介绍了音乐对于从胎儿至 10 岁左右儿童的大脑、身体、情感、社会交往等各方面能力的影响。

本书详细介绍了如何用古典音乐，特别是莫扎特的音乐，以及儿歌的节奏和韵律来促进孩子从出生前到童年中期乃至更大年龄阶段的发展，提高他们的各种学习能力、情感能力和社会交往能力。对于孩子在每个年龄段（出生前到出生，从出生到 6 个月，从 6 个月到 18 个月，从 18 个月到 3 岁，从 4 岁到 6 岁，从 6 岁到 8 岁，从 8 岁到 10 岁）的发展适合哪些音乐以及这些音乐的作用都进行了详细的说明。

唐·坎贝尔，古典音乐家、教育家、作家、教师，数十年来致力于研究音乐及其在教育和健康方面的作用，用音乐帮助全世界 30 多个国家的孩子提高了学习能力和创造性，并体验到了音乐给生活带来的快乐。他是该领域闻名全球、首屈一指的权威。

[美] 简·尼尔森　史蒂文·福斯特
艾琳·拉斐尔　著
甄颖　译
北京联合出版公司
定价：32.00 元

《特殊需求孩子的正面管教》

帮助孩子学会有价值的社会和人生技能

每一个孩子都应该有一个幸福而充实的人生。特殊需求的孩子们有能力积极成长和改变。

运用正面管教的理念和工具，特殊需求的孩子们就能够培养出一种越来越强的能力，为自己的人生承担起责任。在这个过程中，他们会与自己的家里、学校里和群体里的重要的人建立起深入的、令人满意的、合作的关系，从而实现自己的潜能。

[美] 简·尼尔森　著
玉冰　译
北京联合出版公司
定价：36.00 元

《正面管教》

如何不惩罚、不娇纵地有效管教孩子

畅销美国 400 多万册　被翻译为 16 种语言畅销全球

自 1981 年本书第一版出版以来，《正面管教》已经成为管教孩子的“黄金准则”。正面管教是一种既不惩罚也不娇纵的管教方法……孩子只有在一种和善而坚定的气氛中，才能培养出自律、责任感、合作以及自己解决问题的能力，才能学会使他们受益终生的社会技能和生活技能，才能取得良好的学业成绩……如何运用正面管教方法使孩子获得这种能力，就是这本书的主要内容。

简·尼尔森，教育学博士，杰出的心理学家、教育家，加利福尼亚婚姻和家庭执业心理治疗师，美国“正面管教协会”的创始人。曾经担任过10年的有关儿童发展的小学、大学心理咨询教师，是众多育儿及养育杂志的顾问。

本书根据英文原版的第三次修订版翻译，该版首印数为 70 多万册。

美] 简・尼尔森 琳・洛特
斯蒂芬・格伦 著
花莹莹 译
北京联合出版公司
定价：45.00 元

《正面管教 A–Z》

日常养育难题的 1001 个解决方案

养育畅销书《正面管教》作者力作
以实例讲解不惩罚、不娇纵管教孩子的"黄金准则"

无论你多么爱自己的孩子，在日常养育中，都会有一些让你愤怒、沮丧的时刻，也会有让你绝望的时候。

你是怎么做的？

本书译自英文原版的第 3 版（2007 年出版），包括了最新的信息。你会从中找到不惩罚、不娇纵地解决各种日常养育挑战的实用办法。主题目录，按照 A–Z 的汉语拼音顺序排列，方便查找。你可以迅速找到自己面临的问题，挑出来阅读；也可以通读整本书，为将来可能遇到的问题及其预防做好准备。每个养育难题，都包括 6 步详细的指导：理解你的孩子、你自己和情形，建议，预防问题的出现，孩子们能够学到的生活技能，养育要点，开阔思路。

[美] 简・尼尔森
琳・洛特 著
尹莉莉 译
北京联合出版公司出版
定价：35.00 元

《十几岁孩子的正面管教》

教给十几岁的孩子人生技能

养育畅销书《正面管教》作者力作
养育十几岁孩子的"黄金准则"

度过十几岁的阶段，对你和自己青春期的孩子来说，可能会像经过一个"战区"。青春期是成长中的一个重要过程。在这个阶段，十几岁的孩子会努力探究自己是谁，并要独立于父母。你的责任，是让自己十几岁的孩子为人生做好准备。

问题是，大多数父母在这个阶段对孩子采用的养育方法，使得情况不是更好，而是更糟了……

本书将帮助你在一种肯定你自己的价值、肯定孩子价值的相互尊重的环境中，教育、支持你的十几岁的孩子，并接受这个过程中的挑战，帮助你的十几岁的孩子最大限度地成为具有高度适应能力的成年人。

[美] 简·尼尔森 琳·洛特
斯蒂芬·格伦 著
梁帅 译
北京联合出版公司出版
定价：30.00 元

《教室里的正面管教》

培养孩子们学习的勇气、激情和人生技能

家庭教育畅销书《正面管教》作者力作
造就理想班级氛围的“黄金准则”
本书入选中国教育新闻网、中国教师报联合推荐
2014 年度“影响教师 100 本书”TOP10

很多人认为学校的目的就是学习功课，而各种纪律规定应该以学生取得优异的学习成绩为目的。因此，老师们普遍实行的是以奖励和惩罚为基础的管教方法，其目的是为了控制学生。然而，研究表明，除非教给孩子们社会和情感技能，否则他们学习起来会很艰难，并且纪律问题会越来越多。

正面管教是一种不同的方式，它把重点放在创建一个相互尊重和支持的班集体，激发学生们的内在动力去追求学业和社会的成功，使教室成为一个培育人、愉悦和快乐的学习和成长的场所。

这是一种经过数十年实践检验，使全世界数以百万计的教师和学生受益的黄金准则。

[美] 奥黛丽·里克尔
卡洛琳·克劳德 著
张悦 译
北京联合出版公司
定价：20.00 元

《孩子顶嘴，父母怎么办？》

简单 4 步法，终结孩子的顶嘴行为

全美畅销书

顶嘴是一种不尊重人的行为，它会毁掉孩子拥有成功、幸福的一生的机会，会使孩子失去父母、朋友、老师等的尊重。

本书是一本专门针对孩子顶嘴问题的畅销家教经典。作者里克尔博士和克劳德博士以著名心理学家阿尔弗雷德·阿德勒的行为学理论为基础，结合自己在家庭教育领域数十年的心理咨询经验，总结出了一套简单、对各个年龄段孩子都能产生最佳效果，而且不会对孩子造成伤害的“四步法”，可以让家长在消耗最少精力的情况下，轻松终结孩子粗鲁的顶嘴行为，为孩子学会正确地与人交流和交往的方式——不仅仅是和家长，也包括他的朋友、老师和未来的上级——奠定良好的基础。

本书包含大量真实案例，可以让读者在最直观而贴近生活的情境中学习如何使用四步法。

奥黛丽·里克尔博士，美国著名心理学家，既是一名经验丰富的教师，也是一名母亲，终生与孩子打交道。卡洛琳·克劳德博士，管理咨询专家，美国白宫儿童与父母会议主席，全国志愿者中心理事。

[美] 琳达 · 艾尔 理查德 · 艾尔　著
叶红婷　译
北京联合出版公司出版
定价：25.00 元

《为了孩子一生的幸福和成功》

教给孩子正确的价值观

全美畅销书第 1 名

本书绝对是一个智慧宝库，是当今的父母们极其需要的。而且，作者的方法真的管用。

——《高效能人士的 7 个习惯》作者
史蒂芬 · 柯维

价值观是人生的基石，是成功的前提。一个没有良好价值观的人，成功的概率一定是零。

本书详细介绍了将 12 种价值观教给从学龄前儿童到青春期孩子的方法。

张伟　徐宏江　著
京华出版社出版
定价：24.00 元

《4 年级决定孩子的一生》

（修订版）

我国著名诗人艾青说过：人的一生很漫长，但最关键的却只有那么几步……小学 4 年级就是孩子成长中最关键几步中的一步。

孩子的生长和发育存在若干关键时期，4 年级就是一个重要的时期。4 年级是培养学习能力和情感能力的重要时期，是养成良好的学习习惯和改变不良习惯的最后关键时机。4 年级是培养孩子学习恒心的关键时期。4 年级是小学低年级向高年级的过渡期，孩子开始从被动的学习主体向主动的学习主体转变，学校教育的内容和方式发生的一些明显变化、孩子自身心理和能力的发展都会表现为比较明显的学习分化现象，有些孩子甚至开始出现学习偏科的端倪。

孩子的成长要求父母对孩子教育的内容和方式也要随之改变，正确的教育将会起到事半功倍的作用，为孩子一生的成功打下坚实的基础。

本书自 2005 年 5 月出版以来，受到了广大学生家长和教师的热烈欢迎，深圳市将其列为“第六届深圳读书月推荐书目”。

[美]道格拉斯·莱利博士　著
王旭　译
北京联合出版公司
定价：28.00 元

《孩子爱发脾气，父母怎么办》

孩子发脾气的 11 种潜在原因及解决办法

美国“妈妈的选择”图书金奖

没有哪个孩子会无缘无故地发脾气，也没有哪个孩子在每一件事情上都发脾气。孩子的每一次脾气爆发，都是有原因的，是孩子在试图告诉父母或其他成年人一些什么……有时候，孩子无法用口头方式表达自己的烦恼或不快，而情绪和行为才是他们的语言，为了倾听他们，你必须学会破解这种语言……孩子在小时候改掉发脾气的毛病，在青春期和成年后才能快乐、平和，并有所成就。

道格拉斯·莱利博士，临床心理治疗师，擅长于治疗 3~19 的孩子。他还投入大量精力对父母们进行培训，教给他们改正自己孩子行为的方法和技巧。

[美]梅格·米克博士　著
胡燕娟　译
北京联合出版公司
定价：28.00 元

《快乐妈妈的 10 个习惯》

找回我们的激情、目标和理智

尽管家教书籍众多，但真正关注妈妈们的幸福的著作却很少。

本书从理解自己作为一个妈妈的价值、维持重要的友谊、重视并实践信任和信仰、对竞争说“不”、培养健康的金钱理念、抽时间独处、以健康的方式给予和得到爱、追寻简单的生活方式、放下恐惧、下定决心怀抱希望等十个方面介绍了怎样才能做一个快乐的妈妈。

本书作者梅格·米克是医学博士、儿科医生、畅销书作者，著名家庭教育和儿童及青少年健康专家。具有 20 多年从事儿童临床治疗和青少年咨询经验，美国儿童医学会成员、美国医学所全国顾问委员会成员。她还是一位青少年问题方面的著名演讲家，经常在电视和电台节目中做访谈节目。

《8 年级决定孩子的未来》

张伟　著
京华出版社出版
定价：18.00 元

八年级的学生无论是从生理和心理发育，还是从道德情操、知识能力的形成来看，都处于一个“特别”的时期。

这一时期，孩子们处于由儿童期向青年期过渡的身心急速发展阶段，身心发展的不平衡导致情感和意志的相对脆弱。八年级的孩子很可能会形成诸如打架、恶作剧、逃课、偷窃等不良品德和行为，心理学家把这一时期称为“急风暴雨”时期，有专家则称八年级为“事故多发阶段”。对于八年级的孩子身心所发生的各种变化和带来的各种社会影响，有些教育工作者或者专家形象地称之为“八年级现象”。

八年级的孩子在学习上处于突变期，要求孩子的学习方法也要随之变化，否则就会出现学习上的落伍；在发育上处于青春期，缺乏生活的体验，其道德认识等有待培养；在心理上处于关键期，在关键期引导不当容易造成教育失误。

所有这些都要求家长对孩子的教育及时作出有针对性的调整，帮助孩子度过这一危险而美好的时期，帮助孩子形成良好的道德品质，并取得学业的成功。

《孩子是如何学习的》

［美］约翰·霍特　著
张雪兰　译
北京联合出版公司
定价：30.00 元

畅销美国 200 多万册的教子经典，以 14 种语言畅销全世界

孩子们有一种符合他们自己状况的学习方式，他们对这种方式运用得很自然、很好。这种有效的学习方式会体现在孩子的游戏和试验中，体现在孩子学说话、学阅读、学运动、学绘画、学数学以及其他知识中……对孩子来说，这是他们最有效的学习方式……

约翰·霍特（1923 ~ 1985），是教育领域的作家和重要人物，著有 10 本著作，包括《孩子是如何失败的》、《孩子是如何学习的》、《永远不太晚》、《学而不倦》。他的作品被翻译成 14 种语言。《孩子是如何学习的》以及它的姊妹篇《孩子是如何失败的》销售超过两百万册，影响了整整一代老师和家长。

以上图书各大书店、书城、网上书店有售。

团购请垂询：010-65868687

Email：tianluebook@263.net

更多畅销经典家教图书，请关注新浪微博“家教经典”（http://weibo.com/jiajiaojingdian）及淘宝网“天略图书”（http://shop33970567.taobao.com）